ARISTOTELES

Über Werden und Vergehen
De generatione et corruptione

Griechisch – Deutsch

Griechischer Text nach Harold H. Joachim

Übersetzt, mit einer Einleitung und Anmerkungen herausgegeben von
THOMAS BUCHHEIM

FELIX MEINER VERLAG
HAMBURG

PHILOSOPHISCHE BIBLIOTHEK BAND 617

Bibliographische Information der Deutschen Nationalbibliothek

Die Deutsche Nationalbibliothek verzeichnet diese Publikation in der Deutschen Nationalbibliographie; detaillierte bibliographische Daten sind im Internet abrufbar über <http://dnb.d-nb.de>.

ISBN 978-3-7873-2140-7

 Satz: Jens-Sören Mann. Druck und Bindung: Hubert & Co., Göttingen. Werkdruckpapier: alterungsbeständig nach ANSI-Norm resp. DIN-ISO 9706, hergestellt aus 100 % chlorfrei gebleichtem Zellstoff. Printed in Germany. *www.meiner.de*

INHALT

SIGLEN UND ABKÜRZUNGEN

Handschriftenkürzel (nach Rashed 2005: CCLIII)

E	Codex Parisinus 1853 (10. Jhd.)
E^1	Schreiber von E während des Schreibens
E^2	Korrektur oder Hinzufügung des ersten Revisors von E
F	Codex Laurentianus 87.7 (11. Jhd.)
F^1	Schreiber von F während des Schreibens
F^2	Korrektur des ersten Revisors von F
H	Codex Vaticanus 1027 (12. Jhd.)
J	Codex Vindobonensis phil. gr. 100 (9. Jhd.)
J^1	Schreiber von J während des Schreibens
J^2	zusätzliche Lesart durch den Schreiber von J zwischen den Zeilen
L	Codex Vaticanus 253 (um 1300)
L	Übereinstimmung von L mit J^2
M	Codex Matritensis 4563 (15. Jhd.)
V	Codex Lugdunu-Batavus Vossianus Q3 (12. Jhd.)
W	Codex Parisinus suppl. gr. 314 (um 1300)
W	Übereinstimmung von W mit E^2
D^b	Codex Ambrosianus F. 113 sup. (14. Jhd.)
Ar.	rekonstruierte Textvorlage der auf Hunains Übersetzung zurückgehenden arabischen Überlieferung
a	Handschriftenfamilie, die überwiegend die Textvarianten von E teilt (E, W, L, M und Ar.)
b	Handschriftenfamilie, die überwiegend die Textvarianten von J teilt (J, F, V und H)

Ω_1 rekonstruierter Hyparchetyp der Familie **a**

Ω_2 rekonstruierter Hyparchetyp der Familie **b**

Φ Lemma und Kommentar des Philoponos

Φ^1 zitiertes Lemma des Philoponos

Φ^c Lesart aus dem Kommentar des Philoponos

Γ Lateinische Druckversion mit Kommentar des Averroes von Andrea Asulano, Venedig 1483

Sonstige Siglen

*	Asteriscus als Marginalie weist auf eine Anmerkung des Herausgebers hin
† … †	Cruces, d. h. Zeichen für eine vom betreffenden Herausgeber als korrupt eingeschätzte Textstelle
***	Lacuna, d. h. Zeichen für eine vom betreffenden Herausgeber diagnostizierte Lücke im Text
(…)	Worte in runden Klammern sind eingeschobene Bemerkungen im aristotelischen Originaltext
[…]	Worte in eckigen Klammern werden im griechischen Originaltext zur Tilgung vorgeschlagen
⟨…⟩	spitze Klammern enthalten Ergänzungen zum überlieferten Wortlaut des Textes
((…))	eingefügter Hinweis des Herausgebers
sc.	scilicet (»es ist erlaubt zu wissen« – Hinweis auf ein zu ergänzendes Bezugswort oder eine hinzuzudenkende Wendung)
Hss.	Handschriften (Codices)

EINLEITUNG

1. Das Thema der Schrift

Kaum ein Werk des Aristoteles wird von der Forschung und vom allgemeinen philosophischen Interesse so links liegen gelassen wie die Schrift *Über Werden und Vergehen (Περὶ γενέσεως καὶ φθορᾶς)*. Freilich ist der Titel zumindest für das erste Hinsehen in gewisser Weise elektrisierend. Denn nur weniges dürfte alle Menschen im Leben mehr betreffen und mitnehmen als das Werden und Vergehen der Dinge. Nicht nur die Dinge und Wesen, die uns umgeben, sondern vor allem wir selbst und unsere Liebsten scheinen ihm unterworfen zu sein. Wir feiern die Geburt und betrauern den Tod. Man denkt an Hölderlins späten, enigmatischen Text ›Das Werden im Vergehen‹;[1] an Nietzsches Diktum, daß dem Werden die Form des Seins aufzuprägen sei;[2] man erinnert sich vielleicht an Bergsons Buch über das schöpferische Werden[3] und sicher nicht zuletzt an die je eigene Aussicht auf Werden und Vergehen, die ja etwas durchaus Lebensbestimmendes hat.

Merkwürdigerweise gibt es trotzdem in der gesamten Denkgeschichte fast keine philosophischen oder wissenschaftlichen Theorien über diesen Sachverhalt, die uns zu erklären versuchen, wie das vor sich geht und was es damit auf sich habe. Aristoteles ist eine große Ausnahme ziemlich am Anfang aller wissenschaftlichen Entwicklung, doch ist er bis hin zu

[1] Das Werden im Vergehen. In: Beissner, Friedrich (Hg.): *Sämtliche Werke.* Stuttgarter Hölderlin-Ausgabe im Auftrag des Württembergischen Kultministeriums hg. von F. Beissner, Bd. 4,1: Der Tod des Empedokles. Aufsätze, Stuttgart 1961, 282–287.

[2] Friedrich Nietzsche, Aus dem Nachlass der achtziger Jahre, *Werke in drei Bänden,* hg. von K. Schlechta, München 1966, Bd. III, 895.

[3] Henri Bergson: *L'évolution créatrice,* Paris 1913 (zuerst: 1907).

Whitehead[4] und Bergson im 20. Jahrhundert die einzige mit objektivem Theorieanspruch und entsprechend durchdachter Ausarbeitung geblieben. Auch seither gibt es wenig Neues zum Thema. Dennoch ist Aristoteles' hochinteressante Schrift und begriffliche Erschließung dieser Grundtatsache der Natur so gut wie unbekannt geblieben. Ein kleines Meisterstück naturphilosophischer Durchdringung harrt seiner modernen Wiederentdeckung.

Doch wird, wer dann ans Lesen geht, zunächst einmal rasch eines Besseren belehrt. Da geht es um Erde, Feuer, Wasser, Luft – die vier Elemente, das Warme und Trockene, das Kalte und Nasse. Da geht es um Verbindung und Trennung, die Kontinuität der Körper angepriesen gegenüber dem viel eher modern scheinenden Konzept des Atomismus. Da geht es um den ewigen Kreislauf der Sonne um die Erde und die Verwandlung der Elemente ineinander. – Alles ein Graus für jeden, der auch nur ein bißchen Schulwissen über die natürlichen Prozesse im Universum und auf unserer Erde mitbringt. Beinahe alles Falsche, das Aristoteles je gesagt hat, versammelt diese Schrift. So scheint es dem Anfänger und manchmal auch dem schon fortgeschritteneren Studenten der Philosophie und der klassischen Sprachen und Literatur beim Durchblättern einer Übersetzung oder kommentierenden Zusammenfassung, meistens in englischer oder französischer Sprache. In Deutschland nämlich hat man *De generatione et corruptione* während der letzten hundert Jahre besonders wenig studiert. Ingemar Düring in seinem Standardwerk[5] über Aristoteles schreibt zur Theorie des Werdens aus Nichtseiendem im zentralen dritten Kapitel des ersten Buches indigniert: »Über die Primitivität dieser Lehre braucht man kein Wort zu verlieren« (S. 377). Gustav Adolf Seeck in der meines Wissens einzigen monographi-

[4] Alfred N. Whitehead, *Process and Reality. An Essay in Cosmology.* Corrected Edition ed. by D. R. Griffin; D. W. Sherburne, New York, London 1978 (zuerst: 1929).

[5] I. Düring: *Aristoteles. Darstellung und Interpretation seines Denkens*, Heidelberg 1966.

schen Untersuchung zu wichtigen philosophisch-wissenschaftlichen Kernthesen von *Über Werden und Vergehen* bezeichnet es als »ziemlich rätselhaft«,[6] daß einer der großen Oxforder Classics- und Logikprofessoren, nämlich Harold Joachim, der Editor, Kommentator und Übersetzer des weltweit bis heute verbreitetsten Standardtextes von *De generatione et corruptione*, dieses Werkchen des Aristoteles als ein »fascinating and masterly little treatise« feiert.[7] Seeck ist überhaupt nicht dieser Meinung. Er findet in *GC* nur gegen den Geist der Empirie gerichtete Spielereien mit erdachten Symmetrien aus naiv angenommenen Qualitäten, entlarvt allenthalben eine Menge von Zirkelbegründungen und Absurditäten, die bei genauerem Hinsehen schon von Aristoteles selbst hätten vermieden werden können. Dies kleine, gedanklich schwer zu entziffernde Werk des Aristoteles steht nicht zuletzt wegen solcher Fehlurteile der Sekundärliteratur nicht eben in bestem Ruf – zumindest hierzulande.

Die angelsächsische und holländische Forschung hat für die Erschließung von *De generatione et corruptione* am meisten getan. Ich nenne die recht selektive, aber immerhin einige Passagen gegenüber Joachim textkritisch neu bewertende Kommentierung durch die beiden holländischen Philologen Willem Verdenius und Jan Waszink (zuerst 1946; ^{2}1966; ND 1968). Dann eine weitere Übersetzung ins Englische mit ausführlichem Kommentar von dem Logiker und analytischen Philosophen Christopher J. F. Williams, die 1982 in der Oxforder Clarendon Aristotle Series herauskam. Allerdings haben diese Übersetzung und jene Revision nicht den Standard, den Joachim gesetzt hat, wirklich überholt. 2004 gab es erstmals einen Sammelband (Symposium Aristotelicum Bd. XV, hrsg. von Frans de Haas und Jaap Mansfeld), der Beiträge der welt-

6 G. A. Seeck: *Über die Elemente in der Kosmologie des Aristoteles. Untersuchungen zu ›De generatione et corruptione‹ und ›De caelo‹*, München 1964, S. 2.

7 Siehe Preface, S. VI zu Joachims kommentierter Edition des griechischen Textes, Oxford 1922.

weit vorzüglichsten Aristotelesforscher über die zehn Kapitel des I. Buches von *De generatione et corruptione* vereinigte. Auf das II. Buch wollte man anschließend doch lieber verzichten. Die wichtigste verständniserschließende Leistung der Aristotelesforschung zu *GC* in jüngerer Zeit stellt aber zweifellos der auf Basis ausgedehnter Analysen zur Überlieferungsgeschichte[8] neu konstituierte Text des französischen Philologen Marwan Rashed dar, der zudem eine zuverlässige französische Übersetzung und in vieler Hinsicht Joachims Leistung ergänzende Kommentierung herausgebracht hat (Paris 2005). Auf all die genannten Grundlagen, unter Einbeziehung auch der älteren Forschung und Auslegungstradition, stützt sich die vom Herausgeber veranstaltete philosophische Neupräsentation und durchgängige Kommentierung der Schrift im Rahmen der deutschen Werkausgabe des Aristoteles (Band 12/IV, Berlin 2010), deren Übersetzung ins Deutsche verbunden mit dem griechischen Originaltext Joachims hier wieder zum Abdruck gelangt.

Soviel zum Stand der gegenwärtigen philosophischen Rezeption dieser Schrift des Aristoteles, deren eigentliches Thema – das Werden und Vergehen aller natürlichen Dinge, uns selbst eingeschlossen – heute kaum jemandem deutlich vor Augen steht, ganz zu schweigen von der begrifflichen Bändigung und Lösung, die Aristoteles diesem schwierigen Grundsachverhalt der Natur angedeihen ließ. Die Programmformel am Anfang der Abhandlung umreißt dieses einzige Thema der wissenschaftlichen Untersuchung in aller Deutlichkeit:

»Zum Thema Werden und Vergehen der kraft Natur werdenden und vergehenden Dinge sind indessen – gleichmäßig im Hinblick auf alle – sowohl die Ursachen zu bestimmen als auch ihre definierenden Begriffe, außerdem in Bezug auf Wachstum und Veränderung, was jedes von beiden sei, und ob man annehmen muß, daß es um dieselbe Natur geht bei Werden und Veränderung, oder zu

[8] Marwan Rashed: *Die Überlieferungsgeschichte der aristotelischen Schrift* De generatione et corruptione, Wiesbaden 2001.

trennen ist, wie es ja auch durch die Bezeichnungen unterschieden wird.« (314a 1–6)

Das Wörtchen »indessen« (griechisch: *δέ*) im ersten Satz der Pragmatie deutet auf eine enge, womöglich kontrastierend zu verstehende Anknüpfung an die Schrift *Über den Himmel* (*De caelo*), die im aristotelischen Corpus unmittelbar vor *GC* eingeordnet ist und, wie um die Kontrastierung vorzubereiten, mit einem offenen *μέν*-Satz (zu übersetzen mit ›zwar‹ oder ›immerhin‹) endete:

»Über Schweres und Leichtes und die damit einhergehenden Bestimmungen sollen auf diese Weise immerhin die nötigen Unterscheidungen getroffen sein.« (313b 21–23)

Während also *De caelo* offenkundig, wie bei Aristoteles üblich, über gewisse Dinge und die damit verbundenen Vorkommnisse und Akzidentien handelt: nämlich das, was Schweres oder Leichtes ist (d.h. nach der Eingangsformel von *De caelo* über »Körper und Größen«, ihre Eigenschaften und Bewegungen überhaupt), ist *De generatione et corruptione* die einzige Schrift des Aristoteles, die *nicht* in erster Linie über Dinge oder Seiendes und seine Akzidentien, sondern vielmehr über *Vorgänge* oder eine Art von Bewegungen handelt. Und zwar geht es um solche Vorgänge, denen nicht einmal gewisse in der Natur vorhandene Dinge zugrundeliegen oder vorgeordnet sind – so wie z.B. im Falle der Schrift *Über die Bewegung der Lebewesen* eben die Lebewesen ihren Bewegungen vorgeordnet sind – sondern über solche Vorgänge und Geschehnisse, die umgekehrt gewissen Dingen und Seienden vorgeordnet sind, nämlich allen denen, die von Natur aus werden und vergehen, und das sind alle auf und im Umkreis der Erde, die wir nicht selbst hervorbringen, also alle Dinge der uns zugänglichen Natur.

Man kann es kaum deutlich genug sagen: *De generatione et corruptione* handelt gar nicht von Dingen – und seien es auch die vier Elemente – sondern vielmehr ausschließlich von Vorgängen in der Natur, *deren* Begriffen oder Definitionen (*λόγοι*) und *deren* Ursachen (*αἰτίαι*). Die vier Elemente kommen nur deshalb ins Spiel, weil sie eine der Ursachen (nämlich die Materialursachen) jener Vorgänge sind. Und die von Aristoteles vorgelegte Analyse, Unterscheidung und Definition der Vorgänge – des Werdens und Vergehens, der Veränderung und des Wachstums – ist das Eingehendste, philosophisch Durchdachteste und Gewinnbringendste, was bisher zu diesem Thema überhaupt je geschrieben wurde. Allenfalls Alfred North Whiteheads spätes und schwerverständliches Werk *Process and Reality* ist der Abhandlung des Aristoteles an die Seite zu stellen.

Was nun die in *GC* nachgeordnet behandelten Dinge betrifft, die »von Natur aus werdenden und vergehenden«, wie z. B. uns selbst oder alle Tiere, die Steine, Seen, Berge, so muß man bedenken: sie gibt es ja gar nicht so, daß man wirklich eine verläßliche Wissenschaft davon haben könnte. In der *Metaphysik* (VII. Buch, Kap. 15) sagt Aristoteles ausdrücklich, daß es von allem, was wird und vergeht, keine Wissenschaft oder wissenschaftliche Demonstration geben könne, sondern höchstens von gewissen Aspekten davon. So geht ja auch die moderne Physik keineswegs über die werdenden und vergehenden Dinge, sondern über deren primäre, immer vorauszusetzenden Bestandteile und Verhaltensweisen, die daran naturgesetzlichen Regeln unterworfen sind. Also: Von uns selbst und allen anderen Dingen in der uns zugänglichen Natur gibt es unmittelbar keine Wissenschaft. Aber, so sagt Aristoteles, nicht nur von den letzten Bestandteilen dieser Dinge kann man eine Wissenschaft entwickeln (was er in *De caelo* und der *Physik* versucht hat), sondern auch von den *Vorgängen*, dank deren sie existieren, wenn sie existieren. Die Vorgänge des Werdens und Vergehens sind im Unterschied zu den werdenden und vergehenden Dingen sehr wohl Gegenstand einer wissenschaftlichen Betrachtung und Analyse. Denn sie, die Vorgänge, existieren tatsächlich. Sie sind nicht bloße Veränderungen von etwas immer Vorhandenem, und sie kommen als solche eben auch immer in der Natur vor – sehr im Unterschied zu den Seienden, die sie zur Folge haben.

Doch sind dies bereits zwei der wissenschaftlichen Grundthesen, die Aristoteles in der vorliegenden Pragmatie erst zu erhärten sucht: Daß Werden und Vergehen tatsächlich sind und als solche klar unterschieden von Veränderung und Wachstum; und daß sie substantiell Seiendes zur Folge haben, nicht aber, daß ihnen substantiell Seiendes vorgeordnet ist oder zugrundeliegt. Letzteres haben z. B. Diogenes von Apollonia oder Anaxagoras oder auch Empedokles und die Atomisten immer behauptet; praktisch die ganze vorsokratische Phalanx seit Parmenides: daß da gewisse dem Weltall und allen Geschehnissen *zugrundeliegenden Substanzen* existieren, die in irgendein Wechselgeschehen eintreten, ein Wechselgeschehen der Abwandlung oder Ausfällung, oder der Verbindung und Trennung. Aber im *eigentlichen* Sinne gibt es nur die substantiell zugrundeliegenden Dinge – und sonst nichts Neues unter der Sonne. Anders Aristoteles in Beziehung auf die uns zugängliche Natur: *Statt* irgendwelcher ewiger, dem Wechselgeschehen im All zugrundeliegender Substanzen existieren nur diejenigen, die aus einem Werden erst hervorgehen.

Mit dieser These steht Aristoteles in der Philosophie und Wissenschaftsgeschichte praktisch allein. Das müßte unserer Schrift eigentlich die größte Aufmerksamkeit aller naturwissenschaftlich orientierten Philosophie und Wissenschaft sichern. Auch Platon sagt ja eindeutig, daß das, was in substantiellem Sinne *ist*, ewig als dasselbe existiert, nämlich die Ideen. Demgegenüber sind die werdenden und vergehenden Dinge so etwas wie Abbilder, die sich an ein Sein nur »anklammern« (*ἀντέχεσθαι*), wie es im *Timaios* (52c) heißt. Das was ihnen eigentlich zugrundeliegt, sind die ewigen Prinzipien der *χώρα* (als aufnehmendes oder Trägerprinzip jener Bilder) einerseits und wiederum der Ideen als substantiellen Ursachen jener Bilder andererseits. Man kann buchstäblich suchen, wo man möchte, in der maßgeblicheren Philosophie und Naturwissenschaft der Neuzeit: bei Spinoza, Descartes, Leibniz, Kant – alle teilen die Auffassung, daß Substanzen *nicht* werden und vergehen, sondern höchstens geschaffen und

›annihiliert‹ (Leibniz) werden können – obwohl der Erfinder des Substanzbegriffs hier ganz anderer Meinung gewesen ist. Die Substanz ist für die genannten Geistesriesen der Neuzeit immer das *Beharrende* in allem Wechsel, wie z. B. Kant sagt:

»Das Entstehen oder Vergehen, schlechthin, ohne daß es bloß eine Bestimmung des Beharrlichen betreffe, kann gar keine mögliche Wahrnehmung sein, weil eben dieses Beharrliche die Vorstellung von dem Übergange aus einem Zustande in den anderen, und von Nichtsein zum Sein, möglich macht, die also nur als wechselnde Bestimmungen dessen, was bleibt, empirisch erkannt werden können.« (Kant, *KrV* B230/A187)

Kant – und zumal an dieser Stelle aus der *Kritik der reinen Vernunft* (in den Analogien der Erfahrung, also synthetischen Erkenntnissen a priori) – ist eine der Bibeln des modernen Denkens. Nach ihrer Auskunft gibt es objektiv betrachtet kein Werden und Vergehen schlechthin, d. h. *von* Substanzen, sondern nur Wechsel *an* beharrlich bleibender Substanz. Was wir in einem solchen Fall mit uns selbst anfangen sollen, das mag jeder sich ausmalen: Vielleicht sind wir keine substantiellen Individuen, sondern nur Aggregatzustände einer zugrundeliegenden Substanz? Oder vielleicht werden und vergehen wir nicht, sondern *sind* einmal geschaffene Wesen für immer? Das wäre zwar nicht schlecht – aber paßt nicht gut zu dem, was wir sonst erfahren und erkennen können.

Man ermißt hier erst, welche wahrhaft herkulische denkerische Leistung Aristoteles in *De generatione et corruptione* vollbracht hat, und wie ungerecht und sinnlos es ist, daß praktisch niemand diese Abhandlung liest. Der entscheidende Punkt der Einsicht ist folgender: Das, was entsteht, kann, wenn es selbst Substanz ist, nicht etwas an dem sein, woraus es entsteht, sondern muß *statt dessen* existieren. Gleichzeitig muß also alles *vergehen*, woraus immer das Entstehende wird. Die Materien, die in das Entstehende eingehen, müssen *kaputtgehen* zugunsten des Werdenden. Deswegen können das – so lautet die zentrale These des Aristoteles – keine Atome sein;

keine Ideen; keine empedokleischen Elemente oder »Wurzeln«; keine anaxagoreische Mischung von allem mit allem. Denn alle diese genannten Dinge gehen ja nach Meinung ihrer Proponenten niemals kaputt.

Das *Kaputtgehen* ist die wichtigste Bedingung des Werdens von Substanz nach Aristoteles. Aber von dem, was kaputtgeht, gibt es keine bleibende zuverlässige Wissenschaft. Nur von dem, was ideal ist, was Form ist, was Naturgesetz ist. Also gibt es keine Wissenschaft von dem, was wird und vergeht? Jawohl, sagt Aristoteles (siehe z. B. *Metaphysik* VII 15, 1039 b 20 – 1040 a 5). Aber sehr wohl gibt es Wissenschaft von den *Vorgängen* des Werdens und Vergehens. Denn die gehen nicht kaputt, sondern es gibt sie zuverlässig und immer (wie Aristoteles meint) in unserem Universum. Das Kaputtgehen also ist die wichtigste Bedingung des Werdens von Substanz. Hölderlin ist einer der wenigen, die dies ganz richtig verstanden haben. In seinem Fragment *Das Werden im Vergehen* schreibt er:

»daß in eben dem Momente und Grade, worin sich das Bestehende auflöst, auch das Neueintretende, Jugendliche, Mögliche sich fühlt. [...] Aber das Mögliche, welches in die Wirklichkeit tritt, indem die Wirklichkeit sich auflöst, dies wirkt, und es bewirkt sowohl die Empfindung der Auflösung als die Erinnerung des Aufgelösten.« (Stuttgarter Ausgabe 4,1, S. 282 f.)

Aus diesem Grund verwendet Aristoteles so viel Sorgfalt darauf, die Verschiedenheit von Werden und Veränderung zu betonen: In der Veränderung bleibt die Zugrundeliegende Substanz erhalten. Das Werden aber bringt Zugrundeliegendes hervor anstatt eines anderen. Und deshalb wird alles, was entsteht, aus dem »schlechthin Nichtseienden« (I 3, 317 b 2–5; 15 f.); während alles, was sich verändert, immer das schon Seiende mitschleppt.

Damit ist der eigentliche Inhalt der Schrift *Über Werden und Vergehen* wenigstens dem Umriß nach erschöpfend angegeben. Das I. Buch behandelt zunächst die Grundvoraussetzung einer Unterscheidbarkeit von Werden und Veränderung, nämlich die Tatsache, daß es keine unteilbaren räumlichen Entitäten geben darf, aus denen sich die Substanzen in Raum und Zeit aufbauen. Das heißt, nicht die Bestandteile der Körper sind ihre Prinzipien; denn es gibt eben keine letzten, vorgegebenen und unzerstörbaren Bestandteile; keine Bestandteile, die nicht kaputtgehen können.

Sodann folgen im 3. bis 5. Kapitel die Definitionen oder Begriffe – *λόγοι* – von Werden, Veränderung und Wachstum. In den übrigen Kapiteln des I. Buches (Kap. 6–10) geht es weiterhin um die allgemeinen Voraussetzungen einer Bildung oder »Erzeugung« von anderem aus anderem überhaupt.

Im II. Buch geht es anschließend um die Ursachen dieses Bildungsprozesses von anderem aus anderem: Behandelt werden zunächst die Materialursachen (Kap. 1–5) – hier ist der Ort der aristotelischen Vier-Elementen-Lehre, des Nassen und Trockenen, Warmen und Kalten –, sodann geht es um *formale* Grundstrukturen der Materie (Kap. 6–9), aufgrund derer ein Werden von komplexeren Einheiten aus einfacheren Bestandteilen möglich ist. Das entscheidende Interesse ist hier die Möglichkeit einer Entstehung des Lebendigen aus Unbelebtem, freilich nicht als Theorie der Evolution, sondern als Theorie der Konfiguration von geeigneter Materie, so daß *Form* und damit neue Funktionen von ihr Besitz ergreifen. Und schließlich geht es um die primären Bewegungsursachen und auch Finalursachen des Werdens und Vergehens im Universum (Kap. 10–11). Also wirklich, wie die Programmformel am Anfang es auch ankündigte: Es geht im ganzen Werk um die Prozesse des Werdens und Vergehens, ihre Abgrenzung von anderen Prozeßarten und ihre sämtlichen Ursachen. Es handelt sich um eine ausgesprochen konzentrierte und philosophisch dichte Abhandlung; vergleichbar und auch zeitlich nahestehend dürfte am ehesten *De anima*, Aristoteles' Schrift über die Seele sein.

Wenden wir uns nun noch dem wichtigsten Kapitel der gesamten Schrift und der dort entwickelten Hauptthese des Aristoteles etwas genauer zu. Es ist das 3. Kapitel des I. Buches, in dem Aristoteles die Problematik und Bauart des radikalen oder ›schlichten‹ Werdens (ἁπλῆ γένεσις) von etwas, das vorher schlechthin nicht existierte, analysiert:

»Gibt es etwas schlechthin Werdendes und Vergehendes, oder nichts, das im eigentlichen Sinn, sondern immer nur aus einem Bestimmten auch Bestimmtes wird, ich meine aus einem Kranken ein Gesunder [...] oder ein Kleines aus einem Großen und all das andere auf diese Weise?« (I 3, 317a33–b1)

Man sieht sofort, worauf diese Frage des Aristoteles zielt: Ein *schlechthin* Entstehendes hätte nichts vor sich, das bereits zu ihm gehörte, sondern träte schlechthin in die Welt ein. Es würde deshalb, wie der anschließende Satz sogleich hinzufügt, schlechthin aus Nichtseiendem entstehen. »Wenn es nämlich ein Werden schlechthin geben soll, dann dürfte wohl etwas schlechthin aus Nichtseiendem werden.« (317b 1f.)

Man wird an dieser Stelle gleich geneigt sein zu protestieren und vielleicht sagen: Aristoteles meint doch nicht, daß etwas aus Nichts entsteht, sondern vielmehr nur, daß es aus *anderem* entsteht, wobei gerade die Materie etwas ist, was beim Entstehen erhalten bleibt und nur sozusagen umgeformt wird. Doch würde damit eine Hauptpointe der Schrift *Über Werden und Vergehen* verfehlt. Und man würde vielmehr, wenn so zu reden erlaubt ist, rückfällig werden in die Art und Weise, wie Aristoteles den Sachverhalt in der *Physik* noch dargestellt hatte und wie er in der Literatur auch allgemein bekannt ist. Denn dort, in der *Physik*, wird die Materie gefaßt als ein das Werden ontisch überbrückendes Prinzip, das *nur in gewisser Hinsicht* nichtseiend ist, in einer anderen aber zugleich sehr wohl Seiendes. Aristoteles stimmt in der Werdens-Analyse der *Physik* ausdrücklich zu, daß niemals etwas aus schlechthin Nichtseiendem entstehe:

»Klar ist, daß das Werden aus Nichtseiendem bedeutet: aus dem betreffenden, *insofern* es nichtseiend ist, was jene Früheren zu unterscheiden versäumten. [...] Wir aber sagen, daß nichts schlechthin aus Nichtseiendem wird, wohl aber in gewisser Weise aus Nichtseiendem, etwa akzidenteller Weise.« (I 7, 191b9–14)

Nach den Beschreibungen der *Physik* entsteht also alles, was entsteht, immer aus einem nur *in gewisser Weise* Nichtseienden, nämlich in der Hinsicht Nichtseienden, in der etwas Neues daran zustandekommt. Hier hingegen, in *De generatione et corruptione*, radikalisiert Aristoteles seine Auffassung: Die Materie bleibt nichts in gewisser Weise Seiendes, das dem, was vergeht, und dem, was entsteht, gemeinsam wäre und nur in bestimmten Hinsichten seinen Charakter wandelte. Vielmehr ist, nach der sehr viel durchdachteren und daher wohl deutlich späteren Theorie von *De generatione et corruptione*, die Materie am Anfang des Werdens von Substanz ein komplett oder schlechthin, d.h. in *jeder* Hinsicht Nichtseiendes. Denn andernfalls würde eben nicht das, was entsteht, *radikal* entstehen, sondern nur ›an‹ oder ›in‹ der immerfort bleibenden Materie entstehen. Das aber würde wiederum bedeuten, daß nicht wirklich *Substanz* entsteht, sondern ein so und so Verfaßt-Sein oder Qualifiziert-Sein von Materie. Dies möchte Aristoteles in *GC* nicht mehr hinnehmen. Der Text konzentriert sich ganz und gar auf die Vermeidung von etwas, das Aristoteles in der *Physik* noch als einzig gangbare Lösung zum Problem des Werdens gefeiert hatte.

Aus diesem Grunde nun ist es – und das haben praktisch alle bisherigen Kommentatoren übersehen –, daß Aristoteles jetzt fortfährt mit dem Bekenntnis, es trete mit dieser seiner neuen Auffassung ein »erstaunliches Problem« auf, und zwar selbst dann, wenn man die elegante Unterscheidung aus der *Physik* auch hier in Anspruch nehme, nämlich die Unterscheidung zwischen dem, was nur dem Vermögen nach etwas Seiendes ist, und dem, was in wirklicher Vollendung etwas Seiendes ist. Die Rede ist von einer erstaunlichen Aporie (*θαυμαστὴ ἀπορία* 317b18f.), die in der Werde-Analyse der *Physik* (Buch I, 7–9) als Problem gar nicht auftaucht! Denn wenn die Materie immer in gewisser Hinsicht wirklich Seiendes ist und nur in anderer Hinsicht Nichtseiendes, aber nicht schlechthin Nichtseiendes, dann entsteht eben auch nichts aus schlechthin Nichtseiendem. Vielmehr vollzieht sich das Werden und Vergehen bloß ›an‹

der irgendwie immer seienden Materie. Doch nunmehr, in *GC*, woran soll sich jetzt der wirkliche Vorgang des Werdens vollziehen? Etwas schlechthin Nichtseiendes kann, wie es scheint, in kein Geschehen, in keinen Prozeß, in keine Bewegung einbezogen sein. Mit dem schlechthinnigen Nichtsein der Materie am Ausgangspunkt des Werdens scheint vielmehr zugleich die Wirklichkeit oder Existenz des Prozesses eines Werdens selbst hinfällig zu werden.

»Was aber auch mit diesen Unterscheidungen ein erstaunliches Problem bereitet, ist erneut aufzugreifen: *Wie* schlichtes Werden denn *existiert*, sei es, daß es aus einem der Möglichkeit nach Seienden existiere, oder sei es auch irgendwie anders?« (I 3, 317b 18–20)

In dem Moment also, wo das Werdende aus schlechthin Nichtseiendem werden soll (und nicht mehr aus einer in gewisser Hinsicht selbst seienden Materie), stellt sich das Problem, wie denn der Vorgang seinerseits dann noch wirklich sein könne? Denn er kann sich nicht wie eine Bewegung an etwas Zugrundeliegendem vollziehen. Dieses Zugrundeliegende gibt es nicht. Denn da ist nichts im Sinne vollendeter Wirklichkeit. Nichts aber kann sich nicht bewegen oder einen Prozeß durchmachen. Wie also ist dieses Problem zu lösen?

Die Lösungsidee des Aristoteles kommt in der *Physik* noch nicht als solche vor.[9] Und sie muß dort auch nicht vorkommen, weil die Lösung dort ist, daß die Materie selbst immer in gewisser Hinsicht ein wirklich Seiendes, und nur in anderer Hinsicht ein Nichtseiendes ist. Das gilt nun nicht mehr in *De generatione et corruptione* – eine andere Lösung muß gefunden werden. Aber welche?

Die neue Lösung lautet, daß jegliches radikale Werden aus schlechthin Nichtseiendem in sich und zugleich ein Vergehen

[9] Wo der Sachverhalt genannt wird (*Ph.* III 8, 208a 8–11), dient er nicht zur Lösung der oben beschriebenen »erstaunlichen Aporie«, sondern erklärt, warum ohne Annahme eines unbegrenzten Materiereservoirs dennoch das Werden nicht irgendwann aufhört.

von anderem ist. Das schlechthinnige Werden *reitet*, so könnte man sagen, auf einem Vergehen. Der Vorgang des Vergehens aber kann wirklich stattfinden. Denn er geht aus von Seiendem in vollendeter Wirklichkeit – das eben *vergeht.* Je mehr und endgültiger es vergeht, umso mehr und endgültiger wird das schlechthin Werdende. Ist das Vergehende ganz erschöpft, ist das schlechthin Werdende ganz da. Niemals ist nichts, aber das schlechthin Werdende geht doch aus von einem schlechthinnigen Nichtsein; und das schlechthin Vergehende mündet ebenso in schlechthinnigem Nichtsein des jeweilig Seienden. Jener Vorgang, sofern und wenn er schlechthin ein Werden von etwas ist, existiert als ein Vergehen von etwas; und sofern und wenn er schlechthin ein Vergehen von etwas ist (z. B. eines Menschen), existiert er als ein gewisses Werden von etwas – wird z. B. ›eine schöne Leich'‹, wie man despektierlich sagt.

Diese Lösungsidee des Aristoteles: Werden und Vergehen folgen nicht nur aufeinander, sondern ereignen sich auch zugleich und ineinander, zieht weitere, ziemlich ungeheure Probleme nach sich. Deshalb ist die Aporie, wie Aristoteles sagt, so erstaunlich: Das ganze Universum muß bemüht werden und eine bestimmte Organisation haben, wenn das besagte schlichte oder radikale Werden sich überhaupt ereignen soll. – Denn wenn jedes Werden in sich ein Vergehen ist – ›Kaputtgehen‹ von etwas, wie ich vorher sagte –, dann fragt sich doch sofort, warum ein bestimmter Vorgang in der Natur eben schlechthin ein *Werden* von etwas und nicht vielmehr oder genauso gut ein *Vergehen* von etwas ist? Verdankt sich dies nur unserer Rede und unseren subjektiven Interessen oder ist es objektiv so? Aristoteles meint natürlich das letztere. Was aber begründet – objektiv – die Tatsache, daß es sich manchmal wirklich um schlichtes Werden, manchmal wirklich um schlichtes Vergehen handelt? Antwort des Aristoteles: Es muß eine *absolute Richtung* der Prozesse geben. Werden und Vergehen sind nicht einfach Geschehnisse, sondern ontologische Vektoren. Sie führen entweder zum höher bestimmten, formaleren und individuierten Sein – dann ist es schlechthin Werden von etwas – oder zum geringer bestimmten, ungeformten, bloß haufenartigen Sein der Materie – dann ist es ein Vergehen schlechthin. ›Sein‹ überhaupt oder ›Wirklichkeit‹ (*ἐνέϱγεια*) ist nach Aristoteles etwas, das durch Pfeile in einem absoluten Sinn hervorgehoben wird. Ein solcher absoluter Pfeil in der Natur ist gestellt durch den Unterschied von Werden und Vergehen. So konstatiert es Aristoteles an mehreren Stellen für die Natur und das Natürliche: Die Natur – und zwar gerade durch das Werden der Dinge – »zeigt vor« oder »zeigt auf« (*ἐπιδεικνύναι* ist das Wort) das wirklich Tätige, wie Lehrer es tun, um klar zu machen, was das Ziel der Lehre ist (*Metaph.* IX 8, 1050 a 17–22). Ähnlich betont es Aristoteles einmal in der *Nikomachischen Ethik*: »Dies ist typisch Natur (*φυσικόν*): was dem Vermögen nach ist, das *zeigt* das Werk in der Wirklichkeit.« (IX 7, 1168 a 8 f.)

Was aber sind die Ursachen dafür, daß die Prozesse eine ontologische Richtung haben? Denn nicht die Materie kann eine Antwort auf diese Frage sein. Vielmehr ist die Materie bei bestimmtem Bau der Körper die Ursache dafür, daß überhaupt Werden und Vergehen zugleich stattfinden können. Aber niemals ist sie die Ursache dafür, daß sich ein Prozeß in bestimmter Richtung abspielt. Auch das Vergehende kann nicht die Ursache dafür sein, daß die Richtung des Geschehens ihm zuwider ist. Das Werdende kann von gar nichts Ursache sein; denn es existiert nicht. Was also ist ebenso im einzelnen wie im ganzen die Ursache dafür, daß sich im Universum immer wieder solche Vektoren des Werdens, also gewissermaßen Aufschwünge der Materie zu Höherem ereignen? Daß es nicht nachläßt, wie sich ein Pendel langsam im Ruhepunkt einpendelt, oder wie nach dem zweiten Hauptsatz der Thermodynamik alle Prozesse in maximaler Entropie zum Erliegen kommen? Was ist die Ursache dafür? Auch unsere heutige Naturwissenschaft stellt sich diese Frage.

Alle diese Fragen muß Aristoteles in *GC* auseinandersetzen und einer durchsichtigen wissenschaftlichen Erklärung zuführen. Dies füllt letzten Endes das ganze Werk bis zu seinem Ende aus. An der »erstaunlichen Aporie« aus dem 3. Kapitel des I. Buches schießt sozusagen die ganze restliche Untersuchung an wie der mineralische Stoff an einen Kristallkern. Die kristallklare Untersuchung ist eines der studierenswertesten Werke des (wie ich vermute) späten Aristoteles. Ein Juwel naturphilosophischer Analyse, dessen Problemgehalt auch uns Heutige zutiefst interessieren müßte, vorausgesetzt, wir denken von uns selbst, werdende und vergehende Wesen zu sein.

2. Hinweise zu Text und Übersetzung

Der griechische Text der vorliegenden Studienausgabe ist ein Wiederabdruck der Edition von Harold H. Joachim (*Aristotle On Coming-To-Be & Passing-Away*, Oxford 1922), wobei deren Seitenumbruch nicht beibehalten, sondern an die deutsche Übersetzung angeglichen wurde. Der dazugehörige Apparat am Fuß der Seiten wurde der besseren Lesbarkeit halber neu gesetzt. Die griechische Textedition Joachims, obwohl sie die Textgrundlage für die deutsche Übersetzung bildet, entspricht indessen nicht mehr überall dem neuesten Stand der Forschung. Vielmehr wurde sie in vieler Hinsicht verbessert und stellenweise auch im Wortlaut korrigiert durch die erwähnte komplette Neukonstitution des Originaltextes von Marwan Rashed (Paris 2005). Die vorliegende Übersetzung, die zusammen mit einer wissenschaftlichen Kommentierung und Einleitung, aber ohne griechischen Text zuerst im Rahmen der deutschen Werkausgabe des Aristoteles (Akademie-Verlag, Berlin 2010) publiziert wurde, basiert deshalb auf einer nach Rasheds neuem Text und kritischem Apparat durchgehend *revidierten* Fassung von Joachims Textvorlage. Die sich daraus ergebenden Abweichungen der Übersetzung vom hier abgedruckten griechischen Text Joachims wurden jeweils durch Angabe der Zeile am rechten Textrand gekennzeichnet und die unterschiedlichen griechischen Lesarten Rasheds und Joachims in einer Fußnote zum deutschen Text angegeben. Genauso wurde auch an den Stellen verfahren, wo die deutsche Übersetzung umgekehrt am Text Joachims gegenüber Rasheds nicht immer unstreitig besseren Vorschlägen festhält, so daß der Leser praktisch einen Vergleich beider griechischer Texteditionen, die heute weltweit in Benutzung sind, vor Augen hat. Da die Angaben zu den Lesarten einzelner Codices in den Fußnoten zur deutschen Übersetzung der neueren und besseren Vergleichung der Handschriften durch Rashed entnommen sind, kommt es gelegentlich zu kleinen Unstimmigkeiten zwischen dem wiederabgedruckten kritischen Apparat Joachims und diesen Angaben, die jedoch keine Rolle für den übersetzten Text spielen.

Bereits Joachim bot aufgrund der Kollationierung von fünf der wichtigsten Handschriften (E F H J L) und Philoponos sowie einiger weniger wertvoller Quellen einen gegenüber der Edition Bekkers völlig neu konstituierten Text, der, was konkurrierende Lesarten der beiden maßgeblichsten und ältesten Handschriften (E und J) anbelangt, zumeist J den Vorzug gegeben hat. Die Berliner Ausgabe von Immanuel Bekker (und die Leipziger von Carl Prantl) hatten beide die Wiener Handschrift J noch nicht mitberücksichtigt, und insofern bildete Joachims Text einen entscheidenden Fortschritt gegenüber allen früheren Ausgaben, der international auch in den nachfolgenden Editionen des griechischen Textes durch Forster und Mugler sowie durch die textkritischen Beiträge von Verdenius/Waszink und Migliori nicht überholt wurde.

Die Neukonstitution des Textes von Marwan Rashed stützt sich auf ausgedehnte Forschungen zur Überlieferungsgeschichte von *De generatione et corruptione*, in deren Verlauf alle existierenden Handschriften in Gruppen und Abstammungszweige sortiert und miteinander verglichen wurden. So gelang es Rashed, einen wiederum beträchtlich verbesserten griechischen Text zur Verfügung zu stellen, der in gewisser Hinsicht und mit guten Gründen die Bevorzugung der Handschrift J durch Joachim wieder zurückschnitt auf ein deutlich geringeres Maß und statt dessen überwiegend den Lesarten von E folgt. Hintergrund dieser entschiedenen Tendenz Rasheds ist die Entdeckung, daß beide Codices E und J jeweils Vertreter einer ganzen Familie von Handschriften (**a** für E und **b** für J) sind und auf verschiedene, bereits in der Antike *dezidiert unterschiedliche Versionen* des aristotelischen Textes bietende Hyparchetypen (Ω_1 und Ω_2) zurückgehen.[10] Dies bedeutet, daß die Unterschiedlichkeit der Lesarten beider Familien im Allgemeinen nicht auf Kopierfehler, sondern auf eine andere *Beurteilung* des aristotelischen Traktats im Hinblick auf Deutlichkeit der Gedankenführung und Authentizität des sprachlichen Ausdrucks zurückzuführen sind. Andere, womöglich noch vor diese Teilung zurückreichende Texttraditionen als diese beiden Familien gibt es in heute erhaltenen Abschriften oder Übersetzungen nicht.[11] Etwas zugespitzt formuliert, könnte man sagen, daß die Tradition von **b** auf einem philosophisch durchgearbeiteteren Text fußt, wohingegen **a** einen sachlich weniger expliziten, aber an philologischer Ursprünglichkeit orientierten Eindruck vermittelt.

Der in seinen Abweichungen von Joachim somit überwiegend durch die Lesarten der Familie **a** geprägte Text Rasheds korrigiert in den meisten Fällen Unterschiede rein sprachlicher Natur wie z. B. das Fehlen oder Setzen von Artikeln sowie Schreibung und Stellung von Worten, die vielfach keine für eine Übersetzung relevante Differenz bedingen. Wo indessen Unterschiede für eine korrekte Wiedergabe oder gar für das rechte Verständnis des aristotelischen Textes auftreten und die vorliegende Übersetzung eine Entscheidung zwischen den griechischen Textkonstitutionen von Joachim und Rashed treffen mußte, sind die beiden konkurrierenden Lesarten, wie schon gesagt, am Fuß der Übersetzungsseite angegeben worden, wobei die jeweils bevorzugte Lesart an erster Stelle und in kursiver Schrift erscheint.

Ein Asteriscus (*) am Rand der Übersetzung verweist auf eine Herausgeberanmerkung am Schluß des Bandes.

10 Siehe dazu auch Rashed 2001.

11 Vgl. Rashed, ed. 2005, CCXXIII f.

3. Gliederung von Inhalt und Aufbau der Schrift

Ausgehend von der bereits zitierten Programmformel an ihrem Beginn, bildet die Schrift einen dicht gewebten Zusammenhang, der allerdings gegen Ende etwas undeutlich abgegrenzt erscheint, so daß hier vielleicht noch einmal spätere Hinzufügungen stattgefunden haben. Wie bei den meisten anderen Schriften des Aristoteles ist auch hier mit einem schubweisen Anwachsen im Laufe von Jahren sowie mit Ergänzungen und Überarbeitungen unterschiedlicher Teile und Partien zu rechnen, was insgesamt jedoch keine ausreichenden Gründe liefert, um die irgendwann vorgenommene einheitliche Komposition durch Aristoteles selbst in Zweifel zu ziehen. Ein solcher Zweifel könnte nur dann zu Recht bestehen, wenn nicht nachweislich durch Rückgriffe und Vorgriffe sowie Zusammenfassungen und Übergangsformulierungen alle Teile einer Schrift in den Gesamtzusammenhang der Abhandlung eines gemeinsamen Themas eingebunden wären. Zur besseren Übersicht über den Bau der Abhandlung sei hier eine Art Inhaltsverzeichnis der Schrift nach ihren Hauptstücken und einzelnen Kapiteln angeführt.

I. Buch: Definition und begriffliche Voraussetzungen von Werden, Veränderung und Wachstum

A. Zur Unterscheidbarkeit von Werden und Veränderung

(1) Thema der Pragmatie. Frühere Ansätze zum Problem des Werdens: Pluralisten versus Monisten der Materie

(2) Werden, Veränderung und das Problem der unteilbaren Körper (Atome)

B. Die Definitionen von Werden und Vergehen, Veränderung und Wachstum

(3) Das ›schlichte‹ Werden und warum Werden und Vergehen nicht aufhören

(7) Kombinierbarkeit der Elemente zu Gefügen neuer Einheit in der Vermischung
(8) Elementare Beiträge zur Konstitution der gemischten Körper
(9) Die Unentbehrlichkeit von Formen als ›organisierender‹ Bewegungsursachen

C. Allgemeine Bewegungs- und Finalursachen des Werdens und Vergehens auf der Erde
(10) Prinzipien der Bewegung für die Gesamtheit des Werdens und Vergehens natürlicher Substanzen
(11) Schlechthin notwendige Zirkulation und formgleiche Entstehung natürlicher Dinge

4. Literaturverzeichnis

a) Textausgaben, Übersetzungen und Kommentare (Auswahl)

Bekker, Immanuel (Hg.): *Aristotelis Opera. Band I,* Berlin 1831 (Editio altera quam curavit O. Gigon: 1960).

Buchheim, Thomas (Hg.): Aristoteles. Über Werden und Vergehen. Übersetzt und erläutert von Thomas Buchheim (Aristoteles. Werke in deutscher Übersetzung, begründet von Ernst Grumach, fortgeführt von Hellmut Flashar, hrsg. von Christof Rapp, Bd. 12, Teil IV), Berlin 2010.

Gohlke, Paul (Hg.): Aristoteles. Über den Himmel. Vom Werden und Vergehen, Paderborn 1958.

Joachim, Harold H. (ed.): Aristotle On Coming-to-be & Passing-away (De generatione et corruptione). A revised Text with Introduction and Commentary, Oxford 1922 (ND: 1999).

Joachim, Harold H.: On Generation and Corruption. In: Barnes, Jonathan (ed.): The Complete Works of Aristotle. The Revised Oxford Translation. Volume I, Princeton, New Jersey 1984, 512–554.

Johannes Philoponus I–III (Ancient Commentators on Aristotle, general editor: Richard Sorabji): Williams, Christopher J. F.; Berryman, Sylvia (edd.): On Aristotle On Coming-to-be and Perishing 1.1–5. London 1999. Williams, Christopher J. F. (ed.): On Aristotle On Coming-to-be and Perishing 1.6–2.4, London 1999. Kupreeva, Inna (ed.): On Aristotle On coming-to-be and Perishing 2.5–11, London 2005.

Mugler, Charles (ed.): Aristote: De la génération et de la corruption. Texte établi et traduit, Paris 1966.

Prantl, Carl von (Hg.): Aristoteles: Vier Bücher über das Himmelsgebäude, Zwei Bücher über Entstehen und Vergehen. Griechisch und deutsch mit sacherklärenden Anmerkungen, Leipzig 1857.

–: Aristotelis De coelo et De generatione et corruptione, Leipzig 1881.

Rashed, Marwan (ed.): Aristote: De la génération et la corruption. Texte établi et traduit, Paris 2005.

Migliori, Maurizio (ed.): Aristotele: La generazione e la corruzione. Traduzione, introduzione e commento, Neapel 1976.

Thomas von Aquin: Spiazzi, Raymundus M. (ed.): In Aristotelis libros De caelo et mundo; De generatione et corruptione; Meteorologicorum; Expositio. Cum textu ex recensione leonina cura et studio P. Fr. Raymundi M. Spiazzi, O. P., Rom 1952.

Verdenius, Willem J.; Waszink, Jan H.: Aristotle on Coming-to-be and Passing-away. Some comments, Leiden 1968 (Nachdr. der 2. Aufl. von 1966 / zuerst: 1946).

Williams, Christopher J. F. (ed.): Aristotle's De generatione et corruptione. Translated with Notes, Oxford 2002 (zuerst: 1982).

b) Sekundärliteratur

Algra, Keimpe A.: On Generation and Corruption I. 3: Substantial Change and the Problem of Not-Being. In: Haas, Frans A. J. de; Mansfeld, Jaap (edd.): Aristotle: On Generation and Corruption, Book I. Symposium Aristotelicum, Oxford 2004, 91–121.

Anagnostopoulos, Georgios (ed.): A companion to Aristotle, Malden, MA u. a. 2009.

Barbone, Steven: Are there Discrepancies between Aristotle's Generation and Corruption II and Meteorology IV? In: Dialogue 35, 1992, 7–13.

Beere, Jonathan: Potentiality and the Matter of Composite Substance. In: Phronesis 51, 2006, 303–329.

Besnier, Bernard: De generatione et corruptione. Tradition Grecque. In: Goulet, Richard (ed.): Dictionnaire des philosophes antiques. Supplément aux trois premiers tomes. Préparé par Richard Goulet avec la collaboration de Jean-Marie Flamand et Maroun Aouad, Paris 2003, 295–303.

Bodnár, Istvan M.: Movers and Elemental Motions in Aristotle. In: Oxford Studies in Ancient Philosophy [OSAP] 15, 1997, 81–117.

Bogaard, Paul A.: Heaps or Wholes: Aristotle's Explanation of Compound Bodies. In: Isis. An International Review devoted to the History of Science and its Cultural Influence 70, 1979, 11–29.

Bogen, James: Fire in the Belly: Aristotelian Elements, Organisms, and Chemical Compounds. In: Lewis, Frank A.; Bolton, Robert (edd.): Form, Matter, and Mixture in Aristotle (University of Southern California), Oxford u. a. 1996, 183–216.

Bostock, David: Aristotle on the Transmutation of the Elements in De generatione et corruptione 1.1–4. In: Oxford Studies in Ancient Philosophy [OSAP] 13, 1995, 217–229 (später in Bostock 2006, 19–29).

–: Aristotle's Theory of Matter. In: Sfendoni-Mentzou, Demetra; Hattiangadi, Jagdish; Johnson, David M. (edd.): Aristotle and Contemporary Science. Volume II, New York u. a. 2001, 3–22 (später in Bostock 2006, 30–47).

Brague, Rémi: Sur la formule aristotélicienne ho pote on. In: Brague, Rémi (ed.): Du temps chez Platon et Aristote. Quatre études, Paris 1982, 97–144.

Broadie, Sarah: On Generation and Corruption I. 4: Distinguishing Alteration. In: Haas, Frans A. J. de; Mansfeld, Jaap (edd.): Aristotle: On Generation and Corruption, Book I. Symposium Aristotelicum, Oxford 2004, 123–150.

Brunotte, Thomas: Reine Wirklichkeit und Kosmos. Eine Analyse naturphilosophischer Konzepte im Hinblick auf das erste Prinzip bei Aristoteles, Frankfurt u. a. 2010.

Brunschwig, Jaques: On Generation and Corruption I. 1: A False Start? In: Haas, Frans A. J. de; Mansfeld, Jaap (edd.): Aristotle: On Generation and Corruption, Book I. Symposium Aristotelicum, Oxford 2004, 25–63.

Buchheim, Thomas: Die Vorsokratiker. Ein philosophisches Porträt, München 1994.

–: Genesis und substantielles Sein. Die Analytik des Werdens im Buch Z der Metaphysik (Z 7–9). In: Rapp, Christof (Hg.): Aristoteles: Metaphysik. Die Substanzbücher (Z, H, Θ), Berlin 1996, 105–133.
–: Aristoteles, Freiburg im Breisgau 1999.
–: Effective Primary Causes: the Notion of Contact and the Possibility of Acting without Being Affected in Aristotle's De generatione et corruptione. In: Stern-Gillet, Suzanne; Corrigan, Kevin (edd.): Reading Ancient Texts. Vol. II: Aristotle and Neoplatonism. Leiden, Boston 2008, 65–96.
Burnyeat, Myles F.: Aristotle on the Foundations of Sublunary Physics. In: Haas, Frans A. J. de; Mansfeld, Jaap (edd.): Aristotle: On Generation and Corruption, Book I. Symposium Aristotelicum, Oxford 2004, 7–24.
Byrne, Christopher: Matter and Aristotle's Material Cause. In: Canadian Journal of Philosophy 31, 2001, 85–112.
Charles, David: Simple Genesis and Prime Matter. In: Haas, Frans A. J. de; Mansfeld, Jaap (edd.): Aristotle: On Generation and Corruption, Book I. Symposium Aristotelicum, Oxford 2004, 151–169.
Charlton, William: Prime Matter. A Rejoinder. In: Phronesis 28, 1983, 197–211.
Code, Alan: On Generation and Corruption I. 5. In: Haas, Frans A. J. de; Mansfeld, Jaap (edd.): Aristotle: On Generation and Corruption, Book I. Symposium Aristotelicum, Oxford 2004, 171–193.
Cohen, Sheldon M.: Aristotle's Doctrine of the Material Substrate. In: The Philosophical Review XCIII, 1984, 171–194.
Cooper, John M.: A Note on Aristotle on Mixture. In: Haas, Frans A. J. de; Mansfeld, Jaap (edd.): Aristotle: On Generation and Corruption, Book I. Symposium Aristotelicum, Oxford 2004, 315–326.
Crowley, Timothy J.: Aristotle's ‹So-Called Elements›. In: Phronesis 53, 2008, 223–242.
Crubellier, Michel: On Generation and Corruption I. 9. In: Haas, Frans A. J. de; Mansfeld, Jaap (edd.): Aristotle: On Generation and Corruption, Book I. Symposium Aristotelicum, Oxford 2004, 267–288.

Düring, Ingemar: Aristoteles. Darstellung und Interpretation seines Denkens, Heidelberg 1966.

Durling, Richard J.: The Anonymous Translation of Aristotle's De generatione et corruptione (Translatio vetus). In: Traditio 49, 1994, 320–330.

Falcon, Andrea: Aristotle and the Science of Nature. Unity without Uniformity, Cambridge 2005.

Fine, Kit: The Problem of Mixture. In: Lewis, Frank A.; Bolton, Robert (edd.): Form, Matter, and Mixture in Aristotle (University of Southern California), Oxford u. a. 1996, 82–182 (zuerst in: Pacific Philosophical Quarterly 76, 1995, 266–369).

Flashar, Hellmut: Aristoteles. In: Flashar, Hellmut (Hg.): Die Philosophie der Antike. Band 3. Ältere Akademie, Aristoteles, Peripatos. 2., durchges. und erweiterte Aufl. (Grundriss der Geschichte der Philosophie, begr. von Friedrich Ueberweg, völlig neu bearb. Ausgabe, hrsg. von Helmut Holzhey), Basel 2004, 167–492.

Frede, Dorothea: On Generation and Corruption I. 10: On Mixture and Mixables. In: Haas, Frans A. J. de; Mansfeld, Jaap (edd.): Aristotle: On Generation and Corruption, Book I. Symposium Aristotelicum, Oxford 2004, 289–314.

Freudenthal, Gad: Aristotle's Theory of Material Substance. Heat and Pneuma, Form and Soul, Oxford 1995.

Gannagé, Emma: Alexandre d'Aphrodise In De generatione et corruptione apud Gabir b. Ḥāyyān, K. al-Tāsrif. In: Documenti e studi sulla tradizione filosofica medievale 9, 1998, 35–86.

Gebauer, Annekatrin: Die Mischungslehre des Aristoteles und ihre Bedeutung für den Substanzbegriff. In: Philosophisches Jahrbuch 113, 2006, 3–29.

Germain, Paul: L'étude des éléments dans le De coelo et dans le De generatione et corruptione. In: Laval théologique et philosophiques 10, 1954, 67–78.

Gill, Mary L.: Aristotle on Substance. The Paradox of Unity, Princeton 1989.

Gohlke, Paul: Die Entstehungsgeschichte der naturwissenschaftlichen Schriften des Aristoteles. In: Hermes 59, 1924, 274–306.

Graham, Daniel W.: The Paradox of Prime Matter. In: Journal of the History of Philosophy 4, 1987, 475–490.

Haas, Frans A. J. de: Mixture in Philoponus. An Encounter with a Third Kind of Potentiality. In: Thijssen, Johannes M.M.H.; Braakhuis, Henricus A. G. (edd.): The commentary tradition on Aristotle's »De generatione et corruptione«. Ancient, Medieval, and Early Modern, Turnhout 1999, 21–46.

Haas, Frans A. J. de; Mansfeld, Jaap (edd.): Aristotle: On Generation and Corruption, Book I. Symposium Aristotelicum, Oxford 2004.

Happ, Heinz: Hyle. Studien zum aristotelischen Materie-Begriff, Berlin, New York 1971.

Hasper, Pieter S.: Aristotle's Diagnosis of Atomism. In: Apeiron 39, 2006, 121–155.

Hinton, Beverly: Generation and the Unity of Form in Aristotle. In: Apeiron 39, 2006, 359–380.

Horne, Ralph A.: Die Chemie des Aristoteles. In: Seeck, Gustav A. (Hg.): Die Naturphilosophie des Aristoteles, Darmstadt 1975, 339–347.

Hossfeld, Paul: Grundgedanken in Alberts des Großen Schrift Über Entstehung und Vergehen. In: Philosophia naturalis 16, 1976/77, 191–204.

Hübner, Johannes: Aristoteles über Getrenntheit und Ursächlichkeit. Der Begriff des *εἶδος χωριστόν*, Hamburg 2000.

Hussey, Edward: On Generation and Corruption I. 8. In: Haas, Frans A. J. de; Mansfeld, Jaap (edd.): Aristotle: On Generation and Corruption, Book I. Symposium Aristotelicum, Oxford 2004, 243–265.

Joachim, Harold H.: Aristotle's Conception of Chemical Combination. In: Journal of Philology 29, 1904, 72–86.

Judson, Lindsay: Heavenly Motion and the Unmoved Mover. In: Gill, Mary L.; Lennox, James G. (edd.): Self-motion. From Aristotle to Newton. Conference (of the same name), held February 23–25, 1990 at the University of Pittsburgh, Princeton, New Jersey 1994, 155–171.

King, Richard A. H.: Aristotle on Life and Death, London 2001.

Kuhl, Helmut: Textkritisches zu Aristoteles' ΠΕΡΙ ΓΕΝΕΣΕΩΣ ΚΑΙ ΦΘΟΡΑΣ. In: Rheinisches Museum für Philologie 102, 1959, 39–47.

Kullmann, Wolfgang: Aristoteles und die moderne Wissenschaft, Stuttgart 1998.

Kupreeva, Inna: Alexander of Aphrodisias on Mixture and Growth. In: Oxford Studies in Ancient Philosophy [OSAP] 27, 2004, 297–334.

–: Aristotle on Growth: A Study of the Argument of On Generation and Corruption I 5. In: Apeiron 38, 2005, 103–159.

Lewis, Frank A.: Form and Matter. In: Anagnostopoulos, Georgios (ed.): A companion to Aristotle, Malden, MA u.a. 2009, 162–185.

Lewis, Frank A.; Bolton, Robert (edd.): Form, Matter, and Mixture in Aristotle, Univ. of Southern California, Oxford u.a. 1996.

de Ley, Herman: Aristotle, De generatione et corruptione A 8, 324 b 35–325 b 11: A Leucippean Fragment? In: Mnemosyne 25, 1972, 56–62

Lloyd, Geoffrey E. R.: The Hot and the Cold, the Dry and the Wet in Greek Philosophy. In: Journal of Hellenic Studies 84, 1964, 92–106.

Makin, Stephen: The Indivisibility of the Atom. In: Archiv für Geschichte der Philosophie 71, 1989, 125–149.

Mansfeld, Jaap: Aetius, Aristotle and Others on Coming-to-be and Passing-away. In: Caston, Victor; Graham, Daniel W. (edd.): Presocratic Philosophy. Essays in Honour of Alexander Mourelatos, Aldershot u.a. 2002, 273–292.

Manuwald, Bernd: Studien zum Unbewegten Beweger in der Naturphilosophie des Aristoteles, Mainz 1989.

Mau, Jürgen: Zur Methode der aristotelischen Ableitung der Elementarkörper. In: Düring, Ingemar (Hg.): Naturphilosophie bei Aristoteles und Theophrast. Verhandlungen des 4. Symposium Aristotelicum, veranstaltet in Göteborg, August 1966, Heidelberg 1969, 133–146.

van Melsen, Andreas G. M.: Atom gestern und heute. Die Geschichte des Atombegriffs von der Antike bis zur Gegenwart. Dt. Ausgabe, übers. von Carlgeorg Stoffregen, mit Quellentexten erweitert von Heimo Dolch, Freiburg, München 1957 (zuerst: Amsterdam 1949 unter dem Titel »Van atomos naar atoom. De geschiedenis van het begrip Atoom«).

Mendell, Henry: The Trouble with Eudoxos. In: Suppes, Patrick; Moravcsik, Julius; Mendell, Henry (edd.): Ancient & Medieval Traditions in the Exact Sciences. Essays in Memory of Wilbur

Knorr (Center for the Study of Language and Information), Stanford, Kalifornien 2000, 59–138.

Migliori, Maurizio: Elementi metafisici e teologici nella riflessione fisica del ‹De generazione e corruptione› di Aristotele. In: Pensamiento 35, 1979, 223–235.

Miller, Fred D., JR.: Aristotle against the Atomists. In: Kretzmann, Norman (ed.): Infinity and Continuity in Ancient and Medieval Thought, Ithaca, London 1982, 87–111.

Moriani, Fausto: Materia commune e generazione degli elementi in Aristotele. In: Elenchos 9, 1988, 329–351.

Morison, Benjamin: On Location. Aristotle's Concept of Place, Oxford 2002.

Morrow, Glenn R.: Qualitative Change in Aristotle's Physics. In: Düring, Ingemar (Hg.): Naturphilosophie bei Aristoteles und Theophrast. Verhandlungen des 4. Symposium Aristotelicum, veranst. in Göteborg, August 1966, Heidelberg 1969, 154–167.

Mourelatos, Alexander P. D.: Aristotle's Rationalist Account of Qualitative Interaction. In: Phronesis 29, 1984, 1–16.

Mugler, Charles: Le vide des Atomistes et les pores d'Empédocle. A propos d'un passage d'Aristote. In: Revue de Philologie, de littérature et d'Histoire Anciennes 61, 1967, 217–224.

Murdoch, John E.: Aristotle on Democritus's Argument Against Infinite Divisibility in De generatione et corruptione, Book I, Chapter 2. In: Thijssen, Johannes M. M. H.; Braakhuis, Henricus A. G. (edd.): The commentary tradition on Aristotle's »De generatione et corruptione«. Ancient, Medieval, and Early Modern, Turnhout 1999, 87–102.

Natali, Carlo: On Generation and Corruption I. 6. In: Haas, Frans A. J. de; Mansfeld, Jaap (edd.): Aristotle: On Generation and Corruption, Book I. Symposium Aristotelicum, Oxford 2004, 195–217.

Needham, Paul: Substance and Modality. In: Philosophy of Science 73, 2006, 829–840.

–: Is Water a Mixture? Bridging the Distinction between Physical and Chemical Properties. In: Studies in History and Philosophy of Science 39, 2008, 66–77.

Newstead, Anne G. J.: Aristotle and Modern Mathematical Theories of the Continuum. In: Sfendoni-Mentzou, Demetra; Hattiangadi,

Jagdish; Johnson, David M. (edd.): Aristotle and Contemporary Science. Volume II, New York u. a. 2001, 113–129.

O'Brien, Denis: Heavy and Light in Democritus and Aristotle: Two Conceptions of Change and Identity. In: Journal of Hellenic Studies 97, 1977, 64–74.

–: Theories of Weight in the Ancient World. Four Essays on Democritus, Plato and Aristotle. A Study in the Development of Ideas. Volume I. Democritus: Weight and Size, an Essay in the Reconstruction of Early Greek Philosophy, Leiden 1981.

Quarantotto, Diana: Causa finale sostanza essenza in Aristotele. Saggio sulla struttura dei processi teleologici naturali e sulla funzione del telos, Rom 2005.

Rashed, Marwan: Die Überlieferungsgeschichte der aristotelischen Schrift De generatione et corruptione, Wiesbaden 2001.

Rubrichi, Riccardo: Per la critica del De generatione et corruptione di Aristotele. In: Studi italiani di filologia classica 8, 1900, 81–87.

Scaltsas, Theodore: Mixing the Elements. In: Anagnostopoulos, Georgios (ed.): A companion to Aristotle, Malden, MA u. a. 2009, 242–259.

Sedley, David: On Generation and Corruption I. 2. In: Haas, Frans A. J. de; Mansfeld, Jaap (edd.): Aristotle: On Generation and Corruption, Book I. Symposium Aristotelicum, Oxford 2004, 65–89.

Seeck, Gustav A.: Über die Elemente in der Kosmologie des Aristoteles. Untersuchungen zu ›De generatione et corruptione‹ und ›De caelo‹, München 1964.

Seeck, Gustav A. (Hg.): Die Naturphilosophie des Aristoteles, Darmstadt 1975.

Sfendoni-Mentzou, Demetra: What is Matter for Aristotle: ›A Clothes-Horse‹ or a Dynamic Element in Nature? In: Sfendoni-Mentzou, Demetra (ed.): Aristotle and Contemporary Science. Volume I. Introduction by Hilary Putnam, New York u. a. 2000, 237–263.

Sharples, Robert W.: »If what is Earlier, then of Necessity what is Later«?: Some Ancient Discussions of Aristotle, De generatione et corruptione 2.11. In: Bulletin of the Institute of Classical Studies [BICS] 26, 1979, 27–44.

Sharvy, Richard: Aristotle on Mixtures. In: Journal of Philosophy 80, 1983, 439–457.

Shorey, Paul: Aristotle on »Coming-to-be« and »Passing away«. In: Classical Philology 17, 1922, 334–352.

Solmsen, Friedrich: Aristotle's System of the Physical World. A Comparison with his Predecessors, Ithaca, New York 1960.

Sorabji, Richard R. K. (ed.): Philoponus and the Rejection of Aristotelian Science, London, Ithaca 1987.

Sorabji, Richard R. K.: The Greek Origins of the Idea of Chemical Combination: Can Two Bodies be in the Same Place? In: Cleary, John J.; Shartin, Daniel C. (edd.): Proceedings of the Boston Area Colloquium in Ancient Philosophy. Volume IV (Committee of the Boston Area Colloquium in Ancient Philosophy), Lanham u.a. 1988, 35–63.

Sprague, Rosamond Kent: An Anonymous Argument against Mixture. In: Mnemosyne 1973, 26, 230–233.

Thielscher, Paul: Die relative Chronologie der erhaltenen Schriften des Aristoteles nach den bestimmten Selbstzitaten. In: Philologus 97, 1948, 229–265.

Thijssen, Johannes M. M. H.; Braakhuis, Henricus A. G. (edd.): The commentary tradition on Aristotle's »De generatione et corruptione«. Ancient, Medieval, and Early Modern, Turnhout 1999.

Verbeke, Gérard: Nécessité de la génération selon Aristote: Mélanges A. Jannone. In: Jannone, Antonio (ed.): Energeia. Études aristotéliciennes offertes à Antonio Jannone. Serie Recherches I (Centre international d'études platoniciennes et aristotéliciennes), Paris 1986, 199–212.

West, Martin L.: An Atomist Illustration in Aristotle. In: Philologus 113, 1969, 150f.

Wildberg, Christian: On Generation and Corruption I. 7: Aristotle on poiein and paschein. In: Haas, Frans A. J. de; Mansfeld, Jaap (edd.): Aristotle: On Generation and Corruption, Book I. Symposium Aristotelicum, Oxford 2004, 219–242.

Williams, Christopher J. F.: Aristotle, De generatione et corruptione 319b21–4. In: The Classical Review 12 (New Series, 86 Continuous Series), 1972, 301–303.

Zabarella, Jacobus: De rebus naturalibus libri XXX. Quibus quaestiones, quae ab Aristotelis interpretibus hodie tractari solent, accurate discutiuntur, Frankfurt am Main 1607 (ND: 1966).

ARISTOTELES

Über Werden und Vergehen

De generatione et corruptione

A [I]

314a Περὶ δὲ γενέσεως καὶ φθορᾶς τῶν φύσει γινομένων καὶ φθειρομένων, ὁμοίως κατὰ πάντων, τάς τε αἰτίας διαιρετέον καὶ τοὺς λόγους αὐτῶν, ἔτι δὲ περὶ αὐξήσεως καὶ ἀλλοιώσεως, τί ἑκάτερον, καὶ πότερον τὴν αὐτὴν ὑποληπτέον εἶναι φύσιν ἀλλοιώσεως καὶ γενέσεως, ἢ χωρίς, ὥσπερ διώρισται καὶ τοῖς ὀνόμασιν. τῶν μὲν οὖν ἀρχαίων οἱ μὲν τὴν καλουμένην ἁπλῆν γένεσιν ἀλλοίωσιν εἶναί φασιν, οἱ δ' ἕτερον ἀλλοίωσιν καὶ γένεσιν. ὅσοι μὲν γὰρ ἕν τι τὸ πᾶν εἶναι λέγουσι καὶ πάντα ἐξ ἑνὸς γεννῶσι, τούτοις μὲν ἀνάγκη τὴν γένεσιν ἀλλοίωσιν φάναι καὶ τὸ κυρίως γιγνόμενον ἀλλοιοῦσθαι· ὅσοι δὲ πλείω τὴν ὕλην ἑνὸς τιθέασιν, οἷον Ἐμπεδοκλῆς καὶ Ἀναξαγόρας καὶ Λεύκιππος, τούτοις δὲ ἕτερον. καίτοι Ἀναξαγόρας γε τὴν οἰκείαν φωνὴν ἠγνόησεν—λέγει γοῦν ὡς τὸ γίγνεσθαι καὶ ἀπόλλυσθαι ταὐτὸν καθέστηκε τῷ ἀλλοιοῦσθαι, πολλὰ δὲ λέγει τὰ στοιχεῖα, καθάπερ καὶ ἕτεροι. Ἐμπεδοκλῆς μὲν γὰρ τὰ μὲν σωματικὰ τέτταρα, τὰ δὲ πάντα μετὰ τῶν κινούντων ἓξ τὸν ἀριθμόν, Ἀναξαγόρας δὲ ἄπειρα καὶ Λεύκιππος καὶ Δημόκριτος (ὁ μὲν γὰρ τὰ ὁμοιομερῆ στοιχεῖα τίθησιν, οἷον ὀστοῦν σάρκα μυελὸν καὶ τῶν ἄλλων ὧν ἑκάστῳ συνώνυμον τὸ μέρος ἐστίν, Δημόκριτος δὲ καὶ Λεύκιππος ἐκ σωμάτων ἀδιαιρέτων τἆλλα συγκεῖσθαί φασι, ταῦτα δ' ἄπειρα καὶ τὸ πλῆθος εἶναι καὶ τὰς μορφάς, αὐτὰ δὲ πρὸς αὐτὰ διαφέρειν τούτοις ἐξ ὧν εἰσι καὶ θέσει καὶ τάξει τούτων)· ἐναντίως γὰρ φαίνονται λέγοντες οἱ περὶ Ἀναξαγόραν τοῖς περὶ Ἐμπεδοκλέα. I 1

a 1 *δὲ* om. E **3** *αὐτῶν διοριστέον ἔτι* F **5** *φύσιν εἶναι* L : *εἶναι φύσιν εἶναι* E^1 **6** *διώρισται*] *καὶ ὥρισται* E^1 *μὲν τὴν*] *μὲν οὖν τὴν* E **8-9** *λέγουσιν εἶναι* EL **9** *γεννῶσι*] *γεγονέναι* H, et fecit E *μὲν* om. H : *μὲν δὴ* F **10** *ἀλλοίωσιν τὴν γένεσιν* H *γιγνόμενον καὶ ἀλλοιοῦσθαι* F **12** *δὲ* om. F^{1}HL **13** *γε* om. FH **14** *οὖν … ἀπόλλυσθαι* in litura add. J, prima tamen manu *καὶ τὸ* F *ταυτὸ* FJL **16** *μὲν* prius om. HL **19** *οἷον* om. H *καὶ* post *ὀστοῦν* add. HL *καὶ* post *σάρκα* add. FHL **20** *μυελὸν καὶ ξύλον καὶ* H *καὶ τῶν*] *τῶν δὲ* E *ἑκάστου* FHLΦ^c *συνωνύμως* FL : *συνώνυμον* post *μέρος* H *ἐστίν*] *κατηγορεῖται* L **21** *τἆλλα*] *ταῦτα* EF : haec et alia Γ **22** *φησι* L *εἶναι* post *μορφάς* F **23** *πρὸς αὐτὰ* FH *διαφέρει* F **24** *γὰρ*] *δὲ* FHLΦ^1 **25** *περὶ τὸν Ἀναξαγόραν* F

BUCH I

Kapitel 1. Zum Thema Werden und Vergehen der kraft Natur 314a
werdenden und vergehenden Dinge sind indessen – gleichmäßig im Hinblick auf alle – sowohl die Ursachen zu bestimmen als auch ihre definierenden Begriffe, außerdem in Bezug auf Wachstum und Veränderung, was jedes von beiden sei, und ob man annehmen muß, daß es um dieselbe Natur geht bei Veränderung und Werden, oder zu trennen ist, wie es ja auch durch die Bezeichnungen unterschieden wird.

Von den Alten nun sagen die einen, daß das sogenannte schlichte Werden eine Veränderung sei, die anderen, daß Veränderung und Werden verschieden seien. Diejenigen nämlich, die behaupten, daß das All nur Eines ist, und die alles aus dem Einen entstehen lassen, für die ist es notwendig zu sagen, daß das Werden Veränderung sei und daß das im eigentlichen Sinn Werdende sich ⟨bloß⟩ verändere; diejenigen hingegen, die die Materie als mehr denn Eines ansetzen, wie z. B. Empedokles, Anaxagoras und Leukipp, für die ist ⟨zu sagen⟩, es sei verschieden. Allerdings verkannte Anaxagoras die zugehörige Aussage trotzdem – erklärt er doch, daß er das Werden und Zugrundegehen als identisch mit Sich-Verändern herausgestellt habe, obwohl er *viele* Elemente behauptet, wie auch an- *
dere. (Empedokles nämlich vier körperliche, im Ganzen aber, mit den bewegenden, sechs an der Zahl; Anaxagoras dagegen unbegrenzt viele – wie Leukipp und Demokrit: Er setzt ja die *Homoiomere* als Elemente an, wie z. B. Knochen, Fleisch und Mark und wovon sonst der Teil mit dem jeweiligen synonym ist, während Demokrit und Leukipp sagen, daß die übrigen Dinge aus den unteilbaren Körpern zusammengesetzt, diese aber in Menge und Gestalten unbegrenzt seien, jene dagegen untereinander verschieden durch diejenigen, aus denen sie bestehen, sowie durch deren Lage und Anordnung.) Denn auf gegenteilige Weise argumentieren offenbar die Anhänger des Anaxagoras verglichen mit denen des Empedokles: Der näm-

ὁ μὲν γάρ φησι πῦρ καὶ ὕδωρ καὶ ἀέρα καὶ γῆν στοιχεῖα τέτταρα καὶ ἁπλᾶ εἶναι μᾶλλον ἢ σάρκα καὶ ὀστοῦν καὶ τὰ τοιαῦτα τῶν ὁμοιομερῶν· οἱ δὲ ταῦτα μὲν ἁπλᾶ καὶ στοιχεῖα, γῆν δὲ καὶ πῦρ καὶ ὕδωρ καὶ ἀέρα σύνθετα—παν-
314b σπερμίαν γὰρ εἶναι τούτων. τοῖς μὲν οὖν ἐξ ἑνὸς πάντα κατασκευάζουσιν ἀναγκαῖον λέγειν τὴν γένεσιν καὶ τὴν φθορὰν ἀλλοίωσιν, ἀεὶ γὰρ μένειν τὸ ὑποκείμενον ταὐτὸ καὶ ἕν (τὸ δὲ τοιοῦτον ἀλλοιοῦσθαί φαμεν)· τοῖς δὲ τὰ γένη πλείω ποιοῦσι διαφέρειν τὴν ἀλλοίωσιν τῆς γενέσεως—συνιόντων γὰρ καὶ διαλυομένων ἡ γένεσις συμβαίνει καὶ ἡ φθορά. διὸ λέγει τοῦτον τὸν τρόπον καὶ Ἐμπεδοκλῆς, ὅτι "φύσις οὐδενός ἐστιν . . . ἀλλὰ μόνον μίξις τε διάλλαξίς τε μιγέντων". ὅτι μὲν οὖν οἰκεῖος ὁ λόγος αὐτῶν τῇ ὑποθέσει οὕτω φάναι, δῆλον, καὶ ὅτι λέγουσι τὸν τρόπον τοῦτον· ἀναγκαῖον δὲ καὶ τούτοις τὴν ἀλλοίωσιν εἶναι μέν τι φάναι παρὰ τὴν γένεσιν, ἀδύνατον μέντοι κατὰ τὰ ὑπ' ἐκείνων λεγόμενα. τοῦτο δ' ὅτι λέγομεν ὀρθῶς, ῥᾴδιον συνιδεῖν. ὥσπερ γὰρ ὁρῶμεν ἠρεμούσης τῆς οὐσίας ἐν αὐτῇ μεταβολὴν κατὰ μέγεθος, τὴν καλουμένην αὔξησιν καὶ φθίσιν, οὕτω καὶ ἀλλοίωσιν· οὐ μὴν ἀλλ' ἐξ ὧν λέγουσιν οἱ πλείους ἀρχὰς ποιοῦντες μιᾶς ἀδύνατον ἀλλοιοῦσθαι. τὰ γὰρ πάθη, καθ' ἅ φαμεν τοῦτο συμβαίνειν, διαφοραὶ τῶν στοιχείων εἰσίν, λέγω δ' οἷον θερμὸν ψυχρόν, λευκὸν μέλαν, ξηρὸν ὑγρόν, μαλακὸν σκληρὸν καὶ τῶν ἄλλων ἕκαστον, ὥσπερ καὶ φησὶν Ἐμπεδοκλῆς "ἠέλιον μὲν λευκὸν ὁρᾶν καὶ θερμὸν ἁπάντῃ, ὄμβρον δ' ἐν πᾶσιν δνοφόεντά τε ῥιγαλέον τε" (ὁμοίως δὲ διορίζει καὶ ἐπὶ τῶν λοιπῶν)· ὥστ' εἰ μὴ δυνατὸν ἐκ πυρὸς γίνεσθαι ὕδωρ μηδ' ἐξ ὕδατος γῆν, οὐδ' ἐκ λευκοῦ μέλαν ἔσται οὐδὲν οὐδ' ἐκ μαλακοῦ

26 *ὁ*] *οἱ* FΓ *φασι* Γ *στοιχεῖα εἶναι* F **27** *τέτταρα* om. sed Δ̄ supra lin. add. J *μᾶλλον εἶναι* F **28** *ὁμοιομερῶν*] *μερῶν* F : similium partium Γ **29** *γῆν ... ὕδωρ*] *πῦρ δὲ καὶ ὕδωρ* E[1] *καὶ* post *πῦρ* om. F **b 3** *μένει* J (sed post *μένει* erasum aliquid) et Φ[1], Bonitz **4** *δὲ* prius om. E **5** *τὴν γένεσιν τῆς ἀλλοιώσεως* fecit E **7** *λέγει καὶ τοῦτον* L **8** *τε καὶ διάλλαξίς τε* L **9** et **11** *φᾶναι* J **10** *καὶ ὅτι*] *ὅτι καὶ* E **11** *τι*] *τοι* F **12** *ὑπ' ἐκείνων* fecit E **16** *ποιοῦνται* L **19** *λευκὸν*] *καὶ* H *σκληρὸν μαλακὸν* EL **20** *καὶ φησὶν*] *φησὶ καὶ* F **21** *ὁρᾶν*] *ὅρα* EL **22** *δνοφόεντά* FJ et, ut videtur, E[1] : *ζοφόεντά* HL : *γνοφόεντά* E[2] *ἐπὶ* E[1] (ut videtur) et L : *περὶ* E[2]FHJ **23** *γενέσθαι* E[1]L

lich sagt, daß Feuer, Wasser, Luft und Erde die vier Elemente und eher *sie* einfach seien als Fleisch und Knochen und alle solchen Homoiomere; die anderen hingegen, daß *diese* einfach und die Elemente seien, Erde, Feuer, Wasser und Luft hingegen zusammengesetzt – denn sie seien deren Pan|spermium. 314b
Für diejenigen also, die alles aus Einem zustandegebracht sein lassen, ist es notwendig, das Werden und Vergehen als Veränderung zu bezeichnen: denn das Zugrundeliegende bleibe immer ein und dasselbe (solches aber nennen wir Sich-Verändern). Für die dagegen, die mehrere ⟨Stoff-⟩Gattungen ansetzen, ist Veränderung von Werden zu unterscheiden – denn indem sie zusammengehen und sich voneinander lösen, stellen sich Werden und Vergehen ein. Daher lehrt namentlich Empedokles in diesem Sinne, daß es »von nichts eine Natur gibt … sondern allein Mischung und Austausch der Gemischten«. *

Daß so zu reden für ihre Voraussetzung die zugehörige Argumentation ist, ist klar, und daß sie es auf diese Weise begreifen; aber auch sie müssen sagen, daß die Veränderung etwas neben dem Werden ist, was freilich im Rahmen der Erklärungen, die sie geben, unmöglich ist. Daß richtig ist, was wir sagen, ist leicht zu ersehen. Wie wir nämlich, obwohl die Substanz in Ruhe bleibt, an ihr einen Wandel der Größe beobachten – das sogenannte Wachsen und Schwinden – so sehen wir auch Veränderung. Doch ist es aus dem, was die sagen, die mehr Prinzipien als nur eines annehmen, keinesfalls möglich, daß Veränderung vor sich geht. Denn die Beschaffenheiten, bei denen wir sagen, daß dies passiere, sind die Unterschiede der Elemente, ich meine z. B. warm – kalt, hell – dunkel, trocken – naß, weich – hart und alle anderen, wie Empedokles es ja sagt:
»die Sonne erblicke als weiß und überall warm, düster in allem b21
hingegen und frostig der Regenguß« (ebenso trifft er eine Be- *
stimmung auch bei den übrigen). So daß, wenn es nicht möglich ist, daß aus Feuer Wasser und aus Wasser Erde, dann auch nicht, daß aus hell dunkel und aus weich hart werde (dasselbe

314b21 *ὅρα* (erblicke) mit Rashed nach **a** : ὁρᾶν Joachim nach **b**

σκληρόν (ὁ δ' αὐτὸς λόγος καὶ περὶ τῶν ἄλλων), τοῦτο δ' ἦν ἀλλοίωσις. ᾗ καὶ φανερὸν ὅτι μίαν ἀεὶ τοῖς ἐναντίοις ὑποθετέον ὕλην, ἄν τε μεταβάλλῃ κατὰ τόπον, ἄν τε κατ' αὔξησιν καὶ φθίσιν, ἄν τε κατ' ἀλλοίωσιν. ἔτι δ' ὁμοίως ἀναγκαῖον εἶναι τοῦτο καὶ ἀλλοίωσιν· εἴτε γὰρ ἀλλοίωσίς
315a ἐστι, καὶ τὸ ὑποκείμενον ἓν στοιχεῖον καὶ μία πάντων ὕλη τῶν ἐχόντων εἰς ἄλληλα μεταβολήν, κἂν εἰ τὸ ὑποκείμενον ἕν, ἔστιν ἀλλοίωσις. Ἐμπεδοκλῆς μὲν οὖν ἔοικεν ἐναντία λέγειν καὶ πρὸς τὰ φαινόμενα καὶ πρὸς αὑτὸν αὐτός. ἅμα μὲν γὰρ οὔ φησιν ἕτερον ἐξ ἑτέρου γίνεσθαι τῶν στοιχείων οὐδέν, ἀλλὰ τἆλλα πάντα ἐκ τούτων, ἅμα δ' ὅταν εἰς ἓν συναγάγῃ τὴν ἅπασαν φύσιν πλὴν τοῦ νείκους, ἐκ τοῦ ἑνὸς γίγνεσθαι πάλιν ἕκαστον· ὥστ' ἐξ ἑνός τινος δῆλον ὅτι διαφοραῖς τισι χωριζομένων καὶ πάθεσιν ἐγένετο τὸ μὲν ὕδωρ τὸ δὲ πῦρ, καθάπερ λέγει τὸν μὲν ἥλιον λευκὸν καὶ θερμόν, τὴν δὲ γῆν βαρὺ καὶ σκληρόν. ἀφαιρουμένων οὖν τούτων τῶν διαφορῶν (εἰσὶ γὰρ ἀφαιρεταὶ γενόμεναί γε) δῆλον ὡς ἀνάγκη γίγνεσθαι καὶ γῆν ἐξ ὕδατος καὶ ὕδωρ ἐκ γῆς, ὁμοίως δὲ καὶ τῶν ἄλλων ἕκαστον, οὐ τότε μόνον ἀλλὰ καὶ νῦν, μεταβάλλοντά γε τοῖς πάθεσιν. ἔστι δ' ἐξ ὧν εἴρηκε δυνάμενα προσγίνεσθαι καὶ χωρίζεσθαι πάλιν, ἄλλως τε καὶ μαχομένων ἀλλήλοις ἔτι τοῦ νείκους καὶ τῆς φιλίας, διόπερ καὶ τότε ἐξ ἑνὸς ἐγεννήθησαν—οὐ γὰρ δὴ πῦρ γε καὶ γῆ καὶ ὕδωρ ὄντα ἓν ἦν τὸ πᾶν. ἄδηλον δὲ καὶ πότερον ἀρχὴν αὐτῷ θετέον τὸ ἓν ἢ τὰ πολλά, λέγω δὲ πῦρ καὶ γῆν καὶ τὰ σύστοιχα τούτων. ᾗ μὲν γὰρ ὡς ὕλη ὑπόκειται, ἐξ οὗ μεταβάλλοντα διὰ τὴν κίνησιν γίνονται γῆ καὶ πῦρ, τὸ ἓν στοιχεῖον· ᾗ δὲ τοῦτο μὲν ἐκ συνθέσεως γίγνεται συνιόντων

26 *ἀλλοίωσιν* E, sed correxit *ᾗ*] *ἢ* EHLΦ[1] *ἀεὶ ... ὑποθετέον*] *ὑποθετέον εἶναι τοῖς ἐναντίοις* H : *ἀεὶ ἐντίοις ὑποθετέον* E **27-28** *ἄν τε κατ' αὔξησιν καὶ φθίσιν* om. E **a1** *μία ἡ πάντων* FL **4** *ἑαυτὸν* F *αὐτὸς* om. E **12** *γιγνόμεναί* E *ὡς* om. E *ἀναγκαῖον* H **16** *προσγενέσθαι* J **18** *γε* om. FΦ[1] **19** *ὕδωρ ἔτι ὄντα* Bekker : *ἔτι* om. codd. omnes, Φ[1] et Γ. Infra lin. (sub *ὕδωρ*) incerta quaedam habet H **20** *αὐτῶν* HL : *αὐτὰ* fecit F *τὰ πολλὰ ἢ τὸ ἕν* F *καὶ* om. F **22** *γίνεται* F *πῦρ καὶ γῆ* FL : *γῆ καὶ τὸ ὕδωρ* E : ignis et terra et aqua Γ **23** *γίγνονται* E

Argument aber gilt auch bei den übrigen), dies aber war gerade
Veränderung. Dadurch ist klar, daß man den Gegensätzen im-
mer eine Materie zugrundelegen muß, ob nun ein Wandel im
Sinne des Ortes oder von Wachstum und Schwinden oder der
Veränderung erfolgt. Im Übrigen ist es gleich notwendig, daß
dies der Fall und daß Veränderung sei. Liegt nämlich Verän-
derung | vor, so ist auch das Zugrundeliegende nur ein Element 315a
und die Materie eine für alles, was einen Wandel ineinander
besitzt, und wenn das Zugrundeliegende eins ist, dann liegt
Veränderung vor. Empedokles scheint nun sowohl den Phä-
nomenen als auch sich selbst Widersprechendes zu behaupten.
Denn zugleich sagt er, daß nicht irgendein anderes aus einem
anderen Element entstehe, sondern alles andere aus diesen; *
gleichzeitig aber läßt er, wenn er die ganze Natur außer der
Zwietracht in Eins zusammengeführt hat, doch wiederum
aus dem Einen ein jedes entstehen. So daß offenbar aus ei- *
nem gewissen Ding entstanden ist, was doch durch bestimmte
Unterschiede und Beschaffenheiten getrennt entstand: das
Wasser auf der einen, Feuer auf der anderen Seite, oder, wie
er sagt, die Sonne, die hell und warm, dagegen die Erde, die
schwer und hart ist. Wenn nun diese Unterschiede aufhebbar *
sind (denn aufhebbar sind sie, da sie geworden sind), so ist
klar, daß sowohl Erde aus Wasser wie auch Wasser aus Erde
werden muß und so auch jedes der anderen – nicht nur damals,
sondern auch jetzt, indem es sich in seinen Beschaffenheiten
wandelt. Und aus dem, was er gesagt hat, ist es der Fall, daß sie
zu etwas werden und wieder getrennt werden können, zumal
ja am Kampf gegeneinander auch noch Zwietracht und Liebe
beteiligt sind, weswegen sie auch damals aus Einem erzeugt
wurden; denn solange Feuer, Erde und Wasser Seiende sind,
war das All keineswegs Eins. Undeutlich ist aber auch, ob er
als Prinzip das Eine oder das Viele setzen muß, ich meine
Feuer, Erde und die in dieser Rubrik. Insofern nämlich, als
Materie zugrunde liegt, woraus, im Zuge der Wandlung, durch
die Bewegung Erde und Feuer werden, ist das Eine Element.
Insofern dieses aber aus einer Zusammensetzung, zu der jene

ἐκείνων, ἐκεῖνα δ' ἐκ διαλύσεως, στοιχειωδέστερα ἐκεῖνα καὶ πρότερα τὴν φύσιν.

Ὅλως τε δὴ περὶ γενέσεως καὶ φθορᾶς τῆς ἁπλῆς λεκτέον, πότερον ἔστιν ἢ οὐκ ἔστι καὶ πῶς ἔστιν, καὶ † περὶ τὰς ἄλλας κινήσεις†, οἷον περὶ αὐξήσεως καὶ ἀλλοιώσεως. Πλάτων μὲν οὖν μόνον περὶ γενέσεως ἐσκέψατο καὶ φθορᾶς, ὅπως ὑπάρχει τοῖς πράγμασι, καὶ περὶ γενέσεως οὐ πάσης ἀλλὰ τῆς τῶν στοιχείων, πῶς δὲ σάρκες ἢ ὀστᾶ ἢ τῶν ἄλλων τι τῶν τοιούτων, οὐδέν· ἔτι οὐδὲ περὶ ἀλλοιώσεως οὐδὲ περὶ αὐξήσεως, τίνα τρόπον ὑπάρχουσι τοῖς πράγμασιν. ὅλως δὲ παρὰ τὰ ἐπιπολῆς περὶ οὐδενὸς οὐδεὶς ἐπέστησεν ἔξω Δημοκρίτου· οὗτος δ' ἔοικε μὲν περὶ ἁπάντων φροντίσαι, ἤδη
315b δὲ ἐν τῷ πῶς διαφέρειν. οὔτε γὰρ περὶ αὐξήσεως οὐδεὶς οὐδὲν διώρισεν, ὥσπερ λέγομεν, ὅ τι μὴ κἂν ὁ τυχὼν εἴπειεν, ὅτι προσιόντος αὐξάνονται τῷ ὁμοίῳ (πῶς δὲ τοῦτο, οὐκέτι), οὐδὲ περὶ μίξεως, οὐδὲ περὶ τῶν ἄλλων ὡς εἰπεῖν οὐδενός, οἷον τοῦ ποιεῖν ἢ τοῦ πάσχειν, τίνα τρόπον τὸ μὲν ποιεῖ τὸ δὲ πάσχει τὰς φυσικὰς ποιήσεις. Δημόκριτος δὲ καὶ Λεύκιππος ποιήσαντες τὰ σχήματα τὴν ἀλλοίωσιν καὶ τὴν γένεσιν ἐκ τούτων ποιοῦσι, διακρίσει μὲν καὶ συγκρίσει γένεσιν καὶ φθοράν, τάξει δὲ καὶ θέσει ἀλλοίωσιν. ἐπεὶ δ' ᾤοντο τἀληθὲς ἐν τῷ φαίνεσθαι, ἐναντία δὲ καὶ ἄπειρα τὰ φαινόμενα, τὰ σχήματα ἄπειρα ἐποίησαν, ὥστε ταῖς μεταβολαῖς τοῦ συγκειμένου τὸ αὐτὸ ἐναντίον δοκεῖν ἄλλῳ καὶ ἄλλῳ,

I 2

24 *στοιχειωδέστερα τὰ τέτταρα ἐκεῖνα* F **27-28** *τὰς ἄλλας κινήσεις* HJLΦ : post *ἄλλας* add. *ἁπλᾶς* E et (supra lin.) F : *τῶν ἄλλων κινήσεων* D[b] : de aliis simplicibus motibus Γ : *τῶν ἄλλων ἁπλῶν κινήσεων* Bekker : *τῆς ἄλλης κινήσεως* fort. legendum **28** *οἷον* supra lin. add. J : *οἷον καὶ* E **29** *μόνον* om. FH *γενέσεως καὶ φθορᾶς ἐσκέψατο* L **30** *πῶς* HJ **31** *τῶν πάντων στοιχείων* F **32** οὐδέν] *οὐδαμῶς* H *οὐδὲ* om. E : *οὔτε δὲ* F : *οὔτε* L *περὶ αὐξήσεως οὔτε ἀλλοιώσεως* E, sed *οὔτε* ex *οὐδὲ* fecit **33** *οὔτε* FL *ὑπάρξουσι* E[1] **35** δ' ἔοικε] *δὲ δοκεῖ* H **b 1** *διαφέρει* FHL *οὐδὲν*] *οὐδὲ* H **2** *διώρικεν* E *ὁ μὴ τυχὼν* E : *μὴ* supra lin. add. J *εἴποιεν* EFHL **5** *ἢ*] *καὶ* E *τοῦ* om. F **12** *δοκεῖ* E *καὶ ἄλλῳ* om. L

zusammengehen, entsteht, während jene durch deren Auflösung, sind sie elementarer und der Natur nach früher.

Kapitel 2. Generell muß man also sowohl für Werden und Vergehen schlechthin erklären, ob es das gibt oder nicht gibt und auf welche Weise es existiert, als auch für die sonstigen Bewe- a27
gungen, wie z. B. für Wachstum und Veränderung.

Platon hat nun lediglich Werden und Vergehen untersucht, wie sie den Dingen zukommen, und auch nicht *alles* Werden, sondern das der Elemente; wie aber Fleisch oder Knochen *
oder etwas anderes derartiges wird, hat er nicht untersucht; ferner auch nicht Veränderung und Wachstum, auf welche Weise sie den Dingen zukommen. Überhaupt hat sich über das Oberflächliche hinausgehend keiner damit beschäftigt außer Demokrit. Dieser aber scheint zwar über all das nachgedacht zu haben, doch sich | in der Frage des ›*wie*‹ durchaus 315b
zu unterscheiden. Denn niemand hat irgend etwas über das Wachstum bestimmt, wie wir es verstehen, außer wie der erste beste sagen würde: daß es durch das Gleiche wächst, wenn es sich ihm nähert (*wie* das aber vor sich geht, nicht mehr); *
auch über Mischung nicht und sozusagen über nichts von dem übrigen, wie z. B. über Tun und Leiden, auf welche Weise das eine physische Einwirkungen hervorbringt, das andere sie erleidet. Stattdessen haben Demokrit und Leukipp die Figuren in Ansatz gebracht, um die Veränderung und das Werden daraus zu bewerkstelligen: durch Trennung und Zusammenschluß Werden und Vergehen, durch Anordnung und Lage hingegen Veränderung. Da sie zudem glaubten, daß im Er- *
scheinen Wahres liege, die Erscheinungen aber gegensätzlich und von unbegrenzter ⟨Vielfalt⟩ sind, so setzten sie die Figuren als unbegrenzt ⟨vielfältig⟩ an, so daß durch Wandlungen des Zusammengetretenen dasselbe für den einen und einen

315a27f. *περὶ τὰς ἄλλας κινήσεις* (für die sonstigen Bewegungen) mit Rashed : † περὶ τὰς ἄλλας κινήσεις † Joachim

καὶ μετακινεῖσθαι μικροῦ ἐμμιγνυμένου καὶ ὅλως ἕτερον φαίνεσθαι ἑνὸς μετακινηθέντος—ἐκ τῶν αὐτῶν γὰρ τραγῳδία καὶ κωμῳδία γίνεται γραμμάτων. ἐπεὶ δὲ δοκεῖ σχεδὸν πᾶσιν ἕτερον εἶναι γένεσις καὶ ἀλλοίωσις, καὶ γίνεσθαι μὲν καὶ φθείρεσθαι συγκρινόμενα καὶ διακρινόμενα, ἀλλοιοῦσθαι δὲ μεταβαλλόντων τῶν παθημάτων, περὶ τούτων ἐπιστήσασι θεωρητέον. ἀπορίας γὰρ ἔχει ταῦτα καὶ πολλὰς καὶ εὐλόγους. εἰ μὲν γάρ ἐστι σύγκρισις ἡ γένεσις, πολλὰ ἀδύνατα συμβαίνει· εἰσὶ δ' αὖ λόγοι ἕτεροι ἀναγκαστικοὶ καὶ οὐκ εὔποροι διαλύειν ὡς οὐκ ἐνδέχεται ἄλλως ἔχειν· εἴτε μή ἐστι σύγκρισις ἡ γένεσις, ἢ ὅλως οὐκ ἔστι γένεσις ἢ ἀλλοίωσις, ἢ καὶ τοῦτο διαλῦσαι χαλεπὸν ὂν πειρατέον. ἀρχὴ δὲ τούτων πάντων, πότερον οὕτω γίνεται καὶ ἀλλοιοῦται καὶ αὐξάνεται τὰ ὄντα καὶ τἀναντία τούτοις πάσχει, τῶν πρώτων ὑπαρχόντων μεγεθῶν ἀδιαιρέτων, ἢ οὐθέν ἐστι μέγεθος ἀδιαίρετον· διαφέρει γὰρ τοῦτο πλεῖστον. καὶ πάλιν εἰ μεγέθη, πότερον, ὡς Δημόκριτος καὶ Λεύκιππος, σώματα ταῦτ' ἐστίν, ἢ ὥσπερ ἐν τῷ Τιμαίῳ ἐπίπεδα; τοῦτο μὲν οὖν αὐτό, καθάπερ καὶ ἐν ἄλλοις εἰρήκαμεν, ἄλογον μέχρι ἐπιπέδων διαλῦσαι· διὸ μᾶλλον εὔλογον σώματα εἶναι ἀδιαίρετα, ἀλλὰ καὶ ταῦτα πολλὴν ἔχει ἀλογίαν. ὅμως δὲ τούτοις ἀλλοίωσιν καὶ γένεσιν ἐνδέχεται ποιεῖν, καθάπερ εἴρηται, τροπῇ καὶ διαθιγῇ μετακινοῦντα τὸ αὐτὸ καὶ ταῖς τῶν σχη-

13 *ἐγγινομένου* F **14** *κωμῳδία καὶ τραγῳδία* F **15** *γίνεται καὶ κωμῳδία* HJ *ἐπεὶ δὲ*] *ἔτι* E *πᾶσι σχεδὸν* FLΦ[1] **b 16** *γένεσιν καὶ ἀλλοίωσιν* F *καὶ γίνεσθαι μὲν*] *γίνεσθαι μὲν γὰρ* FHJ **18** *ἐπιστῆσαι* J **19** *γὰρ* om. J **21** *δ' αὖ*] *δ' οὖν* J *ἕτεροι λόγοι* HJ *καὶ οὐκ εὔποροι διαλύειν* post 22 *ἔχειν* H **23** *ἔστι*] *ἔσται* J *ἢ* sec.] *καὶ* E **24** *ἢ*] *ἢ εἰ* FLΓ *ὂν* om. EΓ : *ὃ* H **25** *ἁπάντων* FL *οὕτω*] *ἄρα* H **29** *πότερον*] *πρότερον* E *ταῦτ' ἐστίν* om. H **30** *αὐτό* om. L **31** *καὶ* om. F *ἄλογον*] *ἄτοπον* F **33** *ὅμως*] *ὁμοίως* EJ *τούτων* F : et ex his Γ **34** *καθάπερ εἴρηται* om. EL **35** *διαθηγῇ* EJLΦ[c]. Cf. etiam infra 327 a 18 *μ. τὸ αὐτὸ*] transmutante idolum Γ

anderen gegensätzlich erscheine, d.h. es umgemodelt werde, indem eine Kleinigkeit beigemischt wird, und sogar ein völlig *anderes* Phänomen auftrete, obwohl nur *eines* umgemodelt wurde: denn Tragödie und Komödie kommen aus denselben b15
Buchstaben zustande. *

Da aber fast allen Werden und Veränderung verschieden zu sein scheinen – und zwar werde und vergehe das, was sich zusammenschließt und trennt, während es sich verändere, wenn die Beschaffenheiten sich wandeln – müssen diejenigen, die einen wissenschaftlichen Anspruch erheben, diesbezüglich Untersuchungen anstellen, denn es gibt da viele wohlbegründete Aporien. Wenn nämlich das Werden ein Zusammenschluß ist, ergibt sich viel Unmögliches; doch gibt es wiederum andere zwingende und nicht leicht zu widerlegende Argumente, daß es sich nicht anders verhalten könne. Wenn aber Werden kein Zusammenschluß ist, existiert entweder Werden vollends nicht, oder es ist Veränderung, oder man muß auch dies, obwohl es schwierig ist, versuchen aufzulösen. Das Prinzip von all dem ist aber, ob die Dinge auf die Weise werden und sich verändern, wachsen und das Gegenteil davon erleiden, daß die primär vorhandenen Gegebenheiten unteilbare Größen sind, oder ob es keinerlei unteilbare Größe gibt; denn das macht den größten Unterschied.

Und weiter, wenn es solche Größen gibt, ob sie, wie bei Demokrit und Leukipp, Körper sind oder ebene Flächen wie im
Timaios? Genau das ist nun, wie wir auch woanders ausgeführt *
haben, unsinnig: die Auflösung bis zu den Flächen zu treiben. *
Von daher ist es eher vernünftig anzunehmen, daß es unteilbare *Körper* gebe, doch hat auch dies viel Ungereimtes an sich. Immerhin ist es für diese möglich, Veränderung *und* Werden
darzustellen, wie schon gesagt, indem man durch ›Wendung‹ b34
und ›Anlehnung‹ dasselbe ummodelt und dank der Unter-

315b15 *κωμῳδία* (Komödie) mit Joachim nach **a** und **b** : τρυγῳδία Rashed nach Ar. **315b34** *καθάπερ εἴρηται* (wie schon gesagt) mit Joachim nach **b** : [καθάπερ εἴρηται] Rashed nach **a**

316a μάτων διαφοραῖς, ὅπερ ποιεῖ Δημόκριτος (διὸ καὶ χροιὰν οὔ φησιν εἶναι—τροπῇ γὰρ χρωματίζεσθαι), τοῖς δ' εἰς ἐπίπεδα διαιροῦσιν οὐκέτι· οὐδὲν γὰρ γίνεται πλὴν στερεὰ συντιθεμένων, πάθος γὰρ οὐδ' ἐγχειροῦσι γεννᾶν οὐδὲν ἐξ αὐτῶν. αἴτιον δὲ τοῦ ἐπ' ἔλαττον δύνασθαι τὰ ὁμολογούμενα συνορᾶν ἡ ἀπειρία· διὸ ὅσοι ἐνῳκήκασι μᾶλλον ἐν τοῖς φυσικοῖς, μᾶλλον δύνανται ὑποτίθεσθαι τοιαύτας ἀρχὰς αἳ ἐπὶ πολὺ δύνανται συνείρειν, οἱ δ' ἐκ τῶν πολλῶν λόγων ἀθεώρητοι των υπαρχοντων οντες, προς ολιγα βλεψαντες, αποφαινονται ῥᾷον. ἴδοι δ' ἄν τις καὶ ἐκ τούτων ὅσον διαφέρουσιν οἱ φυσικῶς καὶ λογικῶς σκοποῦντες· περὶ γὰρ τοῦ ἄτομα εἶναι μεγέθη οἱ μέν φασιν ὅτι αὐτὸ τὸ τρίγωνον πολλὰ ἔσται, Δημόκριτος δ' ἂν φανείη οἰκείοις καὶ φυσικοῖς λόγοις πεπεῖσθαι. δῆλον δ' ἔσται ὃ λέγομεν προϊοῦσιν. ἔχει γὰρ ἀπορίαν, εἴ τις θείη σῶμά τι εἶναι καὶ μέγεθος πάντῃ διαιρετόν, καὶ τοῦτο δυνατόν. τί γὰρ ἔσται ὅπερ τὴν διαίρεσιν διαφεύγει; εἰ γὰρ πάντῃ διαιρετόν, καὶ τοῦτο δυνατόν, κἂν ἅμα εἴη τοῦτο διῃρημένον, καὶ εἰ μὴ ἅμα διῄρηται· κἂν εἰ τοῦτο γένοιτο, οὐδὲν ἂν εἴη ἀδύνατον. οὐκοῦν καὶ κατὰ τὸ μέσον ὡσαύτως, καὶ ὅλως δέ, εἰ πάντῃ πέφυκε διαιρετόν, ἂν διαιρεθῇ, οὐδὲν ἔσται ἀδύνατον γεγονός, ἐπεὶ οὐδ' ἂν εἰς

a 1 *χροιὴν* HJ, sed vide Diels, Vorsokratiker, p. 715 **2** *φασιν* F **3** *συντιθεμένων κατὰ πλάτος* L, et in marg. F **4** *ἐγχωροῦσι* L **6** *συνῳκήκασι* L **7** *τὰς τοιαύτας* F *αἳ* om. E[1] : *αἷς* E[2]F : utramque lectionem agnovit Φ *ἐπὶ* om. F **8** *δύναται* J *λόγων πολλῶν* J *πολλῶν* om. Φ[1] : *ἄλλων* H **9** *ἀποφαίνονται*] *ἀπεκρίναντο* L **10** *ὅσων* E : *ὅσῳ* L **11** *εἶναι τὰ μεγέθη* E **12** *φασιν*] *οὐ φασὶ* J *ὅτι*] *διότι* FHJLΦ[1]Γ *αὐτὸ τὸ τρ.*] *τὸ αὐτὸ τρ.* J : *τὸ αὐτοτρίγωνον* FHLΦ **13** *οἰκείως* L : *ἐκλο* vel *ἐκλογ* H **14** *γὰρ*] *δὲ* HJ **15** *θείη*] *φήσει* E : *θήσει* Φ[1] **16** *καὶ τοῦτο δυνατόν* om. E *ὅπερ*] *παρὰ* E *διαφεύγειν* E **17** *κἂν*] *καὶ* E **18** *τοῦτο* om. Φ[1] *τοῦτο πάντῃ διῃρημένον* F *ἅμα τοῦτο διῄρηται* F **19** *εἰ* om. H *γένηται* FH **20** *τὸ* om. E, et Φ (exceptis codd. GT) **21** *ἂν* prius] *ἐὰν* Φ[c] : *κἂν* FL *διαιρεθείη* F *εἰς* om. EF[1] : *εἰ* J

schiede der | Figuren, wie es Demokrit macht (weswegen er 316a
sagt, daß Farbe nicht existiere – denn durch Wendung trete die
Färbung auf); denen aber, die bis zu den Flächen zerlegen, ist *
das nicht mehr möglich. Denn wenn sie zusammengesetzt werden, entsteht nichts außer festen Gebilden, während sie keinerlei Anstalten machen, daraus irgendeine Beschaffenheit zu erzeugen. Ursache der geringeren Fähigkeit, die zusammengehörigen Konsequenzen zu überblicken, ist der Verzicht auf Erfahrung; weshalb diejenigen, die mehr in den physikalischen Verhältnissen bewandert sind, eher in der Lage sind, solche Prinzipien vorauszusetzen, die ein größeres Feld bündig erklären können; die aber infolge vieler rein logischer Argumentationen keine Betrachtungen über die Tatsachen anstellen, die urteilen, weil sie nur auf Weniges ihren Blick richten, zu leichtfertig. Man dürfte wohl auch aus dem folgenden ersehen, wie sehr sich diejenigen, die ihre Betrachtungen physikalisch anstellen, von denen unterscheiden, die logisch vorgehen: Bezüglich der Existenz unteilbarer Größen, behaupten die einen, daß das Dreieck selbst ⟨sonst⟩ vieles sein werde, während Demokrit sich durch zugehörige und d.h. physikalische Gründe zu dieser Ansicht bekehrt zu haben scheint. Im Fortgang der Erörterung wird klar werden, was wir meinen.

Denn es führt in eine Aporie, wenn einer setzen wollte, daß ein Körper *etwas* und eine überall teilbare Größe sei, und daß dies möglich sei. Denn was soll es dann noch geben, das der Zerteilung entkommt? Wenn nämlich etwas überall teil*bar* ist,
und das möglich ist, so könnte dies wohl auch überall zugleich a18
geteilt *sein*, selbst wenn es nicht gleichzeitig geteilt wurde. Und wenn dies geschähe, dann dürfte sich nichts Unmögliches ergeben. Ebenso wenig bei einer der Mitte folgenden ⟨Teilung⟩, und generell, wenn etwas von Natur aus überall teilbar sein und es geteilt würde, dann dürfte sich nichts Unmögliches ergeben, da es schließlich nichts Unmögliches ist, auch wenn

316a18 *τοῦτο πάντῃ διῃρημένον* (dies ... überall ... geteilt sein) mit Rashed nach F : τοῦτο διῃρημένον Joachim nach **a** und **b** (außer F)

μυρία μυριάκις διῃρημένα ⟨διαιρεθ⟩ῇ, οὐδὲν ἀδύνατον· καίτοι ἴσως οὐδεὶς ἂν διέλοι. ἐπεὶ τοίνυν πάντῃ τοιοῦτόν ἐστι τὸ σῶμα, διῃρήσθω. τί οὖν ἔσται λοιπόν; μέγεθος; οὐ γὰρ οἷόν τε· ἔσται γάρ τι οὐ διῃρημένον, ἦν δὲ πάντῃ διαιρετόν. ἀλλὰ μὴν εἰ μηδὲν ἔσται σῶμα μηδὲ μέγεθος, διαίρεσις δ' ἔσται, ἢ ἐκ στιγμῶν ἔσται, καὶ ἀμεγέθη ἐξ ὧν σύγκειται, ἢ οὐδὲν παντάπασιν, ὥστε κἂν γίνοιτο ἐκ μηδενὸς κἂν εἴη συγκείμενον, καὶ τὸ πᾶν δὴ οὐδὲν ἀλλ' ἢ φαινόμενον. ὁμοίως δὲ κἂν ᾖ ἐκ στιγμῶν, οὐκ ἔσται ποσόν. ὁπότε γὰρ ἥπτοντο καὶ ἓν ἦν μέγεθος καὶ ἅμα ἦσαν, οὐδὲν ἐποίουν μεῖζον τὸ πᾶν· διαιρεθέντος γὰρ εἰς δύο καὶ πλείω, οὐδὲν ἔλαττον οὐδὲ μεῖζον τὸ πᾶν τοῦ πρότερον· ὥστε κἂν πᾶσαι συντεθῶσιν, οὐδὲν ποιήσουσι μέγεθος. ἀλλὰ μὴν καὶ εἴ τι διαιρουμένου οἷον ἔκπρισμα
316b γίνεται τοῦ σώματος, καὶ οὕτως ἐκ τοῦ μεγέθους σῶμά τι ἀπέρχεται, ὁ αὐτὸς λόγος· ἐκεῖνο γὰρ πῶς διαιρετόν; εἰ δὲ μὴ σῶμα ἀλλ' εἶδός τι χωριστὸν ἢ πάθος ἀπῆλθεν, καὶ ἔστι τὸ μέγεθος στιγμαὶ ἢ ἁφαὶ τοδὶ παθοῦσαι, ἄτοπον ἐκ μὴ μεγεθῶν μέγεθος εἶναι. ἔτι δὲ ποῦ ἔσονται, καὶ ἀκίνητοι ἢ κινούμεναι αἱ στιγμαί; ἁφή τε ἀεὶ μία δυοῖν τινῶν, ὡς ὄντος τινὸς παρὰ τὴν ἁφὴν καὶ τὴν διαίρεσιν καὶ τὴν στιγμήν. εἰ δή τις θήσεται ὁτιοῦν ἢ ὁπηλικονοῦν σῶμα εἶναι πάντῃ διαιρετόν, ταῦτα συμβαίνει. ἔτι ἐὰν διελὼν συνθῶ τὸ

22 *μυρία* om. EJ, et erasit F[2] suprascr. *εἰς* *διῃρημένα ⟨δ αιρεθ⟩ῇ* scripsi : *διῃρημένα ᾖ* EHJL : *εἴη διῃρημένα εἴη* F (priore tamen *εἴη* eraso, et secundo *εἴη* rc. manu addito) **29** *ἢ* om. HJ *ᾖ*] *εἰ* HL **30** *ἔστι* L *ἦν ἓν μέγεθος* J : *ἐν μεγέθει* (omisso *ἦν*) H **32** *ἢ καὶ* Φ[1] *πλείους* EF **33** *προτέρου* F *ποιοῦσι* F **b 1** *τοῦ* post *ἐκ* om. F **2** *γὰρ* om. EHJL **3** *οὐ χωριστὸν* et *χωριστὸν* agn. Φ : *οὐ* supra lin. add. J[2] post *πάθος* add. *ὃ* H et in marg. FJ[2] **4** *στιγμαὶ ὂν ἢ* J post *ἄτοπον* add. *μὲν τὸ* HJ *ἐκ μὴ*] *μὴ ἐκ* H **6** *τινοῖν* F : *τινον*, suprascr. *οιν*, J **8** *ὁτιοῦν θήσεται* FL *ἢ* om. EL *ὁπηλίκον* E **9** *πάντα ταῦτα* L *ἐὰν*] *ἂν* E *συνθῶ* fecit E

es zehntausendmal zehntausendfach Geteiltes wäre, obwohl es a21
vielleicht niemand teilt. Da nun der Körper überall ein solcher
ist – soll er geteilt sein. Was wird nun übrig sein? Eine *Größe*?
Das ist nicht möglich, denn dann wird etwas nicht Geteiltes
da sein, es war aber doch überall teilbar. Wenn aber freilich
kein Körper und keine Größe mehr übrig sein wird, wohl aber
die Teilung existiert, wird er aus Punkten, somit aus Ausdeh-
nungslosem zusammengesetzt, oder gänzlich nichts sein, so
daß er, wenn er aus Nichts würde und zusammengesetzt wäre,
auch insgesamt nichts, sondern ⟨bloß⟩ Erscheinendes wäre. a29
Genauso aber wäre etwas, wenn es aus Punkten bestünde,
keine Quantität; denn als sie sich berührten, es nur eine Größe
und sie zugleich waren, machten sie doch das Ganze nicht grö-
ßer; denn in zwei oder mehrere geteilt, wäre das Ganze weder
kleiner noch größer als vorher. Daher werden sie, auch nach-
dem sie alle zusammengesetzt wurden, keine Größe ausbil-
den. Aber auch wenn bei einer Teilung des Körpers so etwas
entstünde wie Sägemehl, | und sich auf diese Weise aus der 316b
Größe ein gewisser Körper davonmachte, griffe das gleiche
Argument: jenes ist irgendwie teilbar. Wenn es aber kein Kör- b2
per ist, sondern eine Art trennbare Form oder eine Beschaf-
fenheit, die wegfiel, und die Größe in Punkten oder Berüh-
rungen besteht, die diese Beschaffenheit haben, bleibt doch
ungereimt, daß aus Nichtgrößen Größe sein soll. Ferner: *wo*
sollen die Punkte sein, und sind sie unbewegt oder bewegt?
Die Berührung ist ja immer eine von irgendwelchen zweien,
so als wäre da noch etwas neben der Berührung, der Teilung
und dem Punkt. Wenn also jemand die Behauptung aufstellt,
ein beliebiger oder beliebig großer Körper sei überall teilbar,
so ergeben sich alle diese Schwierigkeiten. Zudem, wenn ich,

316a21f. *μυρία μυριάκις διηρημένα ᾖ* (es zehntausendmal zehntausendfach Geteiltes wäre) mit Rashed nach **a** und **b** : εἰς μυρία μυριάκις διηρημένα ⟨διαιρεθ⟩ῇ Joachim **316a29** *οὐδὲν ἀλλὰ φαινόμενον* (nichts, sondern ⟨bloß⟩ Erscheinendes) mit Rashed nach E J u. a. : οὐδὲν ἀλλ' ἢ φαινόμενον Joachim **316b2** *ἐκεῖνό πως* (jenes ist irgendwie) mit Rashed nach **a** und **b** (außer F) : ἐκεῖνο γὰρ πῶς Joachim nach F

ξύλον ἤ τι ἄλλο, πάλιν ἴσον τε καὶ ἕν. οὐκοῦν οὕτως ἔχει δηλονότι κἂν τέμω τὸ ξύλον καθ' ὁτιοῦν σημεῖον· πάντῃ ἄρα διῄρηται δυνάμει. τί οὖν ἔστι παρὰ τὴν διαίρεσιν; εἰ γὰρ καὶ ἔστι τι πάθος, ἀλλὰ πῶς εἰς ταῦτα διαλύεται καὶ γίνεται ἐκ τούτων; ἢ πῶς χωρίζεται ταῦτα; ὥστ' εἴπερ ἀδύνατον ἐξ ἁφῶν ἢ στιγμῶν εἶναι τὰ μεγέθη, ἀνάγκη εἶναι σώματα ἀδιαίρετα καὶ μεγέθη. οὐ μὴν ἀλλὰ καὶ ταῦτα θεμένοις οὐχ ἧττον συμβαίνει ἀδύνατα· ἔσκεπται δὲ περὶ αὐτῶν ἐν ἑτέροις. ἀλλὰ ταῦτα πειρατέον λύειν, διὸ πάλιν ἐξ ἀρχῆς τὴν ἀπορίαν λεκτέον. τὸ μὲν οὖν ἅπαν σῶμα αἰσθητὸν εἶναι διαιρετὸν καθ' ὁτιοῦν σημεῖον καὶ ἀδιαίρετον οὐδὲν ἄτοπον· τὸ μὲν γὰρ δυνάμει, τὸ δ' ἐντελεχείᾳ ὑπάρξει. τὸ δ' εἶναι ἅμα πάντῃ διαιρετὸν δυνάμει ἀδύνατον δόξειεν ἂν εἶναι. εἰ γὰρ δυνατόν, κἂν γένοιτο (οὐχ ὥστε ἅμα εἶναι ἄμφω ἐντελεχείᾳ, ἀδιαίρετον καὶ διῃρημένον, ἀλλὰ διῃρημένον καθ' ὁτιοῦν σημεῖον)· οὐδὲν ἄρα ἔσται λοιπόν, καὶ εἰς ἀσώματον ἐφθαρμένον τὸ σῶμα, καὶ γίγνοιτο δ' ἂν πάλιν ἤτοι ἐκ στιγμῶν ἢ ὅλως ἐξ οὐδενός. καὶ τοῦτο πῶς δυνατόν; ἀλλὰ μὴν ὅτι γε διαιρεῖται εἰς χωριστὰ καὶ ἀεὶ εἰς ἐλάττω μεγέθη καὶ εἰς ἀπέχοντα καὶ κεχωρισμένα, φανερόν. οὔτε δὴ κατὰ μέρος διαιροῦντι εἴη ἂν ἄπειρος ἡ θρύψις, οὔτε ἅμα οἷόν τε διαιρεθῆναι κατὰ πᾶν σημεῖον (οὐ γὰρ δυνατόν), ἀλλὰ μέχρι του· ἀνάγκη ἄρα ἄτομα ἐνυπάρχειν μεγέθη ἀόρατα, ἄλλως τε καὶ εἴπερ ἔσται γένεσις καὶ φθορὰ ἢ

10 *ἤ*] *εἰ* J **11** *κἂν τέμω* om. E **13** *ἔσται* H **15** *ἁφῶν ἢ* om. F **16** *οὐ μὴν ἀλλὰ*] *ἀλλὰ μὴν* FHJLΦ[1] *θεμένοις οὐχ ἧττον* om. E **17** *ἀδύνατον* FL **19** *λεκτέον τὴν ἀπορίαν* H **21** post *δυνάμει* add. *διαιρετόν* EL **22** *δυνάμει* fort. eiiciendum **23** *εἶναι ἅμα* F **24** *ἐντελεχείᾳ ἄμφω* FL **25** *δυνάμει καθ'* F[1] **26** *γίγνοιτο* EFJL : *γίνοιτο* H : *γένοιτο* Bekker **27** *ἐκ τῶν στιγμῶν* E **28** *διαιρεῖται ἀεὶ εἰς* H **31** *οἷόν τε*] *οἴονται* J *οὐ γὰρ*] *οὐκ ἄρα* E **32** *ἐνυπ. μεγέθη*] *μεγέθη ὑπάρχειν* Φ[c]Γ

nachdem ich ihn zerteilt habe, das Holz oder etwas anderes wieder zusammensetze, ist es wiederum das gleiche und eins. So verhält es sich offenbar auch dann, wenn ich das Holz an jeder beliebigen bezeichneten Stelle zerschneide. Überall also ist es der Möglichkeit nach geteilt. Was ist dann neben der Teilung da? Wenn da nämlich auch eine gewisse Beschaffenheit da ist, wie soll das Betreffende sich in diese Dinge auflösen lassen und aus ihnen werden? Oder wie werden diese überhaupt getrennt? So daß es folglich, wenn es unmöglich ist, daß eine Größe aus Berührungen oder Punkten ist, notwendig unteilbare Körper und Größen geben muß.

Indessen ergeben sich denen, die sie annehmen, nicht weniger Unmöglichkeiten. Darüber aber wurden Betrachtungen an anderen Orten angestellt. Doch muß man versuchen, diese *
aufzulösen, und daher noch einmal von Anfang die Aporie darlegen: Daß nun jeglicher *wahrnehmbare* Körper an jeder *
beliebigen Stelle Teilbares und Unteilbares ist, hat nichts Absurdes. Das eine wird nämlich als Möglichkeit stattfinden, das andere dagegen in wirklicher Vollendung. Hingegen *zugleich* überall teilbar der Möglichkeit nach zu sein, dürfte allerdings unmöglich scheinen. Denn wenn es möglich wäre, könnte es wohl auch geschehen (nicht daß zugleich beides in wirklicher Vollendung wäre, Unteilbares und Geteiltes, sondern nur: Geteiltes an jeder beliebigen Stelle). Konsequenterweise wäre dann nichts mehr übrig, und der Körper in Körperloses zugrundegegangen. Und werden könnte er dann umgekehrt entweder aus Punkten oder gänzlich aus nichts. Und wie sollte das möglich sein? Daß er nun aber geteilt wird in gesonderte und immer kleinere Größen, die voneinander abstehen und getrennt sind, ist empirisch klar. Also dürfte weder einem, der ihn in Teile zerlegt, die Zerstückelung eine unbegrenzte sein, noch kann er zugleich an jeder Stelle geteilt werden (das ist nämlich unmöglich), sondern ⟨nur⟩ bis zu einem gewissen Grad. Es müssen also notwendig atomare Größen *unsichtbarer* Art darin sein, zumal dann, wenn Werden und Vergehen gegeben sein sollen, das eine durch Trennung, das andere durch

μὲν διακρίσει ἢ δὲ συγκρίσει. ὁ μὲν οὖν ἀναγκάζειν δοκῶν 317a λόγος εἶναι μεγέθη ἄτομα οὗτός ἐστιν· ὅτι δὲ λανθάνει παραλογιζόμενος, καὶ ᾗ λανθάνει, λέγωμεν. ἐπεὶ γὰρ οὐκ ἔστι στιγμὴ στιγμῆς ἐχομένη, τὸ πάντῃ εἶναι διαιρετὸν ἔστι μὲν ὡς ὑπάρχει τοῖς μεγέθεσιν, ἔστι δ' ὡς οὔ. δοκεῖ δ', ὅταν τοῦτο τεθῇ, καὶ ὁπῃοῦν καὶ πάντῃ στιγμὴν εἶναι, ὥστ' ἀναγκαῖον εἶναι διαιρεθῆναι τὸ μέγεθος εἰς μηδέν—πάντῃ γὰρ εἶναι στιγμήν, ὥστε ἢ ἐξ ἁφῶν ἢ ἐκ στιγμῶν εἶναι. τὸ δ' ἔστιν ὡς ὑπάρχει πάντῃ, ὅτι μία ὁπῃοῦν ἐστι καὶ πᾶσαι ὡς ἑκάστη· πλείους δὲ μιᾶς οὐκ εἰσίν (ἐφεξῆς γὰρ οὐκ εἰσίν), ὥστ' οὐ πάντῃ. εἰ γὰρ κατὰ μέσον διαιρετόν, καὶ κατ' ἐχομένην στιγμὴν ἔσται διαιρετόν· ⟨οὐκ ἔστι δέ,⟩ οὐ γάρ ἐστιν ἐχόμενον σημεῖον σημείου ἢ στιγμὴ στιγμῆς, τοῦτο δ' ἐστὶ διαίρεσις ἢ σύνθεσις. ὥστ' ἔστι καὶ σύγκρισις καὶ διάκρισις, ἀλλ' οὔτ' εἰς ἄτομα καὶ ἐξ ἀτόμων (πολλὰ γὰρ τὰ ἀδύνατα) οὔτε οὕτως ὥστε πάντῃ διαίρεσιν γενέσθαι (εἰ γὰρ ἦν ἐχομένη στιγμὴ στιγμῆς, τοῦτ' ἂν ἦν), ἀλλ' εἰς μικρὰ καὶ ἐλάττω ἐστί, καὶ σύγκρισις ἐξ ἐλαττόνων. ἀλλ' οὐχ ἡ ἁπλῆ καὶ τελεία γένεσις συγκρίσει καὶ διακρίσει ὥρισται, ὥς τινές φασιν, τὴν δ' ἐν τῷ συνεχεῖ μεταβολὴν ἀλλοίωσιν, ἀλλὰ τοῦτ' ἐστὶν ἐν ᾧ σφάλλεται πάντα· ἔστι γὰρ γένεσις ἁπλῆ καὶ φθορὰ οὐ συγκρίσει καὶ διακρίσει, ἀλλ' ὅταν μεταβάλλῃ ἐκ τοῦδε εἰς τόδε ὅλον. οἱ δὲ οἴονται ἀλλοίωσιν εἶναι πᾶσαν τὴν

33 *ατα* ... 34 *συγ* in litura rc. manu E **34** *ἀναγκάζων* F *δοκῶν* om. F, post *λόγος* ponit HΦ[1] **a 3** *μὲν* om. EJ **5** *καὶ πάντῃ* ... 8 *ὁπῃοῦν* om. L **5** *στιγμὴ* J, et (ut videtur) F **6** *εἶναι* prius om. F **8** *ὑπάρχῃ* E **10** *μέσων* H *κατ' ἐχομένην* fecit E **11** *διαιρετόν· οὐκ ἔστι δέ, οὐ γάρ* e coni. T. W. Allen scripsi : *διαιρετόν· οὐχὶ δέ· οὐ γάρ* J : non autem possibile Γ (unde *ἀλλ' ἀδύνατον* conieceris) : *διαιρετόν· οὐ γάρ* EFHLΦ[c] *ἢ στιγμὴ στιγμῆς* om. Φ[c] **12** *τοῦτο*] *τὸ* E *ἢ*] *καὶ* H **13** *διάκρισις καὶ σύγκρισις* EL **14** *ἀδύνατα*] *ἄτοπα* H *ὥστε* fecit E **15** *γείνεσθαι* E : *γίγνεσθαι* L **16** *ἂν* om. E **17** *ἐξ*] *καὶ ἐξ* H *τελέα* J **21** *μεταβάλῃ ἐκ τοιοῦδε* EL **22** *τόδε*] *τὸν τοιόνδε* E *πᾶσαν εἶναι* EL

Zusammenschluß. Dies ist das Argument, das zu erzwingen scheint, | daß es unteilbare Größen gebe. 317a

Daß da aber ein Trugschluß verborgen liegt, und wo er sich verbirgt, wollen wir erklären. Da nämlich kein Punkt an einen Punkt anschließen kann, ist es in einer Weise möglich, daß es Größen zukommt, überall teilbar zu sein, in einer anderen aber, daß es ihnen nicht zukommt. Es scheint aber, wenn man dies setzt, daß sowohl an jedem beliebigen ⟨Ort⟩ als auch überall ein Punkt ist, so daß notwendig doch die Größe in Nichts zerteilt würde: Denn überall wäre ein Punkt, und sie bestünde daher entweder aus Berührungen oder aus Punkten. Doch ist es so, daß überall ein ⟨Punkt⟩ ist, weil eben an jedem beliebigen ⟨Ort⟩ *einer* liegt, und alle wie ein jeder sind; mehr als nur einer aber sind es nicht, da nicht aufeinander folgend: so daß nicht *
überall ⟨Punkte⟩ sind (wenn nämlich der Mitte folgend teilbar, so wäre sie auch im ⟨jeweils⟩ anschließenden Punkt zu teilen); a 11
denn eine Stelle ist nicht anschließend an eine nächste Stelle oder ein Punkt an einen Punkt, dies aber bedeutet Zerlegung bzw. Zusammensetzung. So daß es wohl Zusammenschluß und Trennung gibt, aber nicht in Atome ((= ›Unteilbare‹)) noch aus Atomen (denn das ergibt viele Unmöglichkeiten), noch so, daß überall eine Teilung geschehen wäre (wenn nämlich ein Punkt an einen anderen anschließend wäre, wäre das der Fall), sondern in kleine und kleinere ⟨Teile⟩, und Zusammenschluß aus jeweils kleineren.

Aber das schlichte und vollendete Werden wird nicht durch Zusammenschluß und Trennung definiert, wie manche sagen, wogegen die Veränderung Wandel in einem Kontinuierlichen sei, sondern das ist es, worin alle Irrtümer gründen. Denn schlichtes Werden und Vergehen existieren nicht durch Zusammenschluß und Trennung, sondern wenn etwas aus diesem in dieses als Ganzes sich wandelt. Die anderen aber meinen, daß jede so beschaffene Wandlung Veränderung sei. Da gibt es aber

317a11 *διαιρετόν· οὐ γάρ* (zu teilen); denn … nicht) mit Rashed nach **a** und **b** : διαιρετόν· ⟨οὐκ ἔστι δέ,⟩ οὐ γάρ Joachim

τοιαύτην μεταβολήν· τὸ δὲ διαφέρει. ἐν γὰρ τῷ ὑποκειμένῳ τὸ μέν ἐστι κατὰ τὸν λόγον, τὸ δὲ κατὰ τὴν ὕλην· ὅταν μὲν οὖν ἐν τούτοις ᾖ ἡ μεταβολή, γένεσις ἔσται ἢ φθορά, ὅταν δ' ἐν τοῖς πάθεσι καὶ κατὰ συμβεβηκός, ἀλλοίωσις. διακρινόμενα δὲ καὶ συγκρινόμενα εὔφθαρτα γίνεται—ἐὰν μὲν γὰρ εἰς ἐλάττω ὑδάτια διαιρεθῇ, θᾶττον ἀὴρ γίνεται, ἐὰν δὲ συγκριθῇ, βραδύτερον. μᾶλλον δ' ἔσται δῆλον ἐν τοῖς ὕστερον· νῦν δὲ τοσοῦτον διωρίσθω, ὅτι ἀδύνατον εἶναι τὴν γένεσιν σύγκρισιν, οἵαν δή τινές φασιν.

I 3

Διωρισμένων δὲ τούτων, πρῶτον θεωρητέον πότερον ἔστι τι γινόμενον ἁπλῶς καὶ φθειρόμενον, ἢ κυρίως μὲν οὐδέν, ἀεὶ δ' ἔκ τινος καὶ τί, λέγω δ' οἷον ἐκ κάμνοντος ὑγιαῖνον καὶ κάμνον ἐξ ὑγιαίνοντος, ἢ μικρὸν ἐκ μεγάλου καὶ μέγα ἐκ μικροῦ, καὶ τἆλλα πάντα τοῦτον τὸν τρόπον. εἰ γὰρ ἁπλῶς ἔσται γένεσις, ἁπλῶς ἄν τι γίνοιτο ἐκ μὴ ὄντος, ὥστ' ἀληθὲς ἂν εἴη λέγειν ὅτι ὑπάρχει τισὶ τὸ μὴ ὄν· τὶς μὲν γὰρ γένεσις ἐκ μὴ ὄντος τινός, οἷον ἐκ μὴ λευκοῦ ἢ μὴ καλοῦ, ἡ δὲ ἁπλῆ ἐξ ἁπλῶς μὴ ὄντος. τὸ δ' ἁπλῶς ἤτοι τὸ πρῶτον σημαίνει καθ' ἑκάστην κατηγορίαν τοῦ ὄντος, ἢ τὸ καθόλου καὶ τὸ πάντα περιέχον. εἰ μὲν οὖν τὸ πρῶτον, οὐσίας ἔσται γένεσις ἐκ μὴ οὐσίας· ᾧ δὲ μὴ ὑπάρχει οὐσία μηδὲ τὸ τόδε, δῆλον ὡς οὐδὲ τῶν ἄλλων οὐδεμία κατηγοριῶν, οἷον οὔτε ποιὸν οὔτε ποσὸν οὔτε τὸ ποῦ (χωριστὰ γὰρ

24 *τὰ μέν* H *ἐστι τόδε κατὰ* E **25** *μὲν* om. L *οὖν* om. F *τούτοις*] *τοις* E *ἔσται*] *ἐστιν* EL **27** *συγκρ. δὲ καὶ διακρ.* Φ[1] **28** *μὲν* om. EJ *γὰρ* om. F *ὕδατα* L, et fort. E[1] **29** *ἐὰν δὲ*] *καὶ ἐὰν* E **30** *τοῖς εἰς ὕστερον* F *διορίσθω* F **31** *τὴν γένεσιν εἶναι* EΦ[1] *δὴ* om. HJ **33** *τι*] *τὸ* L **34** *οἷον* om. E *ὑγιαίνοντος* E **35** *καὶ κάμνον*] *ἢ κάμνον* FHJ **b 2** *τι* om. HJ **3** *τισὶ* om. HJ **4** *μὴ ἐκ λευκοῦ* E *ἢ*] *ἢ ἐκ* FJ **6** *σημαίνει*] *συμβαίνει* L **7** *τὸ* post *καὶ* om. F **8** *ὑπάρχηι* (sed *ηι* in litura) J **9** *τὸ* om. EFL; sed cf. v. 21 *κατηγοριῶν*] *κατηγορία* F **10** *τὸ ποῦ*] *τόπος* J : locus Γ : *τόποι* supra lin. adnotavit F

einen Unterschied. Denn im Zugrundeliegenden ist das eine gemäß der Definition, das andere gemäß der Materie. Wenn nun zwischen diesen die Wandlung stattfindet, wird es sich um Werden oder Vergehen handeln, wenn hingegen zwischen den Beschaffenheiten und akzidentell, dann um Veränderung. Getrennt- und Kompakt-Sein ist dagegen eine Frage der Anfälligkeit – denn wenn es in kleinere Wasserpartikel geteilt ist, wird es schneller zu Luft, hingegen wenn zusammengeschlossen, langsamer. Dies wird im folgenden klarer werden. Für den Augenblick soll es soweit bestimmt sein, daß Werden unmöglich ein Zusammenschluß ist, so wie ihn manche behaupten.

Kapitel 3. Nachdem nun diese Dinge auseinandergesetzt sind, ist zuerst zu untersuchen, ob es etwas schlechthin Werdendes und Vergehendes gibt oder nichts, das im eigentlichen Sinne, sondern immer aus einem Bestimmten auch Bestimmtes ⟨wird⟩, ich meine z. B. aus einem Kranken ein Gesunder und ein Kranker aus einem Gesunden, oder ein Kleines aus einem
Großen und | ein Großes aus einem Kleinen, und all das an- 317b
dere auf diese Weise. Wenn es nämlich ein Werden schlechthin geben soll, dann dürfte etwas wohl schlechthin aus Nichtseiendem werden, so daß es wahr sein müßte zu sagen, irgendwelchen Dingen komme das ›nichtseiend‹ zu. Denn ein bestimmtes Werden kommt aus einem bestimmten Nichtseienden, wie z. B. aus einem Nicht-Weißen oder Nicht-Schönen, das Werden schlechthin aber aus schlechthin Nichtseiendem. Das »schlechthin« bedeutet entweder das Primäre in Beziehung auf jede Kategorie des Seienden oder das Allgemeine und alles Umfassende. Wenn nun das erste, so wird das Werden einer *Substanz* aus Nicht-Substanz erfolgen müssen. Wem aber weder Substanz noch das Dies-Da zukommt, dem kommt klarer Weise auch keine der anderen Kategorien zu, wie z. B. Qualität,
Quantität oder Ort (denn sonst wären die Beschaffenheiten b10

317b10 *οὔτε τόπος* (keine ... Ort) mit Rashed nach E^1 und J : οὔτε τὸ ποῦ Joachim nach jüngeren Hss.

ἂν εἴη τὰ πάθη τῶν οὐσιῶν)· εἰ δὲ τὸ μὴ ὂν ὅλως, ἀπόφασις ἔσται καθόλου πάντων, ὥστε ἐκ μηδενὸς ἀνάγκη γίνεσθαι τὸ γινόμενον. περὶ μὲν οὖν τούτων ἐν ἄλλοις τε διηπόρηται καὶ διώρισται τοῖς λόγοις ἐπὶ πλεῖον, συντόμως δὲ καὶ νῦν λεκτέον, ὅτι τρόπον μέν τινα ἐκ μὴ ὄντος ἁπλῶς γίνεται, τρόπον δὲ ἄλλον ἐξ ὄντος ἀεί· τὸ γὰρ δυνάμει ὂν ἐντελεχείᾳ δὲ μὴ ὂν ἀνάγκη προϋπάρχειν λεγόμενον ἀμφοτέρως. ὃ δὲ καὶ τούτων διωρισμένων ἔχει θαυμαστὴν ἀπορίαν, πάλιν ἐπαναποδιστέον, πῶς ἔστιν ἁπλῆ γένεσις, εἴτ' ἐκ δυνάμει ὄντος οὖσα εἴτε καί πως ἄλλως. ἀπορήσειε γὰρ ἄν τις ἆρ' ἔστιν οὐσίας γένεσις καὶ τοῦ τοῦδε, ἀλλὰ μὴ τοῦ τοιοῦδε καὶ τοσοῦδε καὶ ποῦ (τὸν αὐτὸν δὲ τρόπον καὶ περὶ φθορᾶς). εἰ γάρ τι γίνεται, δῆλον ὡς ἔσται δυνάμει τις οὐσία, ἐντελεχείᾳ δ' οὔ, ἐξ ἧς ἡ γένεσις ἔσται καὶ εἰς ἣν ἀνάγκη μεταβάλλειν τὸ φθειρόμενον· πότερον οὖν ὑπάρξει τι τούτῳ τῶν ἄλλων ἐντελεχείᾳ; λέγω δ' οἷον ἆρ' ἔσται ποσὸν ἢ ποιὸν ἢ ποῦ τὸ δυνάμει μόνον τόδε καὶ ὄν, ἁπλῶς δὲ μὴ τόδε μηδ' ὄν; εἰ γὰρ μηδὲν ἀλλὰ πάντα δυνάμει, χωριστόν τε συμβαίνει τὸ μὴ οὕτως ὂν καὶ ἔτι, ὃ μάλιστα φοβούμενοι διετέλεσαν οἱ πρῶτοι φιλοσοφήσαντες, τὸ ἐκ μη-

13 *οὖν* om. L **17** *ὑπάρχειν* F[1] **18** *λεγομένων*, superposito *διωρισμένων*, F *θαυμαστὴν ἔχει τὴν ἀπορίαν* Φ[1] **20** *οὖσα*] *οὐσία* H : *οὐσίας* L **21** *τοῦ* post *μὴ* om. L **22** *τοιοῦδε*] *τοιοῦτουδε* E *καὶ τοῦ τοσοῦδε* F *καὶ τοῦ ποῦ* FJ *δὲ*] *δὴ* FHL **23** *εἰ* om. E *τι*] fort. legendum *τόδε τι* **24** *οὐσία*] *οὖσα* J *ἐξ* ... *ἔσται* om. E *ἔσται* om. J *ἣν* om. E **25** *τὸ*] *τὸν* E **26** *τούτῳ*] *τοῦτο* F *λέγω* om. E *οἷον* om. H *ποιὸν ἢ ποσὸν* J **27** *τὸ*] *τῶ* H *μόνον*] *ὂν* FL *δὲ*] *τε* E **29** *τε*] *τι* E *μὴ οὕτως* ELΦ[c] : *οὕτω μὴ* H : *οὕτως μὴ* FJ : quod sit (*l.* sic) non ens Γ *ἔτι* om. E

getrennt von den Substanzen). Ist aber das Nichtseiende total, so wird es eine Verneinung von überhaupt allem sein, so daß notwendigerweise das Werdende aus nichts wird. Über diese Dinge sind in anderen Schriften die Probleme entfaltet und durch längere Argumentationen auseinandergesetzt worden; * in aller Kürze ist aber auch jetzt zu sagen, daß auf eine bestimmte Weise etwas aus Nichtseiendem schlechthin wird, in anderer Weise aber stets aus Seiendem. Denn das dem Vermögen nach Seiende, in wirklicher Vollendung aber Nichtseiende muß notwendig vorher da sein, wobei es auf beiderlei Weise begriffen wird.

Was aber auch mit diesen Unterscheidungen ein erstaunliches Problem bereitet, ist erneut aufzugreifen: *wie* schlichtes Werden denn *existiert* – sei es, daß es aus einem der Möglichkeit * b20
nach Seienden existiere, oder sei es auch irgendwie anders?

Denn man könnte ja fragen, ob da wirklich ein Werden von *Substanz* und dem Dies-Sein existiert, nicht aber von dem So-, dem So-Groß- oder dem Wo-Sein; und die gleiche Frage könnte man sich beim Vergehen stellen. Denn wenn ein Etwas entsteht, muß offenbar dem Vermögen nach eine gewisse Substanz da sein, aber nicht im Sinne wirklicher Vollendung, aus der das Werden existieren wird und in die notwendig das, was b24
vergeht, überwechselt. Kann nun diesem irgend etwas von den übrigen im Sinn wirklicher Vollendung zukommen? Was ich meine ist, ob etwas ›wiegroß‹, ›wiebeschaffen‹ oder ›irgendwo‹ ist, das nur als Möglichkeit ein Dieses und ein Seiendes ist, im schlichten Sinne aber nicht ein Dieses noch Seiendes? Denn wenn nichts, sondern alles der Möglichkeit nach ist, dann ergäbe sich, daß das Nicht-So-Seiende als ein Getrenntes ist, und zudem passierte das, was die ersten, die Philosophie trieben, durchwegs am meisten fürchteten: das Werden, obwohl nichts

317b20 *δυνάμει ὄντος οὖσα* (einem der Möglichkeit nach Seienden existiere) mit Joachim nach **b** : δυνάμει ὄντος οὐσίας Rashed nach **a**
317b24 *ἐξ ἧς ἡ γένεσις ἔσται καὶ* (aus der das Werden existieren wird und) mit Joachim nach **b** (+Ar.) : [ἐξ ἧς ἡ γένεσις *καὶ*] Rashed nach **a**

δενὸς γίνεσθαι προϋπάρχοντος· εἰ δὲ τὸ μὲν εἶναι τόδε τι ἢ οὐσίαν οὐχ ὑπάρξει, τῶν δ' ἄλλων τι τῶν εἰρημένων, ἔσται, καθάπερ εἴπομεν, χωριστὰ τὰ πάθη τῶν οὐσιῶν. περί τε τούτων οὖν ὅσον ἐνδέχεται πραγματευτέον, καὶ τίς αἰτία τοῦ γένεσιν ἀεὶ εἶναι, καὶ τὴν ἁπλῆν καὶ τὴν κατὰ μέρος. 318a οὔσης δ' αἰτίας μιᾶς μὲν ὅθεν τὴν ἀρχὴν εἶναί φαμεν τῆς κινήσεως, μιᾶς δὲ τῆς ὕλης, τὴν τοιαύτην αἰτίαν λεκτέον. περὶ μὲν γὰρ ἐκείνης εἴρηται πρότερον ἐν τοῖς περὶ κινήσεως λόγοις, ὅτι ἐστὶ τὸ μὲν ἀκίνητον τὸν ἅπαντα χρόνον, τὸ δὲ κινούμενον ἀεί· τούτων δὲ περὶ μὲν τῆς ἀκινήτου ἀρχῆς τῆς ἑτέρας καὶ προτέρας διελεῖν ἐστι φιλοσοφίας ἔργον, περὶ δὲ τοῦ διὰ τὸ συνεχῶς κινεῖσθαι τἆλλα κινοῦντος ὕστερον ἀποδοτέον, τί τοιοῦτον τῶν καθ' ἕκαστα λεγομένων αἴτιόν ἐστιν. νῦν δὲ τὴν ὡς ἐν ὕλης εἴδει τιθεμένην αἰτίαν εἴπωμεν, δι' ἣν ἀεὶ φθορὰ καὶ γένεσις οὐχ ὑπολείπει τὴν φύσιν—ἅμα γὰρ ἂν ἴσως τοῦτο γένοιτο δῆλον, καὶ περὶ τοῦ νῦν ἀπορηθέντος πῶς ποτε δεῖ λέγειν καὶ περὶ τῆς ἁπλῆς φθορᾶς καὶ γενέσεως. ἔχει δ' ἀπορίαν ἱκανὴν καὶ τί τὸ αἴτιον τοῦ συνείρειν τὴν γένεσιν, εἴπερ τὸ φθειρόμενον εἰς τὸ μὴ ὂν ἀπέρχεται, τὸ δὲ μὴ ὂν μηδέν ἐστιν (οὔτε γὰρ τὶ οὔτε ποιὸν οὔτε ποσὸν οὔτε ποῦ τὸ μὴ ὄν)· εἴπερ οὖν ἀεί τι τῶν ὄντων ἀπέρχεται, διὰ τί ποτ' οὐκ ἀνήλωται πάλαι καὶ φροῦδον τὸ πᾶν, εἴ γε πεπερασμένον ἦν ἐξ οὗ γίνεται τῶν γινομένων

31 *γίνεσθαι* om. E *τι ἢ*] *τὴν* J **32** *οὐσία* EF, sed *οὐσίαν* fecit E *ὑπάρχει* FL **33** *χοριστὰ* J **34** *πραγματέον* L **35** *εἶναι* post *ἁπλῆν* EL **a1** *τῆς κινήσεως εἶναί φαμεν* F **4** *ὅτι δε ἐστὶν* E[1] *πάντα* E *δὲ* om. E, add. supra lin. J **5** *τῆς ἀκινήτου* om. (ut videtur) et *ἀρχῆς* post *ἑτέρας* ponit E[1] *τῆς* ante *ἑτέρας* om. FJ **6** *ἑτέρας καὶ* om. L **8** *τοιούτων* L *τῶν* om. J **11** *γένοιτο τοῦτο* F **12** *δεῖ* om. E *καὶ* post *λέγειν* om. J **14** *τὴν*] *ἀεὶ τὴν* Φ[1] **15** *μηδέν*] *οὐδὲν μή* E : *οὐδέν* L **17** *ἀνάλωται* HJ *πάλαι* in marg. add. F **18** *ἦν*] *η* E *γίνεται τῶν* om. E *γινόμενον* E

vorher da wäre. Wenn aber, ein bestimmtes Dieses zu sein *
oder Substanz, ihm nicht zukommt, wohl aber eines von den
anderen genannten, dann würde es, wie gesagt, dahin kommen,
daß die Beschaffenheiten von den Substanzen getrennt
existierten.

Sowohl über diese Dinge sind also, soweit möglich, Untersuchungen
anzustellen, als auch darüber, was für die immerwährende
Existenz des Werdens, des schlichten und des gliedweise
vor sich gehenden, Ursache ist. | Weil aber die eine Ursache die 318a
ist, welche wir als ›Woher der Anfang der Bewegung‹ bezeichnen,
dagegen die Materie eine andere, ist die Ursache der letzteren
Art zum Thema zu machen. Denn von jener ist früher in
den Schriften über die Bewegung ausgeführt worden, daß es
zum einen das zu aller Zeit Unbewegte ist, zum anderen das
immer Bewegte. Davon das erstgenannte Prinzip auseinander *
zu setzen ist die Aufgabe einer vorgeordneten Philosophie, was *
hingegen dadurch, daß es kontinuierlich in Bewegung bleibt,
anderes bewegt, ist nachher aufzuzeigen: welches solcher Art *
von den einzeln begriffenen Dingen Ursache sei.

Jetzt aber wollen wir über die Ursache sprechen, die zur Art der Materie gehört, durch die für immer Vergehen und Werden in der Natur nicht aufhören – denn vielleicht wird damit zugleich auch die gerade gestellte Aporie klar werden, wie man das Vergehen und Werden im schlichten Sinn zu begreifen hat. Doch birgt auch die Frage genügend Schwierigkeit, was wohl die Ursache dafür ist, daß das Werden stetig wiederanknüpft, wenn doch das, was vergeht, ins Nichtseiende entschwindet, das Nichtseiende aber nichts ist (denn das Nichtseiende ist weder Etwas, noch irgendwie beschaffen, noch irgendwie groß, noch irgendwo). Wenn nun immer etwas von dem Seienden entschwindet, weswegen ist dann das Ganze nicht bereits aufgebraucht und fort, wenn doch dasjenige begrenzt war, wor-

318a5f. *τούτων δὲ περὶ μὲν τῆς ἑτέρας ἀρχῆς* (Davon das erstgenannte Prinzip) mit Rashed nach **a** : τούτων δὲ περὶ μὲν τῆς ἀκινήτου ἀρχῆς τῆς ἑτέρας καὶ Joachim nach **b**

ἕκαστον; οὐ γὰρ δὴ διὰ τὸ ἄπειρον εἶναι ἐξ οὗ γίνεται, οὐχ ὑπολείπει· τοῦτο γὰρ ἀδύνατον, κατ' ἐνέργειαν μὲν γὰρ οὐδέν ἐστιν ἄπειρον, δυνάμει δ' ἐπὶ τὴν διαίρεσιν, ὥστ' ἔδει ταύτην εἶναι μόνην τὴν μὴ ὑπολείπουσαν τῷ γίνεσθαί τι ἀεὶ ἔλαττον—νῦν δὲ τοῦτο οὐχ ὁρῶμεν. ἆρ' οὖν διὰ τὸ τὴν τοῦδε φθορὰν ἄλλου εἶναι γένεσιν καὶ τὴν τοῦδε γένεσιν ἄλλου εἶναι φθορὰν ἄπαυστον ἀναγκαῖον εἶναι τὴν μεταβολήν; περὶ μὲν οὖν τοῦ γένεσιν εἶναι καὶ φθορὰν ὁμοίως περὶ ἕκαστον τῶν ὄντων, ταύτην οἰητέον εἶναι πᾶσιν ἱκανὴν αἰτίαν, διὰ τί δέ ποτε τὰ μὲν ἁπλῶς γίνεσθαι λέγεται καὶ φθείρεσθαι τὰ δ' οὐχ ἁπλῶς, πάλιν σκεπτέον, εἴπερ τὸ αὐτό ἐστι γένεσις μὲν τουδὶ φθορὰ δὲ τουδί, καὶ φθορὰ μὲν τουδὶ γένεσις δὲ τουδί· ζητεῖ γάρ τινα τοῦτο λόγον. λέγομεν γὰρ ὅτι φθείρεται νῦν ἁπλῶς, καὶ οὐ μόνον τοδί· καὶ αὕτη μὲν γένεσις ἁπλῶς, αὕτη δὲ φθορά. τοδὶ δὲ γίνεται μέν τι, γίνεται δ' ἁπλῶς οὔ· φαμὲν γὰρ τὸν μανθάνοντα γίνεσθαι μὲν ἐπιστήμονα, γίνεσθαι δ' ἁπλῶς οὔ. καθάπερ οὖν πολλάκις
318b διορίζομεν λέγοντες ὅτι τὰ μὲν τόδε τι σημαίνει τὰ δ' οὔ, διὰ τοῦτο συμβαίνει τὸ ζητούμενον. διαφέρει γὰρ εἰς ἃ μεταβάλλει τὸ μεταβάλλον, οἷον ἴσως ἡ μὲν εἰς πῦρ ὁδὸς γένεσις μὲν ἁπλῆ, φθορὰ δέ τινος ἐστιν, οἷον γῆς, ἡ δὲ γῆς γένεσις τὶς γένεσις, γένεσις δ' οὐχ ἁπλῶς, φθορὰ δ' ἁπλῶς, οἷον πυρός—ὥσπερ Παρμενίδης λέγει δύο, τὸ ὂν

22 *μόνην εἶναι* J **26** *ὁμοίως ἀεὶ περὶ* F **27** *οἰητέον ἱκανὴν πᾶσιν αἰτίαν* F **28** *λέγεται γίγνεσθαι* F *καὶ] τὰ δὲ καὶ* E : *τὰ δὲ* Φ[1] **29** *ἁπλῶν* E *ἐστι* om. L **30** *φθορὰ ... γένεσις δὲ τουδί* om. L **32** *νῦν] νῦν μὲν* Φ[1] **35** *οὔ. καθάπερ] οὐ γὰρ καθάπερ* E *διορίζομεν πολλάκις* FHL **b 3** *ἡ* om. E **4** *ἐστιν* om. LΦ[1] **5** *τὶς ... φθορὰ] τὶς γένεσις δὲ φθορὰ* E[1] : *τὶς γένεσις, φθορὰ* L: *γένεσις τίς, φθορὰ* Φ[1] **6** *ἁπλῶς] ἁπλῆ* Φ[1]

aus jegliches Werdende wird? Denn nicht dadurch, daß das, woraus Werden kommt, unbegrenzt ist, hört es nicht auf. Dies ist nämlich unmöglich, denn nichts ist als Wirklichkeit unbegrenzt, wohl aber als Möglichkeit im Falle der Teilung, so daß dieses die einzige Art sein müßte, auf die es nicht zum Erliegen kommt, nämlich indem immer Kleineres wird – aber dies beobachten wir nicht. Ist es also aus dem Grunde, weil das Vergehen des einen das Werden des anderen ist und das Werden des einen das Vergehen des anderen, daß der Wandel notwendigerweise unaufhörlich ist? Dafür nun, daß Werden und Vergehen bei jedem der Dinge in gleichem Maße gegeben sind, ist diese Ursache überall für ausreichend zu halten.

Warum man aber manchmal sagt, daß die einen schlechthin werden bzw. vergehen, die anderen aber nicht schlechthin, das muß man wiederum untersuchen, wenn doch das Werden des einen und Vergehen des anderen dasselbe ist, und das Vergehen des einen Werden des anderen. Dies fordert nämlich irgendeine Erklärung. Denn wir sagen, daß jetzt etwas schlechthin vergeht, und nicht bloß als eben dieses; sowie: dieses ist ein *Werden* schlechthin, dieses aber ein *Vergehen*. Das andere da hingegen wird in bestimmter Hinsicht, wird aber nicht schlechthin; so sagen wir etwa, der Lernende werde ein Wissender, aber nicht, daß er schlechthin werde. Wie wir nun in vielen Fällen | einen Unterschied markieren durch die 318b
Aussage, daß das eine ein Dies-Da bedeute, das andere nicht; so ergibt sich daraus die gesuchte ⟨Erklärung⟩.

Denn es macht einen Unterschied, in was sich das sich Wandelnde wandelt, z. B. ist womöglich der Weg zum Feuer einerseits Werden schlechthin, andererseits aber auch Vergehen von etwas, etwa von Erde; das Werden von Erde aber ist ein *gewisses* Werden, jedoch nicht Werden schlechthin, Vergehen hingegen ist es schlechthin, nämlich von Feuer – so wie Parmenides Zwei anführt, indem er das Seiende und das Nichtseiende

318b5 *γένεσις δ' οὐχ ἁπλῶς* (jedoch nicht Werden schlechthin) mit Joachim nach **b** : [γένεσις δ' οὐχ ἁπλῶς] Rashed nach **a**

καὶ τὸ μὴ ὂν εἶναι φάσκων πῦρ καὶ γῆν. τὸ δὴ ταῦτα ἢ τοιαῦθ' ἕτερα ὑποτίθεσθαι διαφέρει οὐδέν· τὸν γὰρ τρόπον ζητοῦμεν, ἀλλ' οὐ τὸ ὑποκείμενον. ἡ μὲν οὖν εἰς τὸ μὴ ὂν ἁπλῶς ὁδὸς φθορὰ ἁπλῆ, ἡ δ' εἰς τὸ ἁπλῶς ὂν γένεσις ἁπλῆ. οἷς οὖν διώρισται, εἴτε πυρὶ καὶ γῇ εἴτε ἄλλοις τισί, τούτων ἔσται τὸ μὲν ὂν τὸ δὲ μὴ ὄν. ἕνα μὲν οὖν τρόπον τούτῳ διοίσει τὸ ἁπλῶς γίνεσθαι καὶ φθείρεσθαι τοῦ μὴ ἁπλῶς, ἄλλον δὲ τῇ ὕλῃ ὁποία τις ἂν ᾖ· ἧς μὲν γὰρ μᾶλλον αἱ διαφοραὶ τόδε τι σημαίνουσι, μᾶλλον οὐσία, ἧς δὲ στέρησιν, μὴ ὄν—οἷον εἰ τὸ μὲν θερμὸν κατηγορία τις καὶ εἶδος, ἡ δὲ ψυχρότης στέρησις, διαφέρουσι δὲ γῆ καὶ πῦρ ταύταις ταῖς διαφοραῖς. δοκεῖ δὲ μᾶλλον τοῖς πολλοῖς τῷ αἰσθητῷ καὶ μὴ αἰσθητῷ διαφέρειν· ὅταν μὲν γὰρ εἰς αἰσθητὴν μεταβάλλῃ ὕλην, γίνεσθαί φασιν, ὅταν δ' εἰς ἀφανῆ, φθείρεσθαι. τὸ γὰρ ὂν καὶ τὸ μὴ ὂν τῷ αἰσθάνεσθαι καὶ τῷ μὴ αἰσθάνεσθαι διορίζουσιν, ὥσπερ τὸ μὲν ἐπιστητὸν ὄν, τὸ δ' ἄγνωστον μὴ ὄν (ἡ γὰρ αἴσθησις ἐπιστήμης ἔχει δύναμιν)· καθάπερ οὖν αὐτοὶ τῷ αἰσθάνεσθαι ἢ τῷ δύνασθαι καὶ ζῆν καὶ εἶναι νομίζουσιν, οὕτω καὶ τὰ πράγματα, τρόπον τινὰ διώκοντες τἀληθές, αὐτὸ δὲ λέγοντες οὐκ ἀληθές. συμβαίνει δὴ κατὰ δόξαν καὶ κατ' ἀλήθειαν ἄλλως τὸ γίνεσθαί τε ἁπλῶς καὶ τὸ φθείρεσθαι·

7 *φάσκων εἶναι* F   *τὸ δὴ*] *δεῖ δὴ* J[2] : *εἰ δὴ* vel *εἴδη* Φ[1]   **8** *ἕτερα ὑποτίθεσθαι* om. Φ[1]   *γὰρ* post *διαφέρει* add. E, et supra lin. J[2]   **9** *τὸ ἁπλῶς μὴ ὂν* J   **11** *γῇ εἴτε*] *γῇ ἢ καὶ* H   **13** *τούτῳ διοίσει*] *διοίσει ἐν τούτῳ* F, sed *ἐν* supra lin. addito   *ἁπλῶς τι γίνεσθαι* EL   **14** *τῇ ὕλῃ*] *ἡ ὕλη* FHJ   *ποία* L   **16** *ἧς*] *τῆς* H   *εἰ* om. EL   **17** *καὶ τὸ εἶδος* E   *δὲ γῆ*] *γὰρ γῆ* F   **18** *καὶ ταύταις* HL   **20** *μεταβάλῃ* EL   **21** *τὸ* post *καὶ* om. FJΦ[1]   **22** *καὶ τῷ μὴ αἰσθάνεσθαι* om. E   *τῷ* om. FLΦ[1]   *αἰσθάνεσθαι* secundum om. L   **25** *τῷ*] *τὸ* J   *καὶ* ante *ζῆν* om. E   **27** *δὴ*] *δὴ καὶ* HJ[2]   **28** post *ἄλλως* add. *καὶ* HJ[2]   *τὸ* ante *φθείρεσθαι* om. EL

als Feuer und Erde namhaft macht. Ob man nun dies oder anderes derartiges ansetzt, macht dabei keinen Unterschied; denn es geht uns um die Art und Weise, nicht um das dabei Zugrundegelegte. Der Weg also zum Nichtseienden schlechthin ist schlichtes Vergehen, der Weg aber zum schlechthin Seienden ist schlichtes Werden. Wo also dieser Unterschied gemacht wird, sei es beim Feuer und der Erde oder irgendwelchen anderen Dingen, da ist das eine ein Seiendes, das andere aber ein Nichtseiendes. Dies ist nun *eine* Art, wodurch das schlechthin Werden bzw. Vergehen unterschieden sein wird von dem nicht schlechthin, eine andere ist durch die Materie gegeben, je nachdem, wie sie beschaffen ist. Denn eine, wo die Unterschiede eher ein bestimmtes Dies-Da bedeuten, ist mehr Substanz, hingegen wo Privation, ⟨mehr⟩ nichtseiend – etwa wenn ›warm‹ eine ⟨positive⟩ Kategorie und Form ist, Kälte aber Privation, so unterscheiden sich Erde und Feuer durch diese Unterschiede. *

Den meisten Leuten scheint indessen mehr der Unterschied zwischen dem Wahrnehmbaren und nicht Wahrnehmbaren entscheidend; denn wenn sich etwas in wahrnehmbare Materie wandelt, sagen sie, es werde, wenn aber in unscheinbare, es vergehe. Sie bestimmen nämlich das ›seiend‹ und ›nichtseiend‹ b21
danach, ob es wahrzunehmen oder nicht wahrzunehmen ist, wie ja auch das Erkennbare seiend ist, das Nicht-Erkennbare aber nichtseiend (denn die Wahrnehmung hat ein Vermögen der Erkenntnis). Wie sie nun selbst dadurch, daß sie wahrnehmen oder die Fähigkeit dazu besitzen, glauben zu leben und zu sein, so auch die Dinge, wobei sie in gewisser Weise dem Wahren auf der Spur sind, obwohl das, was sie da sagen, selbst nicht wahr ist. So ergibt es sich also, daß nach gemeiner Auffassung und gemäß der Wahrheit schlichtes Werden und Vergehen auf je verschiedene Weise gegeben sind. Denn Pneuma und Luft

318b21 *τὸ γὰρ ὂν καὶ μὴ ὂν … διορίζουσιν* (Sie bestimmen nämlich das ›seiend‹ und ›nicht-seiend‹) mit Rashed nach **b** : τὸ γὰρ ὂν καὶ τὸ μὴ ὂν … διορίζουσιν Joachim nach **a**

πνεῦμα γὰρ καὶ ἀὴρ κατὰ μὲν τὴν αἴσθησιν ἧττόν ἐστιν (διὸ καὶ τὰ φθειρόμενα ἁπλῶς τῇ εἰς ταῦτα μεταβολῇ φθείρεσθαι λέγουσιν, γίνεσθαι δ' ὅταν εἰς ἁπτὸν καὶ εἰς γῆν μεταβάλλῃ), κατὰ δ' ἀλήθειαν μᾶλλον τόδε τι καὶ εἶδος ταῦτα τῆς γῆς. τοῦ μὲν οὖν εἶναι τὴν μὲν ἁπλῆν γένεσιν φθορὰν οὖσάν τινος, τὴν δὲ φθορὰν τὴν ἁπλῆν γένεσιν οὖσάν τινος, εἴρηται τὸ αἴτιον (διὰ γὰρ τὸ τὴν ὕλην διαφέρειν ἢ τῷ οὐσίαν εἶναι ἢ τῷ μή, ἢ τῷ τὴν μὲν μᾶλλον τὴν δὲ μή, ἢ τῷ τὴν μὲν μᾶλλον αἰσθητὴν εἶναι τὴν ὕλην ἐξ ἧς καὶ εἰς ἥν, τὴν δὲ ἧττον εἶναι)· τοῦ δὲ τὰ μὲν ἁπλῶς γίνεσθαι λέγεσθαι, τὰ δέ τι μόνον, μὴ τῇ ἐξ ἀλλήλων γενέσει καθ' ὃν εἴπομεν νῦν τρόπον (νῦν μὲν γὰρ τοσοῦτον διώρισται, τί δή ποτε πάσης γενέσεως οὔσης φθορᾶς ἄλλου, καὶ πάσης φθορᾶς οὔσης ἑτέρου τινὸς γενέσεως, οὐχ ὁμοίως ἀποδίδομεν τὸ γίνεσθαι καὶ τὸ φθείρεσθαι τοῖς εἰς ἄλληλα μεταβάλλουσιν· τὸ δ' ὕστερον εἰρημένον οὐ τοῦτο διαπορεῖ, ἀλλὰ τί ποτε τὸ μανθάνον μὲν οὐ λέγεται ἁπλῶς γίνεσθαι ἀλλὰ γίνεσθαι ἐπιστῆμον, τὸ δὲ φυόμενον γίνεσθαι), ταῦτα δὲ διώρισται ταῖς κατηγορίαις. τὰ μὲν γὰρ τόδε τι σημαίνει, τὰ δὲ τοιόνδε, τὰ δὲ ποσόν· ὅσα οὖν μὴ οὐσίαν σημαίνει, οὐ λέγεται ἁπλῶς, ἀλλά τι γίνεσθαι. οὐ μὴν ἀλλ' ὁμοίως ἐν πᾶσι γένεσις μὲν κατὰ τὰ ἐν τῇ ἑτέρᾳ συστοιχίᾳ λέγεται, οἷον ἐν μὲν οὐσίᾳ ἐὰν πῦρ ἀλλ' οὐκ ἐὰν γῆ, ἐν δὲ τῷ ποιῷ ἐὰν ἐπιστῆμον ἀλλ' οὐχ ὅταν

29 *πνεύματα γὰρ καὶ ὴρ* E *μὲν* om. J **30** *τὰ* om. F **31** *μεταβάλῃ* L **32** *κατ' ἀλήθειαν δὲ* FHL *τόδε τι μᾶλλον* F *τόδε* om. J **33** *τὴν ἁπλῆν* L, spatio post *τὴν* relicto **34** *τὴν δὲ ... τινος* in marg. ponit F *οὖσαν γένεσιν* J **a 1** *ἢ τῷ μή ... δὲ μή* om. E *τῷ μή*] *τὸ μή* J *τὴν μὲν ... τὴν μὲν* in marg. add. F *τὴν μὲν* utrumque om. J, sec. om. EH **3** *λέγεσθαι* om. L *τὰ* sec.] *τὸ* supra lin. corr. J², *τὸ* etiam Φ¹ (codd. GT) **4** *μόνον* om. Φ¹ **5** *νῦν* prius omittend. notat J² **6** *οὔσης φθορᾶς ... 7 γενέσεως* om. L **8** *εἰς ἄλληλα* om. E **9** *τί δή ποτε* F **10** *ἀλλά τι γίγνεσθαι* in marg. F, Γ **12** *τὰ* primum] *τὸ* LΓ *τὰ* sec. et tertium] *τὸ* FLΓ **13** *σημαίνῃ* in litura J **14** *ἅπασι* F **15** *ἑτέρα συστοιχείαι* J : *ἑτέρᾳ τοῦ κρείττονος συστοιχίᾳ* F **16** *οὐκ* prius] *οὐχὶ* E *ἐπιστήμων* et mox *ἀνεπιστήμων* fort. E, sed correxit

sind für die Wahrnehmung *weniger* (weswegen sie auch sagen, daß das, was schlechthin vergeht, durch Wandlung in diese vergehe, wogegen es werde, wenn es sich in Berührbares und d.h. in Erde verwandle), während sie in Wahrheit *mehr* ein bestimmtes Dieses und Form sind als die Erde.

Dafür, daß das schlichte Werden existiert, indem es ein Vergehen gewisser Art ist, und das schlichte Vergehen, indem es ein Werden gewisser Art, ist die Ursache dargetan (nämlich deswegen, weil sich die Materie danach unterscheidet, ob sie Substanz | ist oder nicht, oder ob die eine es eher ist, die andere 319a
nicht, oder ob die Materie, aus der und zu der ⟨etwas wird⟩, mehr oder weniger wahrnehmbar ist).

Zum andern ist auch davon ⟨die Ursache⟩ erklärt, daß manches als Werden schlechthin begriffen wird, anderes nur in bestimmtem Sinn; nicht dort, wo ein Werden auseinander vorliegt, wie wir es eben meinten (bis jetzt ist nämlich soviel bestimmt, warum wohl, obgleich jedes Werden Vergehen eines anderen und jedes Vergehen Werden eines gewissen anderen ist, wir ihnen nicht auf gleiche Weise das Werden und das Vergehen bei ihrem Wandel ineinander zuschreiben; bei dem a8
danach Erwähnten handelt es sich nicht um dies Problem, sondern darum, warum das Lernende nicht als Werden schlechthin, sondern als Wissend-Werden bezeichnet wird, während das sich Neubildende als Werden) – dies ist aber durch die Kategorien verschieden. Denn das eine bedeutet ein bestimmtes Dieses, das andere ein So-Beschaffenes und wieder ein anderes eine Quantität. Was nun nicht eine Substanz bedeutet, von dem wird nicht gesagt, es werde schlechthin, sondern vielmehr etwas bestimmtes. Indessen wird in allen gleichermaßen von Werden mit Bezug auf Terme in der einen Gegensatzrubrik gesprochen, wie z.B. in der Substanzkategorie, wenn es sich um Feuer, nicht aber um Erde, und in der Qualität, wenn es sich um Wissendes, nicht aber um Unwissendes handelt.

319a8 *τοῖς εἰς ἄλληλα μεταβάλλουσιν* (bei ihrem Wandel ineinander) mit Joachim nach **b** : τοῖς [εἰς ἄλληλα] μεταβάλλουσιν Rashed nach **a**

ἀνεπιστῆμον. περὶ μὲν οὖν τοῦ τὰ μὲν ἁπλῶς γίνεσθαι τὰ δὲ μή, καὶ ὅλως καὶ ἐν ταῖς οὐσίαις αὐταῖς, εἴρηται, καὶ διότι τοῦ γένεσιν εἶναι συνεχῶς αἰτία ὡς ὕλη τὸ ὑποκείμενον, ὅτι μεταβλητικὸν εἰς τἀναντία καὶ ἔστιν ἡ θατέρου γένεσις ἀεὶ ἐπὶ τῶν οὐσιῶν ἄλλου φθορὰ καὶ ἡ ἄλλου φθορὰ ἄλλου γένεσις. ἀλλὰ μὴν οὐδ' ἀπορῆσαι δεῖ διὰ τί γίνεται ἀεὶ ἀπολλυμένων· ὥσπερ γὰρ καὶ τὸ φθείρεσθαι ἁπλῶς φασιν, ὅταν εἰς ἀναίσθητον ἔλθῃ καὶ τὸ μὴ ὄν, ὁμοίως καὶ τὸ γίνεσθαι ἐκ μὴ ὄντος φασίν, ὅταν ἐξ ἀναισθήτου. εἴτ' οὖν ὄντος τινὸς τοῦ ὑποκειμένου εἴτε μή, γίνεται ἐκ μὴ ὄντος· ὥστε ὁμοίως καὶ γίνεται ἐκ μὴ ὄντος καὶ φθείρεται εἰς τὸ μὴ ὄν. εἰκότως οὖν οὐχ ὑπολείπει· ἡ γὰρ γένεσις φθορὰ τοῦ μὴ ὄντος, ἡ δὲ φθορὰ γένεσις τοῦ μὴ ὄντος. ἀλλὰ τοῦτο τὸ μὴ ὂν ἁπλῶς [ἀπορήσειέ τις] πότερον τὸ ἕτερον τῶν ἐναντίων ἐστίν, οἷον γῆ καὶ τὸ βαρὺ μὴ ὄν, πῦρ δὲ καὶ τὸ κοῦφον ὄν, ἢ οὔ, ἀλλ' ἐστὶ καὶ γῆ τὸ ὄν, τὸ δὲ μὴ ὂν ὕλη ἡ τῆς γῆς καὶ πυρὸς ὡσαύτως; καὶ ἆρά γε ἑτέρα ἑκατέρου ἡ ὕλη, ἢ οὐκ ἂν γί-
319b *νοιτο ἐξ ἀλλήλων οὐδ' ἐξ ἐναντίων (τούτοις γὰρ ὑπάρχει τἀναντία, πυρί, γῇ, ὕδατι, ἀέρι); ἢ ἔστι μὲν ὡς ἡ αὐτή, ἔστι δ' ὡς ἑτέρα; ὃ μὲν γάρ ποτε ὂν ὑπόκειται, τὸ αὐτό, τὸ δ' εἶναι οὐ τὸ αὐτό. περὶ μὲν οὖν τούτων ἐπὶ τοσοῦτον εἰρήσθω·*

18 *μή*] *πῆ* FHJΓ *καὶ* ante *ἐν* om. EF *αὐταῖς* om. EL **19** *τοῦ* codd. omnes et Γ : *τοῦδε* Bekker perperam tribuit codd. FHL **20** *ἔστιν* ante *εἰς* habet E **21** *ἄλλου* post *ἡ* om. E **22** *ἀεὶ*] *αἰεὶ* JL : *εἰ* E : *τι ἀεὶ* F **23** *φαμεν* E **24** *τὸ* ante *γίνεσθαι* om. EL *ἐκ τοῦ μὴ* F **26** *γίνεται ἐκ μὴ ὄντος* om. L *ὥστε* ... 27 *ὄντος* om. E *καὶ* om. L, add. supra lin. J **27** *ἐκ μὴ ὄντος* om. FJ, add. supra *γίνεται* H **29** *τοῦτο* add. supra lin. J **30** *ἀπορήσειέ τις* seclusi : om. Φ^1 (codd. GT), et in marg. add. J : *ἀπορήσειεν ἄν τις* Φ^1 (codd. RZ), Bekker : *ἀπορήσειέ τις ἁπλῶς* E *ἐστίν* om. EL **31** post *κοῦφον* add. *τὸ* EL **32** *καὶ ἡ γῆ* J, sed *ἡ* addito *ἡ* om. FJ **b2** *μὲν* om. EJ *ἡ* add. J, prima tamen (ut videtur) manu **3** *ὡς*] *ἡ* (fort. *ῇ*?), ut videtur, F **4** *οὖν* om. E *τοσούτων εἰρείσθω* J

Darüber, daß das eine schlechthin wird, das andere aber nicht, sowohl generell wie auch bei den Substanzen selbst, wurde gesprochen; auch über den Grund, warum, im Sinne von Materie, die Ursache dafür, daß Werden kontinuierlich ist, das Zugrundeliegende ist, – weil es nämlich in die gegensätzlichen Dinge wandlungsfähig und bei den Substanzen das Werden des einen immer Vergehen des anderen ist und Vergehen des einen Werden des anderen.

Man braucht aber nicht einmal ein Problem daraus zu machen, warum etwas wird, obwohl ständig Dinge verlorengehen. Denn so, wie man vom Vergehen schlechthin spricht, wenn etwas ins Unwahrnehmbare und d. h. ins Nichtsein entschwindet, so sehr sagt man dann auch, es *entstehe* schlechthin aus dem Nichtsein, wenn aus Unwahrnehmbarem. Sei es nun, daß man das Zugrundeliegende für etwas Seiendes nehme oder nicht, so *wird* das Betreffende doch aus *Nicht*seiendem. So daß a 26
es gleichermaßen sowohl aus Nichtseiendem wird wie auch in das Nichtseiende vergeht. Also hört es einleuchtender Weise nicht auf, denn das Werden ist ein Vergehen des Nichtseienden, das Vergehen aber ein Werden des Nichtseienden.

Hingegen ob dieses Nichtseiende schlechthin das eine von den Gegensätzlichen sei, [könnte man problematisieren:] z. B. Erde und das Schwere Nichtseiendes, Feuer und das Leichte dagegen Seiendes, oder nicht, sondern auch Erde Seiendes, das Nichtseiende aber die *Materie* von der Erde, und von Feuer ebenso? Aber ist dann noch die Materie von jedem der beiden eine andere? – Oder entstünden sie | so gar nicht auseinander, 319b
d. h. nicht aus Gegensätzen (denn diesen Dingen kommen Gegensätze zu: dem Feuer, der Erde, dem Wasser und der Luft)? Oder es gibt eine Weise, in der sie dieselbe, und eine, in der sie eine andere ist. Denn je nachdem, als was seiend sie *zugrunde* liegt, das ist dasselbe, das Sein dagegen ist nicht dasselbe. Über diese Dinge also sei so viel festgestellt.

319a26 *γίνεται ἐκ μὴ ὄντος* (*wird* das Betreffende doch aus *Nicht*seiendem) mit Joachim nach **b** : [γίνεται ἐκ μὴ ὄντος] Rashed nach **a**

περὶ δὲ γενέσεως καὶ ἀλλοιώσεως λέγωμεν τί διαφέρουσιν—φαμὲν γὰρ ἑτέρας εἶναι ταύτας τὰς μεταβολὰς ἀλλήλων. ἐπειδὴ οὖν ἐστί τι τὸ ὑποκείμενον καὶ ἕτερον τὸ πάθος ὃ κατὰ τοῦ ὑποκειμένου λέγεσθαι πέφυκεν, καὶ ἔστι μεταβολὴ ἑκατέρου τούτων, ἀλλοίωσις μέν ἐστιν, ὅταν ὑπομένοντος τοῦ ὑποκειμένου, αἰσθητοῦ ὄντος, μεταβάλλῃ ἐν τοῖς ἑαυτοῦ πάθεσιν, ἢ ἐναντίοις οὖσιν ἢ μεταξύ (οἷον τὸ σῶμα ὑγιαίνει καὶ πάλιν κάμνει ὑπομένον γε ταὐτό, καὶ ὁ χαλκὸς στρογγύλος ὁτὲ δὲ γωνιοειδὴς ὁ αὐτός γε ὤν)· ὅταν δ᾽ ὅλον μεταβάλλῃ μὴ ὑπομένοντος αἰσθητοῦ τινος ὡς ὑποκειμένου τοῦ αὐτοῦ, ἀλλ᾽ οἷον ἐκ τῆς γονῆς αἷμα πάσης ἢ ἐξ ὕδατος ἀὴρ ἢ ἐξ ἀέρος παντὸς ὕδωρ, γένεσις ἤδη τὸ τοιοῦτον, τοῦ δὲ φθορά, μάλιστα δέ, ἂν ἡ μεταβολὴ γίνηται ἐξ ἀναισθήτου εἰς αἰσθητὸν ἢ ἁφῇ ἢ πάσαις ταῖς αἰσθήσεσιν—οἷον ὅταν ὕδωρ γένηται ἢ φθαρῇ εἰς ἀέρα, ὁ γὰρ ἀὴρ ἐπιεικῶς ἀναίσθητον. ἐν δὲ τούτοις ἄν τι ὑπομένῃ πάθος τὸ αὐτὸ ἐναντιώσεως ἐν τῷ γενομένῳ καὶ τῷ φθαρέντι (οἷον ὅταν ἐξ ἀέρος ὕδωρ, εἰ ἄμφω διαφανῆ ἢ ψυχρά), οὐ δεῖ τούτου θάτερον πάθος εἶναι εἰς ὃ μεταβάλλει· εἰ δὲ μή, ἔσται ἀλλοίωσις. οἷον ὁ μουσικὸς ἄνθρωπος ἐφθάρη, ἄνθρωπος δ᾽ ἄμουσος ἐγένετο, ὁ δ᾽ ἄνθρωπος ὑπομένει τὸ αὐτό. εἰ μὲν οὖν τούτου μὴ πάθος ἦν καθ᾽ αὑτὸ ἡ μουσικὴ καὶ ἡ ἀμουσία, τοῦ μὲν γένεσις ἦν ἄν, τοῦ δὲ φθορά· νῦν δὲ πάθος τοῦτο τοῦ ὑπομένοντος, διὸ ἀνθρώπου μὲν ταῦτα πάθη, ἀνθρώπου δὲ μουσικοῦ καὶ

(right margin, at first line:) I 4

6 *λέγομεν* H *τί*] *τίνι* Φ[1] **8** *ἐπεὶ* H **9** *πέφυκε λέγεσθαι* FL **10** *μὲν οὖν ἐστιν* FL et H, qui tamen rc. m. *οὖν* erasit **11** *μεταβάλῃ* E *ἑαυτοῦ* ELΦ : *αὑτοῦ* J : *αὐτοῦ* FH **12** *ἢ* prius om. HJ, et supra lin. add. F *οὖσιν* om. FL **13** *γε* om. E *ταὐτό*] *αὐτό* F **14** *γωνοειδὴς* E *γε* om. J *μεταβάλῃ* E **15** *τινος αἰσθητοῦ* F *ὡς*] *τοῦ* E **18** *δέ, ἂν*] *δ᾽ ἐὰν* J *ἡ* om. F **20** *γίνηται* F **21** *δὲ*] *δὴ* L *ἐάν* FHJ *ὑπομείνῃ* E **22** *τῷ* post *καὶ* om. EL **23** *ὕδωρ καὶ εἰ* EH *ἢ*] *ᾗ* Φ[c] *ψυχρά*] humida Γ *οὐ δεῖ*] *οὐ δ᾽ εἰ* J **25** *ὁ* om. F *ἄνθρ. δ᾽ ἄμ.*] *ἄμουσος ὁ ἄνθρωπος* E **27** *αὐτὸ*] *αὐτὸν* E *ἡ* ante *ἀμουσία* om. Φ[c] *τοῦ* fecit ex *αὐτοῦ* vel *τούτου* F **28** *ἂν ἦν* FHL *νῦν ... ὑπομένοντος*, quae post 30 *φθορά* codd. habent, huc e Philoponi coni. transtuli **29** *καὶ ἀνθρ.*] *ἢ ἀνθρώπου* E

Kapitel 4. Was Werden und Veränderung betrifft, so können wir ⟨nunmehr⟩ definieren, worin ihr Unterschied besteht; denn unsere Behauptung ist, daß diese Wandlungen voneinander verschieden sind. Nachdem nun *etwas* das Zugrundeliegende ist und *anderes* die Beschaffenheit, die naturgemäß von dem Zugrundeliegenden ausgesagt wird, und nachdem die Wandlung eines von diesen beiden betreffen kann, handelt es sich um Veränderung, wenn bei Permanenz des Zugrundeliegenden als ein wahrnehmbares Ding ein Wandel in seinen Beschaffenheiten vor sich geht: entweder in die gegensätzlichen oder in eine dazwischen, wie z.B. der Körper gesund und wiederum krank wird, während er doch als derselbe weiterbesteht, und das Erz rund, bald aber auch eckig wird, während es doch dasselbe ist.

Wenn aber etwas als ein Ganzes sich wandelt ohne Fortbestehen irgendeines Wahrnehmbaren als dasselbe Zugrundeliegende – sondern z.B. aus dem Keim insgesamt Blut oder aus Wasser Luft oder aus Luft zur Gänze Wasser wird – dann ist so etwas bereits ein Werden, vom anderen hingegen Vergehen, und dies vor allem da, wo die Verwandlung aus einem nicht Wahrzunehmenden in Wahrnehmbares entweder für die Berührung oder für alle Wahrnehmungen erfolgt, wie z.B. wenn Wasser entstand oder zu Luft verging – denn Luft ist ziemlich unwahrnehmbar. Wenn aber in ihnen irgendeine Beschaffenheit als dieselbe von einem Gegensatzpaar im Gewordenen und Vergangenen weiterbesteht (wie z.B. bei der Gelegenheit, wo aus Luft Wasser, wenn beide durchsichtig oder kalt sind) so darf nicht das andere, worein Verwandlung erfolgt, davon die Beschaffenheit sein. Andernfalls wäre es Veränderung. Im Beispiel: der gebildete Mensch ist vergangen, der ungebildete Mensch entstanden, doch der Mensch besteht als dasselbe weiter. Wenn nun nicht an sich die Bildung bzw. Unbildung Beschaffenheit *von ihm* wäre, so würde es sich um ein Werden der letzteren und Vergehen der ersteren handeln. Daher sind sie Beschaffenheiten vom *Menschen*, während Werden und Vergehen vom Menschen *als gebildet*

ἀνθρώπου ἀμούσου γένεσις καὶ φθορά—διὸ ἀλλοίωσις τὰ τοιαῦτα. ὅταν μὲν οὖν κατὰ τὸ ποσὸν ᾖ ἡ μεταβολὴ τῆς ἐναντιώσεως, αὔξη καὶ φθίσις, ὅταν δὲ κατὰ τόπον, φορά, ὅταν δὲ κατὰ τὸ πάθος καὶ τὸ ποιόν, ἀλλοίωσις, ὅταν δὲ μη-
320a δὲν ὑπομένῃ οὗ θάτερον πάθος ἢ συμβεβηκὸς ὅλως, γένεσις, τὸ δὲ φθορά. ἔστι δὲ ἡ ὕλη μάλιστα μὲν κυρίως τὸ ὑποκείμενον γενέσεως καὶ φθορᾶς δεκτικόν, τρόπον δέ τινα καὶ τὸ ταῖς ἄλλαις μεταβολαῖς, ὅτι πάντα δεκτικὰ τὰ ὑποκείμενα ἐναντιώσεών τινων. περὶ μὲν οὖν γενέσεως, εἴτε ἔστιν εἴτε μή, καὶ πῶς ἔστι, καὶ περὶ ἀλλοιώσεως διωρίσθω τοῦτον τὸν τρόπον·

περὶ δὲ αὐξήσεως λοιπὸν εἰπεῖν, τί τε διαφέρει γενέ- I 5
σεως καὶ ἀλλοιώσεως, καὶ πῶς αὐξάνεται τῶν αὐξανομένων ἕκαστον καὶ φθίνει ὁτιοῦν τῶν φθινόντων. σκεπτέον δὴ πρῶτον πότερον μόνως ἐν τῷ περὶ ὅ ἐστιν αὐτῶν ἡ πρὸς ἄλληλα διαφορά (οἷον ὅτι ἡ μὲν ἐκ τοῦδε εἰς τόδε μεταβολή—οἷον ἐκ δυνάμει οὐσίας εἰς ἐντελεχείᾳ οὐσίαν—γένεσίς ἐστιν, ἡ δὲ περὶ μέγεθος αὔξησις, ἡ δὲ περὶ πάθος ἀλλοίωσις, ἀμφότερα δὲ ἐκ δυνάμει ὄντων εἰς ἐντελέχειαν μεταβολὴ

30 *τὰ τοιαῦτα*] *ταῦτα* Φ^{c} **31** *τὸ* om. EFΦ^{1} **32** *αὔξησις* FHL *φορά, ὅταν δὲ κατὰ* om. E **33** *τὸ* prius om. EL **a 1** *ὑπομένει* J *ᾖ*] *καὶ* F **2** *δὲ ἡ*] *δὲ* om. J : *ἡ* om. L *καὶ* post *μὲν* add. L **5** *ἐναντ. τινων*] *τῶν ἐναντιώσεων* L *οὖν* om. FL post *γενέσεως* add. Bekker *καὶ φθορᾶς*, quae perperam tribuit codici E **6** *καὶ πῶς ... ἀλλοιώσεως* om. F **8** *τί*] *τίνι* LΦ **9** *αὐξάνεται τῶν* om. F, sed *αὐξα* add. in marg. **10** *ἕκαστον* ante 9 *τῶν* ponit J **11** *πρῶτον* om. L *μόνως* om. F^{1}H *ἐν τῷ* om. E *ἡ* post *ἄλληλα* ponit E **13** *οἷον ἡ ἐκ* H *ἐντελέχειαν* E^{1}J *ἐστιν* in marg. add. E **14** *περὶ τὸ μέγεθος* E post *αὔξησις* in marg. add. *καὶ φθίσις* EF **15** *ἀμφοτέρων* F *ἐκ τῶν δυνάμει* FHJ

und vom Menschen *als ungebildet* galten. Nun ist dies aber b29/30
Beschaffenheit des Weiterbestehenden; und folglich ist derlei doch Veränderung.

Wenn nun der Wandel im Sinne quantitativer Gegensätzlichkeit erfolgt, handelt es sich um Wachsen und Schwinden, wenn in Beziehung auf den Ort, um Fortbewegung, wenn in der Beschaffenheit und Qualität, um Veränderung, wenn
hingegen nichts | weiterbesteht, wovon das andere eine Be- 320a
schaffenheit oder überhaupt Akzidenz ist, dann um Werden bzw. Vergehen. *Materie* aber ist vor allem und hauptsächlich dasjenige Zugrundeliegende, das aufnahmefähig für Werden und Vergehen ist, auf gewisse Weise aber auch das der anderen Wandlungen, da alle die Zugrundeliegenden fähig sind, gewisse Gegensätzlichkeiten anzunehmen. Über Werden und Vergehen also – ob es tatsächlich existiert oder nicht und auf welche Weise – sowie über Veränderung seien die Unterscheidungen auf besagte Art getroffen.

Kapitel 5. Übrig bleibt, über das Wachstum zu sprechen: Warum es von Werden und Veränderung unterschieden ist, und wie ein jedes Wachsende wächst bzw. schwindet, was immer ein Schwindendes ist.

Zu erwägen ist also zuerst, ob ihre wechselseitige Verschie-
denheit allein in dem liegt, worauf sie sich beziehen (etwa so, a11
daß der Wandel aus diesem in das, z. B. aus Substanz der Möglichkeit in Substanz der wirklichen Vollendung nach, *Werden*, der in Bezug auf Größe *Wachsen*, der in Bezug auf Beschaffenheit aber *Veränderung* ist – beides aber Wandlung aus dem qua Möglichkeit Seienden in die wirkliche Vollendung der betref-

319b29f. *καὶ* (und) mit Joachim nach **b** : ἢ Rashed nach **a** **319b30** Z. 30 hinter φθορά: *νῦν δὲ πάθος τοῦτο τοῦ ὑπομένοντος* (Nun ist dies aber Beschaffenheit des Weiterbestehenden) mit Rashed nach **a** und **b** : Z. 28 hinter φθορά: νῦν δὲ πάθος τοῦτο τοῦ ὑπομένοντος Joachim nach Philoponos **320a11** *πότερον μόνως* (ob ... allein) mit Joachim nach **a** : πότερον Rashed nach **b**

τῶν εἰρημένων ἐστίν) ἢ καὶ ὁ τρόπος διαφέρει τῆς μεταβολῆς—φαίνεται γὰρ τὸ μὲν ἀλλοιούμενον οὐκ ἐξ ἀνάγκης μεταβάλλον κατὰ τόπον, οὐδὲ τὸ γινόμενον, τὸ δ' αὐξανόμενον καὶ τὸ φθῖνον, ἄλλον δὲ τρόπον τοῦ φερομένου. τὸ μὲν γὰρ φερόμενον ὅλον ἀλλάττει τόπον, τὸ δ' αὐξανόμενον ὥσπερ τὸ ἐλαυνόμενον. τούτου γὰρ μένοντος τὰ μόρια μεταβάλλει κατὰ τόπον, οὐχ ὥσπερ τὰ τῆς σφαίρας· τὰ μὲν γὰρ ἐν τῷ ἴσῳ τόπῳ μεταβάλλει τοῦ ὅλου μένοντος, τὰ δὲ τοῦ αὐξανομένου ἀεὶ ἐπὶ πλείω τόπον, ἐπ' ἐλάττω δὲ τὰ τοῦ φθίνοντος. ὅτι μὲν οὖν ἡ μεταβολὴ διαφέρει οὐ μόνον περὶ ὃ ἀλλὰ καὶ ὡς τοῦ τε γινομένου καὶ ἀλλοιουμένου καὶ αὐξανομένου, δῆλον. περὶ δὲ ὃ ἡ μεταβολή ἐστιν ἡ τῆς αὐξήσεως καὶ ἡ τῆς φθίσεως (περὶ μέγεθος δὲ δοκεῖ εἶναι τὸ αὐξάνεσθαι καὶ φθίνειν), ποτέρως ὑποληπτέον, πότερον ἐκ δυνάμει μὲν μεγέθους καὶ σώματος, ἐντελεχείᾳ δ' ἀσωμάτου καὶ ἀμεγέθους γίνεσθαι σῶμα καὶ μέγεθος; καὶ τούτου διχῶς ἐνδεχομένου λέγειν, ποτέρως ἡ αὔξησις γίγνεται, πότερον ἐκ κεχωρισμένης αὐτῆς καθ' αὑτὴν τῆς ὕλης, ἢ ἐνυπαρχούσης ἐν ἄλλῳ σώματι; ἢ ἀδύνατον ἀμφοτέρως; χωριστὴ μὲν γὰρ οὖσα ἢ οὐδένα καθέξει τόπον ([ἢ] οἷον στιγμή τις), ἢ κενὸν ἔσται καὶ σῶμα οὐκ αἰσθητόν· τούτων δὲ τὸ μὲν οὐκ ἐνδέχεται, τὸ δὲ ἀναγκαῖον ἔν τινι εἶναι. ἀεὶ γάρ που ἔσται τὸ γιγνόμενον ἐξ αὐτοῦ, ὥστε κἀκεῖνο, ἢ καθ' αὑτὸ ἢ κατὰ συμβεβηκός. ἀλλὰ μὴν εἴ γ' ἔν τινι ὑπάρξει, εἰ μὲν κε-

16 *ἢ* om. J **19** *τὸ* prius add. supra lin. J **20** *ἐναλλάττει τὸν τόπον* F *αὐξόμενον* H **21** *τούτου μὲν γὰρ* F[1] **24** et **27** *αὐξομένου* H **24** *δὲ* post *ἐλάττω* om. J **25** *τὰ* om. EHJ, in marg. add. F *διαφέρει ἡ μεταβολὴ* J **27** *δὲ ὃ*] *ὃ δὲ* H *ἐστιν ἡ μεταβολὴ* FHL *ἡ* ante *τῆς* om. L **28** *ἡ* om. J *δὲ* om. J **b1** *μὲν* om. E *ἢ οἷον*] *ἢ* seclusi : *οἷον γὰρ* (*γρ.*) Φ[c] : *οἷον* Γ **2** *τις* om. E, et Φ[1] (codd. RZ) *καὶ*] *ἢ καὶ* F[2] : *ἢ* L **3** *ἀναγκαῖον δηλονότι ἐν* F

fenden Dinge), oder ob auch die Art und Weise der Wandlung sich unterscheidet. Denn dem Anschein nach unterliegt das sich Verändernde nicht mit Notwendigkeit einem Wandel in Bezug auf den Ort, sowenig wie das Werdende, wohl aber das Wachsende und das Schwindende, wenn auch in einem anderen Sinn als das Fortbewegte. Denn das Fortbewegte wechselt als Ganzes seinen Ort, das Wachsende dagegen so wie das Getriebene: Während es da bleibt, machen die Teile einen Ortswechsel mit – freilich nicht wie die Teile einer ⟨rotierenden⟩ Kugel; denn die wechseln ihn, obwohl das Ganze einen gleichgroßen Ort innehat, während die des Wachsenden immer größeren Ort, und die des Schwindenden immer weniger ⟨einnehmen⟩. Daß also die Wandlung sich nicht allein durch das, worauf sie sich bezieht, unterscheidet, sondern auch durch das Wie bei dem, was entsteht oder sich verändert oder wächst, ist klar.

Das jedoch, worauf der Wandel sich bezieht, der Wachstum und Schwinden ausmacht (doch scheint es ja wohl um Größe zu gehen beim Wachsen und Schwinden) – wie ist das anzunehmen? Etwa so, daß aus Körper und Größe als Möglichkeit, der wirklichen Vollendung nach jedoch Unkörperlichem und Größelosem, ein Körper und eine Größe wird? Und, weil man dies zweifach begreifen kann, auf welche Weise geht das Wachstum vor sich: aus einer als getrennt an sich bestehenden Materie oder aus ihr als vorkommend in einem anderen Körper? Oder ist es auf beiderlei Weise unmöglich?

Denn wenn | sie getrennt ist, wird sie entweder keinerlei 320b
Ort einnehmen oder ⟨höchstens⟩ so wie ein Punkt, oder sie b1
wird ein Leeres und nicht wahrnehmbarer Körper sein. Davon ist das eine unmöglich, das andere dagegen ist notwendigerweise in irgend etwas. Denn immer wird das daraus Werdende irgendwo sein, und folglich auch jenes, sei es an sich oder akzidentell. Indessen, wenn es denn in etwas vorhanden

320b1 *ἢ οἷον* (oder ⟨höchstens⟩ so wie) mit Rashed nach **a** und **b** : [ἢ] οἷον Joachim **320b1f.** *στιγμή* (ein Punkt) mit Rashed nach **a** : στιγμή τις Joachim nach **b**

χωρισμένον οὕτως ὥστε μὴ ἐκείνου καθ’ αὑτὸ ἢ κατὰ συμβεβηκός τι εἶναι, συμβήσεται πολλὰ καὶ ἀδύνατα. λέγω δ’ οἷον εἰ γίγνεται ἀὴρ ἐξ ὕδατος, οὐ τοῦ ὕδατος ἔσται μεταβάλλοντος, ἀλλὰ διὰ τὸ ὥσπερ ἐν ἀγγείῳ τῷ ὕδατι ἐνεῖναι τὴν ὕλην αὐτοῦ. ἀπείρους γὰρ οὐδὲν κωλύει ὕλας εἶναι, ὥστε καὶ γίγνεσθαι ἐντελεχείᾳ· ἔτι δ’ οὐδ’ οὕτω φαίνεται γιγνόμενος ἀὴρ ἐξ ὕδατος, οἷον ἐξιὼν ὑπομένοντος. βέλτιον τοίνυν ποιεῖν πᾶσιν ἀχώριστον τὴν ὕλην ὡς οὖσαν τὴν αὐτὴν καὶ μίαν τῷ ἀριθμῷ, τῷ λόγῳ δὲ μὴ μίαν. ἀλλὰ μὴν οὐδὲ στιγμὰς θετέον οὐδὲ γραμμὰς τὴν τοῦ σώματος ὕλην διὰ τὰς αὐτὰς αἰτίας· ἐκεῖνο δὲ οὗ ταῦτα ἔσχατα ἡ ὕλη, ἣν οὐδέποτ’ ἄνευ πάθους οἷόν τε εἶναι οὐδ’ ἄνευ μορφῆς. γίγνεται μὲν οὖν ἁπλῶς ἕτερον ἐξ ἑτέρου, ὥσπερ καὶ ἐν ἄλλοις διώρισται, καὶ ὑπό τινος δὲ ἐντελεχείᾳ ὄντος ἢ ὁμογενοῦς ἢ ὁμοειδοῦς (οἷον πῦρ ὑπὸ πυρὸς ἢ ἄνθρωπος ὑπ’ ἀνθρώπου) ἢ ὑπ’ ἐντελεχείας [σκληρὸν γὰρ οὐχ ὑπὸ σκληροῦ γίνεται]· ἐπεὶ δ’ ἐστὶ καὶ οὐσίας ὕλη σωματικῆς, σώματος δ’ ἤδη τοιουδί (σῶμα γὰρ κοινὸν οὐδέν), ἡ αὐτὴ καὶ μεγέθους καὶ πάθους ἐστί, τῷ μὲν λόγῳ χωριστή, τόπῳ δ’ οὐ χωριστή, εἰ μὴ

6 *νου ... συμβεβηκός* om. E, et *καθ’ ... συμβεβηκός* om. Φ *καθ’*] *ἢ καθ’* L **7** *τι* post 6 *ἐκείνου* J **9** *ἐνεῖναι*] *εἶναι* EL **11** *δ’* om. F¹J *οὐδ’*] *οὐχ* HJΦ, et fecerunt EF **13** *ποιεῖν* post *ἀχώριστον* ponit F *εἶναι τὴν ὕλην* FHJ *ὡς* om. L **14** *τῷ* prius om. J, et Φᶜ excepto libro Z *μὴ μίαν*] *μηδὲ μίαν* F : *μηδεμίαν* J : *μὴ* om. E **16** *ἣν*] *ἣν ἣν* FHJ **17** *οἷόν τε*] *οἴονται* J **18** *ἁπλῶς ἢ ὁμογενοῦς ἕτερον* F¹ *ἄλλοις*] *ἑτέροις* Φ : *οις* E **19** *ὑπό*] *ἀπό* F *δὲ ἀεὶ ἐντελεχείᾳ* E *ὁμοειδοῦς ἢ ὁμογενοῦς* EL **20** *ἢ ἄνθρωπος*] *κἄνθρωπος* E **21** *σκληρὸν ... γίνεται* aut eiicienda, aut post 19 *ὁμογενοῦς* legenda *γὰρ* om. E **22** *σώματος ...* 23 *οὐδέν* post 25 *χωριστά* ponit L *δ’ ἤδη*] *ἤδη* F : *δ’ ἢ τ*, et post *τ* suprascr. *οι*, E **23** *κοινὸν γὰρ* F **24** *ἐστί* om. L

und dabei in der Weise getrennt ist, daß es nicht an sich oder akzidentell etwas von jenem ist, so ergeben sich viele unmögliche Folgerungen: Ich meine z. B. wenn Luft aus Wasser wird, dann wird dies nicht der Fall sein, weil Wasser sich verwandelt, sondern dadurch, daß in dem Wasser die Materie davon wie in einem Gefäß darinnen ist. So hindert freilich nichts, daß es unbegrenzt viele Materien gibt, so daß sie auch der wirklichen Vollendung nach entstehen. Im übrigen wird auch dem Anschein nach Luft aus Wasser nicht so, daß sie herauskommt, während dieses weiterbesteht. Folglich ist es sicher besser, für alles die Materie eine ungetrennte sein zu lassen, die der Zahl nach dieselbe und eine ist, dem Begriffe nach aber nicht eine. Aber gewiß können auch nicht Punkte als Materie des Körpers angesetzt werden noch Linien aus denselben Gründen. Vielmehr ist jenes, von dem sie die äußersten ⟨Grenzen⟩ sind, die Materie, welche niemals ohne Beschaffenheit sein kann noch auch ohne Gestalt.

Werden schlechthin nun erbringt ein Verschiedenes aus Verschiedenem, wie auch in anderen Schriften ausgeführt wurde, *
und erfolgt stets auf Verursachung von Seiendem in wirklicher b19
Vollendung (entweder gattungsgleichem oder formgleichem, wie z. B. Feuer auf Verursachung von Feuer oder Mensch auf die von Mensch) oder aber von wirklicher Vollendung ⟨selbst⟩
(denn Hartes wird ja nicht auf Verursachung von Hartem). Da b21
es aber auch *Materie* von körperlicher Substanz ist, jedoch von einem Körper, der schon ein so und so bestimmter ist (denn Körper ist nichts Allgemeines), ist sie dieselbe sowohl für dessen Größe als auch Beschaffenheit, was zwar dem Begriffe nach, aber nicht dem Ort nach getrennt ist, wenn nicht auch

320b19 *καὶ ὑπό τινος δὲ ἀεὶ* (und erfolgt stets auf Verursachung von) mit Rashed nach **a** : καὶ ὑπό τινος δὲ Joachim nach **b** **320b19f.** *ἢ ὁμογενοῦς ἢ ὁμοειδοῦς* (entweder gattungsgleichem oder formgleichem) mit Joachim nach **b** : ἢ ὁμοειδοῦς ἢ ὁμογενοῦς Rashed nach **a** **320b21** *σκληρὸν γὰρ οὐχ ὑπὸ σκληροῦ γίνεται* (denn Hartes wird nicht auf Verursachung von Hartem) mit Rashed nach **a** und **b** : [σκληρὸν γὰρ οὐχ ὑπὸ σκληροῦ γίνεται] Joachim

καὶ τὰ πάθη χωριστά. φανερὸν δὲ ἐκ τῶν διηπορημένων ὅτι οὐκ ἔστιν ἡ αὔξησις μεταβολὴ ἐκ δυνάμει μεγέθους, ἐντελεχείᾳ δὲ μηδὲν ἔχοντος μέγεθος· χωριστὸν γὰρ ἂν εἴη τὸ κενόν, τοῦτο δ' ὅτι ἀδύνατον, εἴρηται ἐν ἑτέροις πρότερον. ἔτι δ' ἥ γε τοιαύτη μεταβολὴ οὐκ αὐξήσεως ἴδιος ἀλλὰ γενέσεως ὅλως. ἡ γὰρ αὔξησίς ἐστι τοῦ ὑπάρχοντος μεγέθους ἐπίδοσις, ἡ δὲ φθίσις μείωσις (διὸ δὴ ἔχειν τι δεῖ μέγεθος τὸ αὐξανόμενον), ὥστ' οὐκ ἐξ ἀμεγέθους ὕλης δεῖ εἶναι τὴν αὔξησιν εἰς ἐντελέχειαν μεγέθους· γένεσις γὰρ ἂν εἴη σώματος μᾶλλον, οὐκ αὔξησις. ληπτέον δὴ μᾶλλον οἷον ἁπτομένους
321a τῆς ζητήσεως ἐξ ἀρχῆς, ποίου τινὸς ὄντος τοῦ αὐξάνεσθαι ἢ τοῦ φθίνειν τὰ αἴτια ζητοῦμεν. φαίνεται δὴ τοῦ αὐξανομένου ὁτιοῦν μέρος ηὐξῆσθαι, ὁμοίως δὲ καὶ ἐν τῷ φθίνειν ἔλαττον γεγονέναι, ἔτι δὲ προσιόντος τινὸς αὐξάνεσθαι καὶ ἀπιόντος φθίνειν. ἀναγκαῖον δὴ ἢ ἀσωμάτῳ αὐξάνεσθαι ἢ σώματι. εἰ μὲν οὖν ἀσωμάτῳ, ἔσται χωριστὸν κενόν—ἀδύνατον δὲ μεγέθους ὕλην εἶναι χωριστήν, ὥσπερ εἴρηται πρότερον· εἰ δὲ σώματι, δύο ἐν τῷ αὐτῷ σώματα τόπῳ ἔσται, τό τε αὐξανόμενον καὶ τὸ αὖξον, ἔστι δὲ καὶ τοῦτο ἀδύνατον. ἀλλὰ μὴν οὐδ' οὕτως ἐνδέχεται λέγειν γίνεσθαι τὴν αὔξησιν ἢ τὴν φθίσιν, ὥσπερ ὅταν ἐξ ὕδατος ἀήρ· τότε γὰρ μείζων ὁ ὄγκος γέγονεν· οὐ γὰρ αὔξησις τοῦτο ἀλλὰ γένεσις μὲν τοῦ εἰς ὃ μεταβάλλει ἔσται, φθορὰ δὲ τοῦ ἐναντίου, αὔξησις δὲ οὐδετέρου,

25 *τὰ* om. E *δὲ*] in litura J : *δὴ* L **27** *κενόν* EF[1] : *κοινόν* HJLΓ et (*γρ.*) F[2]: utrumque agnovit Φ[c] **28** *τοῦτο*] *τοῦ* L *ἐν ἑτέροις* om. HL, in marg. add. F **29** *δ'* om. L **30** *ὅλως* om. F *ἐνυπάρχοντος* F[1]HL **31** *δὴ*] *δεῖ* FJ *τι δεῖ*] *τι* EF : *τοδει* J **33** *σώματος μᾶλλον*] *μᾶλλον σώματος* F **a2** *δὴ οὖν τοῦ* L **4** *δὲ* om. E **5** *ἀναγκαῖον*] *ἀνάγκη* EL *δὴ*] *δὲ* E **6** *τὸ* ante *κενόν* add. FL: *τι* Γ *κενόν*] *κοινόν* F[2]Γ et (*γρ.*) Φ[c] **8** *σώματα* ante *ἐν* L, post *τόπῳ* ponunt Φ et (supra lin. additum) E *αὐξόμενον* HL **9** *τοῦτο*] *αὐτὸ* L **10** *ἢ*] *καὶ* L **13** *μετέβαλλεν* EL *φθορὰ*] *φορὰ* J

die Beschaffenheiten getrennt existieren. Aus den diskutierten Problemen ist also klar, daß Wachstum nicht Wandel aus einer Größe der Möglichkeit nach ist, die aber in wirklicher Vollendung gar keine Größe besitzt. Denn dann wäre das Leere ein getrennt Bestehendes, dies aber ist unmöglich, wie früher in anderen Darlegungen gesagt wurde. Zudem ist doch ein solcher Wandel nicht dem Wachstum eigentümlich, sondern dem Werden im kompletten Sinn. Denn das Wachstum ist Zunahme der vorhandenen Größe, Schwinden aber ihre Verminderung (deshalb also muß das Wachsende eine gewisse Größe besitzen), und daher darf Wachstum nicht aus größeloser Materie zu wirklicher Vollendung der Größe fortgehen; denn dies wäre eher Werden eines Körpers, nicht Wachstum.

Wir müssen also noch mehr begreifen – als welche, die | die 321 a
Untersuchung aus dem Prinzip her angehen – in welcher Eigenart des Wachsens oder Schwindens wir seine Ursachen suchen sollen. Der Anschein zeigt nun, daß von dem, was wächst, *jeglicher Teil* gewachsen und im Schwinden ebenso kleiner geworden ist, ferner daß es wächst, indem etwas hinzukommt, und
schwindet, indem etwas abgeht. Also ist es notwendig, daß es a5
entweder durch Unkörperliches wächst oder durch einen Körper. Wenn nun durch Unkörperliches, so existiert ein getrenntes Leeres; doch ist es unmöglich, daß die Materie der Größe getrennt sei, wie vorher gesagt wurde. Wenn es aber durch ei-
nen Körper erfolgt, werden zwei Körper am selben Ort sein, a8
nämlich der wachsende und der wachsen lassende; doch ist auch dies unmöglich. Und gewiß kann man auch nicht sagen, daß Wachstum und Schwinden so vor sich gingen, wie wenn aus Wasser Luft wird (denn das Volumen ist dann ja größer geworden); dies nämlich wird nicht Wachstum, sondern ein Werden dessen sein, worein es sich wandelt, und ein Vergehen des Gegenteils. Doch Wachstum ist es von keinem der beiden, son-

321a5 *ἀναγκαῖον δή* (Also ist es notwendig) mit Joachim nach **b** : ἀνάγκη δὲ Rashed nach **a** **321a8** *δύο … σώματα* (zwei Körper) mit Joachim nach **b** : δύο … [σώματα] Rashed nach E[1]

ἀλλ' ἢ οὐδενὸς ἢ εἴ τι κοινὸν ἀμφοῖν ὑπάρχει, τῷ γινομένῳ καὶ τῷ φθαρέντι, οἷον εἰ σῶμα. τὸ δ' ὕδωρ οὐκ ηὔξηται οὐδ' ὁ ἀήρ, ἀλλὰ τὸ μὲν ἀπόλωλε τὸ δὲ γέγονεν· τὸ σῶμα δέ, εἴπερ, ηὔξηται. ἀλλὰ καὶ τοῦτ' ἀδύνατον. δεῖ γὰρ σώζειν τῷ λόγῳ τὰ ὑπάρχοντα τῷ αὐξανομένῳ καὶ φθίνοντι. ταῦτα δὲ τρία ἐστίν, ὧν ἓν μέν ἐστι τὸ ὁτιοῦν μέρος μεῖζον εἶναι τοῦ αὐξανομένου μεγέθους, οἷον εἰ σὰρξ τῆς σαρκός, καὶ προσιόντος τινός, καὶ τρίτον σωζομένου τοῦ αὐξανομένου καὶ ὑπομένοντος· ἐν μὲν γὰρ τῷ γίγνεσθαί τι ἁπλῶς ἢ φθείρεσθαι οὐχ ὑπομένει, ἐν δὲ τῷ ἀλλοιοῦσθαι καὶ αὐξάνεσθαι ἢ φθίνειν ὑπομένει τὸ αὐτὸ τὸ αὐξανόμενον ἢ ἀλλοιούμενον, ἀλλ' ἔνθα μὲν τὸ πάθος ἔνθα δὲ τὸ μέγεθος τὸ αὐτὸ οὐ μένει. εἰ δὴ ἔσται ἡ εἰρημένη αὔξησις, ἐνδέχοιτ' ἂν μηδενός γε προσιόντος μηδὲ ὑπομένοντος αὐξάνεσθαι καὶ μηδενὸς ἀπιόντος φθίνειν καὶ μὴ ὑπομένειν τὸ αὐξανόμενον. ἀλλὰ δεῖ τοῦτο σώζειν· ὑπόκειται γὰρ ἡ αὔξησις τοιοῦτον. ἀπορήσειε δ' ἄν τις καὶ τί ἐστι τὸ αὐξανόμενον, πότερον ᾧ προστίθεταί τι, οἷον εἰ τὴν κνήμην αὐξάνει, αὕτη μείζων, ᾧ δὲ αὐξάνει, ἡ τροφή, οὔ. διὰ τί δὴ οὖν οὐκ ἄμφω ηὔξηται; μεῖζον γὰρ καὶ ὃ καὶ ᾧ, ὥσπερ ὅταν μίξῃς οἶνον ὕδατι· ὁμοίως γὰρ πλεῖον ἑκάτερον. ἢ ὅτι τοῦ μὲν μένει ἡ οὐσία, τοῦ δ' οὔ, οἷον τῆς τροφῆς; ἐπεὶ καὶ ἐνταῦθα τὸ ἐπικρατοῦν λέγεται ἐν
321b τῇ μίξει, οἷον ὅτι οἶνος· ποιεῖ γὰρ τὸ τοῦ οἴνου ἔργον ἀλλ' οὐ τὸ τοῦ ὕδατος τὸ σύνολον μῖγμα. ὁμοίως δὲ καὶ ἐπ' ἀλλοιώσεως, εἰ μένει σὰρξ οὖσα καὶ τὸ τί ἐστι, πάθος δέ τι

14 *ἀμφοῖν*] *ἄμφω* EL **14-15** *τῷ φθ. καὶ τῷ γ.* L : *τῷ γ. καὶ φθ.* F : *τῷ φθ. καὶ τῷ γενομένῳ* Φ[1] : *τῷ φθαρέντι* E **17** *εἴπερ*] *εἰ* E **18** *καὶ τι* (suprascr. *ω*) *φθίνοντι* E **19** *ἓν* om. E *μεῖζον μέρος* E *εἶναι*] *γίγνεσθαι* L **20** *μεγέθους* om. E *εἰ* om. E, addito sec. manu *ἤ* : *εἰ* supra lin. add. F : *ἤ* L **23** *καὶ*] *ἢ* FHL *αὔξεσθαι* F **24** *τὸ αὐτὸ* supra lin. add. F *τὸ* secundum om. L **26** *γε*] *τε* FHJ **27** *μηδὲ ὑπομένοντος* melius abessent **31** *ᾧ*] *ὃ* F **32** *οὔ* om. HJLΓ, et erasit E[2] *δὴ*] *δεῖ* J *οὖν* om. E[1] *οὐκ* om. Bekker errore typogr. **33** *καὶ* prius om. F *ὃ καὶ ᾧ* om. E *ὥσπερ καὶ ὅταν* F[2]

dern entweder von gar nichts oder, wenn etwas Gemeinsames für beide besteht, dem Werdenden und Vergehenden, dann davon, wie etwa Körper. Das Wasser aber ist nicht gewachsen und auch nicht die Luft, sondern das eine ging zugrunde, das andere aber entstand. Der Körper aber, wenn überhaupt, ist gewachsen. Doch ist auch dies unmöglich, denn man muß im erklärenden Begriff *wahren*, was dem Wachsenden und Schwindenden zukommt. Dies aber ist dreierlei: nämlich zum einen, daß jeglicher Teil größer wird, wenn die Größe wächst, wie z. B. wenn es sich um Fleisch handelt, vom Fleisch; sowie ⟨zweitens⟩, daß es geschieht, indem etwas dazukommt; und drittens, daß das Wachsende sich erhält und bestehen bleibt. Denn soweit etwas schlechthin wird oder vergeht, bleibt es nicht bestehen, dagegen im Sich-Verändern und im Wachsen oder Schwinden bleibt das Wachsende oder Sich-Verändernde als dasselbe bestehen; hingegen bleibt in dem einen Fall die Beschaffenheit, in dem anderen aber die Größe nicht identisch. Wenn also das eben Beschriebene Wachstum wäre, dann könnte es wachsen, ohne daß doch etwas dazukäme oder bestehen bliebe, und, ohne daß etwas abginge, schwinden und das Wachsende würde nicht bestehen bleiben. Doch muß man dies festhalten; denn vorausgesetzt ist, daß das Wachstum von solcher Art ist.

Ein Problem könnte man auch in der Frage erkennen, welches eigentlich das Wachsende ist: ob *das*, dem etwas hinzugesetzt wird, wie z. B., wenn der Schenkel wächst, eben *er* größer wird, jedoch das, wodurch er wächst, die Nahrung, nicht. Warum also sind nun nicht beide gewachsen? Denn größer ist sowohl das »was« als auch das »wodurch«, wie wenn du Wein mit Wasser gemischt hast: dann ist gleichmäßig beides mehr. Oder verhält sich dies so, weil die Substanz des einen bleibt, die des andern dagegen nicht – etwa die der Nahrung? Auch hier wird es ja als das Überwältigende in der Mischung bezeichnet, | 321 b
nämlich daß es Wein sei: denn es tut die Wirkung des Weines, nicht die des Wassers als Gesamtgemisch. Ähnlich ⟨nun⟩ auch da, wo eine *Veränderung* stattfindet: Wenn Fleisch in seinem Sein und »was ist es« bestehen bleibt, es aber eine Beschaffen-

ὑπάρχει τῶν καθ' αὑτό, ὃ πρότερον οὐχ ὑπῆρχεν, ἠλλοίωται τοῦτο· ᾧ δ' ἠλλοίωται, ὁτὲ μὲν οὐδὲν πέπονθεν, ὁτὲ δὲ κἀκεῖνο. ἀλλὰ τὸ ἀλλοιοῦν καὶ ἡ ἀρχὴ τῆς κινήσεως ἐν τῷ αὐξανομένῳ καὶ τῷ ἀλλοιουμένῳ (ἐν τούτοις γὰρ τὸ κινοῦν)· ἐπεὶ καὶ τὸ εἰσελθὸν γένοιτ' ἄν ποτε μεῖζον καὶ τὸ ἀπολαῦσαν αὐτοῦ σῶμα, οἷον εἰ εἰσελθὸν γένοιτο πνεῦμα—ἀλλ' ἔφθαρταί γε τοῦτο παθόν, καὶ τὸ κινοῦν οὐκ ἐν τούτῳ. ἐπεὶ δὲ διηπόρηται περὶ αὐτῶν ἱκανῶς, δεῖ καὶ τῆς ἀπορίας πειρᾶσθαι λύσιν εὑρεῖν, σῴζοντας τὸ ὑπομένοντός τε τοῦ αὐξανομένου καὶ προσιόντος τινὸς αὐξάνεσθαι, ἀπιόντος δὲ φθίνειν, ἔτι δὲ τὸ ὁτιοῦν σημεῖον αἰσθητὸν ἢ μεῖζον ἢ ἔλαττον γεγονέναι, καὶ μήτε κενὸν εἶναι τὸ σῶμα μήτε δύο ἐν τῷ αὐτῷ τόπῳ μεγέθη μήτε ἀσωμάτῳ αὐξάνεσθαι. ληπτέον δὲ τὸ αἴτιον διορισαμένοις πρῶτον ἓν μὲν ὅτι τὰ ἀνομοιομερῆ αὐξάνεται τῷ τὰ ὁμοιομερῆ αὐξάνεσθαι (σύγκειται γὰρ ἐκ τούτων ἕκαστον), ἔπειθ' ὅτι σὰρξ καὶ ὀστοῦν καὶ ἕκαστον τῶν τοιούτων μορίων ἐστὶ διττόν, ὥσπερ καὶ τῶν ἄλλων τῶν ἐν ὕλῃ εἶδος ἐχόντων· καὶ γὰρ ἡ ὕλη λέγεται καὶ τὸ εἶδος σὰρξ καὶ ὀστοῦν. τὸ οὖν ὁτιοῦν μέρος αὐξάνεσθαι καὶ προσιόντος τινὸς κατὰ μὲν τὸ εἶδός ἐστιν ἐνδεχόμενον, κατὰ δὲ τὴν ὕλην οὐκ ἔστιν. δεῖ γὰρ νοῆσαι ὥσπερ εἴ τις μετροίη τῷ αὐτῷ μέτρῳ ὕδωρ· ἀεὶ γὰρ ἄλλο καὶ ἄλλο τὸ γινόμενον. οὕτω δ' αὐξάνεται ἡ ὕλη τῆς σαρκός, καὶ οὐχ ὁτῳοῦν παντὶ προσγίνεται, ἀλλὰ τὸ μὲν ὑπεκρεῖ τὸ δὲ προσέρχεται, τοῦ δὲ σχή-

b5 *τοῦτο* om. E : *τότε* H   *ᾧ δ' ἠλλοίωται* om. E   post *πέπονθεν* add. *οὐδ' ἠλλοίωται ἡ οὐσία* ΦΓ   *ὁτὲ δὲ*] *οὐδ' ὁτὲ* F   **9** *εἰ* om. EF   **10** *γε*] *τε* E   *παθων* J   *ἐπεὶ δὲ*] *ἐπειδὴ δὲ* FL : *ἐπειδὴ* vel *ἐπειδὴ δὲ* Φ[1]   **13** *αὔξεσθαι* FL   **15** *τὸ* om. L   **16** *μήτε*] *μηδὲ* EJ   *αὔξεσθαι* J   *δὲ*] *δὴ* FLΦ[1]   **17** *τὸ αἴτιον* om. H   *διωρισαμένοις* J   *ἓν* om. L   *ὁμοιομερῆ* E   **19** *ἕκαστον* prius om. E   *ἕκαστον τῶν τοιούτων*] *τούτων ἕκαστον τῶν* L   **20** *διττῶν* E   **22** *καὶ* prius] *ἢ* FL   **25** *δ'*] *δὴ* F : *καὶ* L   **26** *οὐχ*] *οὐχὶ* FHJ   *ὁτῳοῦν*] *οὕτωοῦν* E

heit, die ihm selbst zugehört, gibt, die vorher nicht da war, dann wurde dieses verändert; das dagegen, wodurch die Änderung erfolgte, hat manchmal gar nichts erlitten, manchmal aber auch jenes. Indessen liegt das Ändernde und das Prinzip der Bewegung in dem Wachsenden und dem Veränderten (in ihnen nämlich ist das Bewegende), obwohl manchmal ebenso das Hineingekommene wie auch der davon profitierende Körper größer geworden sein können, etwa wenn das Hineingekommene Pneuma würde. Aber indem ihm das widerfuhr, ging es zugrunde, und das Bewegende liegt nicht in ihm.

Nachdem nun aber die diesbezüglichen Probleme hinreichend entfaltet sind, muß man versuchen, auch die Lösung der Aporie zu finden; dabei halten wir fest, daß es sich, wenn das Wachsende weiterbesteht und etwas hinzukommt, um Wachsen, kommt dagegen etwas weg, um Schwinden handelt; ferner daß es an jeder nur wahrnehmbaren Stelle größer oder kleiner geworden ist; und daß der Körper weder leer ist noch zwei Größen an demselben Ort existieren, noch es ein Wachsen durch Unkörperliches gibt. Zu erfassen für die Bestimmung der Ursache ist aber *zuerst* eines: daß die ungleichteiligen ⟨Glieder⟩ dadurch wachsen, daß die Homoiomere wachsen (denn aus
ihnen ist jedes zusammengesetzt); *danach*, daß Fleisch und b 18
Knochen und jeder solche Teil ein Zwitter ist, wie auch alle übrigen Dinge, die ihre Form in einer Materie besitzen: denn sowohl die Materie als auch die Form werden unter Fleisch und Knochen verstanden. Daß nun jeglicher Teil wächst und zwar indem etwas dazukommt, das ist wohl gemäß der Form annehmbar, aber gemäß der Materie nicht möglich. Denn man muß es so denken, wie wenn jemand Wasser mäße mit demselben Maß: denn immer ist das Werdende anderes und anderes. So aber wächst die Fleisch*materie*, und es entsteht nicht für jeden beliebigen Teil Zuwachs, sondern das eine fließt heraus, das andere kommt hinzu; hingegen von der Figur und

321 b 18 f. *ἐκ τούτων ἕκαστον* (aus ihnen ist jedes) mit Joachim nach **b** : ἐκ τούτων Rashed nach **a**

ματος καὶ τοῦ εἴδους ὁτῳοῦν μορίῳ. ἐπὶ τῶν ἀνομοιομερῶν δὲ τοῦτο μᾶλλον δῆλον, οἷον χειρός, ὅτι ἀνάλογον ηὔξηται—ἡ γὰρ ὕλη ἑτέρα οὖσα δήλη μᾶλλον τοῦ εἴδους ἐνταῦθα ἢ ἐπὶ σαρκὸς καὶ τῶν ὁμοιομερῶν, διὸ καὶ τεθνεῶτος μᾶλλον ἂν δόξειεν εἶναι ἔτι σὰρξ καὶ ὀστοῦν ἢ χεὶρ καὶ βραχίων. ὥστε ἔστι μὲν ὡς ὁτιοῦν τῆς σαρκὸς ηὔξηται, ἔστι δ᾽ ὡς οὔ· κατὰ μὲν γὰρ τὸ εἶδος ὁτῳοῦν προσελήλυθεν, κατὰ δὲ τὴν ὕλην οὔ. μεῖζον μέντοι τὸ ὅλον γέγονε προσελθόντος μέν τινος, ὃ κα-
322a λεῖται τροφὴ καὶ ἐναντίον, μεταβάλλοντος δὲ εἰς τὸ αὐτὸ εἶδος, οἷον εἰ ξηρῷ προσίοι ὑγρόν, προσελθὸν δὲ μεταβάλλοι καὶ γένοιτο ξηρόν· ἔστι μὲν γὰρ ὡς τὸ ὅμοιον ὁμοίῳ αὐξάνεται, ἔστι δ᾽ ὡς ἀνομοίῳ. ἀπορήσειε δ᾽ ἄν τις ποῖόν τι δεῖ εἶναι τὸ ᾧ αὐξάνεται. φανερὸν δὴ ὅτι δυνάμει ἐκεῖνο, οἷον εἰ σὰρξ δυνάμει σάρκα· ἐντελεχείᾳ ἄρα ἄλλο. φθαρὲν δὴ τοῦτο σὰρξ γέγονεν· οὐκοῦν οὐ τοῦτο αὐτὸ καθ᾽ αὑτό (γένεσις γὰρ ἂν ἦν, οὐκ αὔξησις) ἀλλὰ τὸ αὐξανόμενον τούτῳ. τί οὖν παθὸν ὑπὸ τούτου [ηὐξήθη]; ἢ μιχθέν, ὥσπερ οἴνῳ εἴ τις ἐπιχέοι ὕδωρ, ὁ δὲ δύναιτο οἶνον ποιεῖν τὸ μιχθέν; καὶ ὥσπερ τὸ πῦρ ἁψάμενον τοῦ καυστοῦ, οὕτως ἐν τῷ αὐξανομένῳ καὶ ὄντι ἐντελεχείᾳ σαρκὶ τὸ ἐνὸν αὐξητικὸν προσελθόντος δυνάμει σαρ-

28 *ὁτοοῦν μόριον* E[1] *δὲ* ante *τῶν* ponunt FHL **31** *ἂν* om. F **32** *ἔτι εἶναι* J *βραχείων* J **34** *μὲν*] *μέντοι* F **35** *γέγονε τὸ ὅλον* EL **a1** *ἐναντίου* EJ **2** *προσίοι*] *προστεθῇ* E : *προσίῃ* L *μεταβάλοι* EL **3** *ὡς* supra lin. add. J **4** *ἀπορήσαι* E *τὸ* om. E **5** *αὔξεται* F **7** *τοῦτο* om. L *καθ᾽ αὑτό* om. E *ἂν* om. F **9** *ηὐξήθη* aut eiiciendum, aut post 8 *τούτῳ* legendum, aut *ηὔξησεν* cum Φ[c] (p. 117. 12) scribendum *ὥσπερ ὑγρῷ ἢ οἴνῳ* (*ἢ* tamen sec. manu addito) E : *ὥσπερ ἂν οἴνω* H *εἴ* om. E : *εἴ τις* ante *οἴνῳ* ponit L *ἐπιχέαι* HJ : *ἐπιχεεῖ* fecit E[2] **10** *δύνατο* E : *δύναται* F *καὶ* HΦ[c] : om. EFJLΓ

der Form sehr wohl für einen beliebigen Teil. Bei den ungleichteiligen ⟨Gliedern⟩ ist dies aber noch deutlicher, etwa bei der Hand: daß sie nämlich proportional wächst; denn die Materie ist hier eher deutlich in ihrer Differenz zur Form als bei Fleisch und den Homoiomeren. Deshalb dürften bei einem Toten eher Fleisch und Knochen noch zu existieren scheinen als die Hand oder der Arm. Folglich gibt es eine Weise, in der jeder Teil des Fleisches gewachsen ist, und eine andere, in der dies nicht der Fall ist. Denn der Form nach ist für jeden beliebigen etwas hinzugekommen, der Materie nach dagegen nicht.

Größer geworden ist das Ganze allerdings, indem etwas hin-
zukam, das Nahrung | genannt wird und sich von einem Gegen- 322a
sätzlichen in dieselbe Form wandelt: wie etwa wenn zum Trok- a1
kenen Nasses käme, aber angekommen sich verwandelte und
Trockenes würde. Denn es gibt eine Weise, in der das Gleiche
durch Gleiches wächst, eine andere, in der durch Ungleiches.
Doch könnte man da eine Aporie sehen, von welcher Beschaf-
fenheit dasjenige sein muß, wodurch es wächst. Klar ist immer-
hin, daß es der Möglichkeit nach jenes ist, etwa wenn es sich
um Fleisch handelt, Fleisch der Möglichkeit nach; folglich in
wirklicher Vollendung anderes. Indem dies verging, kam also
Fleisch zustande; natürlich nicht dies an sich (denn das wäre
Werden, nicht Wachstum), sondern das durch es wachsende.
Was also erlitt es von diesem, daß es nun wächst? Oder hat in- a9
folge der Mischung – wie wenn man dem Wein Wasser zugösse,
der jedoch das Gemischte zu Wein machen könnte, wie Feuer a10
das Brennbare entzündet – so auch das in dem wachsenden
und vollendet wirklichen Fleisch liegende Wachstumsvermö-
gen, indem Fleisch der Möglichkeit nach hinzukam, es in wirk- a13

322a1 *ἐναντίου* (von einem Gegensätzlichen) mit Rashed nach den ältesten von **a** und **b** : ἐναντίον Joachim nach jüngeren Hss. **322a9** *ηὐξήθη* (daß es nun wächst) mit Rashed nach **a** und **b** : [ηὐξήθη] Joachim **322a10** *οἶνον ποιεῖν τὸ μιχθέν (ὥσπερ* (das Gemischte zu Wein machen könnte, wie) mit Rashed nach **a** und **b** : οἶνον ποιεῖν τὸ μιχθέν; καὶ ὥσπερ (καὶ nur in H) Joachim **322a13** *ἐντελεχείᾳ* (es in wirklicher Vollendung) mit Rashed nach **a** : ἐντελεχείᾳ σάρκα Joachim nach **b**

κὸς ἐποίησεν ἐντελεχείᾳ σάρκα. οὐκοῦν ἅμα ὄντος· εἰ γὰρ χωρίς, γένεσις. ἔστι μὲν γὰρ οὕτω πῦρ ποιῆσαι ἐπὶ τὸ ὑπάρχον ἐπιθέντα ξύλα· ἀλλ' οὕτω μὲν αὔξησις, ὅταν δὲ αὐτὰ τὰ ξύλα ἀφθῇ, γένεσις. ποσὸν δὲ τὸ μὲν καθόλου οὐ γίνεται, ὥσπερ οὐδὲ ζῷον ὃ μήτ' ἄνθρωπος μήτε τῶν καθ' ἕκαστα (ἀλλ' ὡς ἐνταῦθα τὸ καθόλου, κἀκεῖ τὸ ποσόν), σὰρξ δὲ ἢ ὀστοῦν ἢ χεὶρ ⟨ἢ βραχίων⟩ καὶ τούτων τὰ ὁμοιομερῆ· προσελθόντος μὲν δή τινος ποσοῦ, ἀλλ' οὐ σαρκὸς ποσῆς. ᾗ μὲν οὖν δυνάμει τὸ συναμφότερον, οἷον ποσὴ σάρξ, ταύτῃ μὲν αὔξει (καὶ γὰρ ποσὴν δεῖ γίνεσθαι καὶ σάρκα), ᾗ δὲ μόνον σάρξ, τρέφει· ταύτῃ γὰρ διαφέρει τροφὴ καὶ αὔξησις τῷ λόγῳ. διὸ τρέφεται μὲν ἕως ἂν σώζηται καὶ φθῖνον, αὔξεται δὲ οὐκ ἀεί, καὶ ἡ τροφὴ τῇ αὐξήσει τὸ αὐτὸ μέν, τὸ δ' εἶναι ἄλλο· ᾗ μὲν γάρ ἐστι τὸ προσιὸν δυνάμει ποσὴ σάρξ, ταύτῃ μὲν αὐξητικὸν σαρκός, ᾗ δὲ μόνον δυνάμει σάρξ, τροφή. τοῦτο δὲ τὸ εἶδος [ἄνευ ὕλης], οἷον αὐλός, δύναμίς τις ἐν ὕλῃ ἐστίν. ἐὰν δή τις προσίῃ ὕλη, οὖσα δυνάμει αὐλός, ἔχουσα καὶ τὸ ποσὸν δυνάμει, οὗτοι ἔσονται μείζους αὐλοί. ἐὰν δὲ μηκέτι ποιεῖν δύνηται, ἀλλ' οἷον ὕδωρ οἴνῳ ἀεὶ πλεῖον μιγνύμενον τέλος ὑδαρῆ ποιεῖ καὶ ὕδωρ, τότε φθίσιν ποιήσει τοῦ ποσοῦ· τὸ δ' εἶδος μένει.

13 *σάρκα* om. E **14** *ἔστι* ... 16 *γένεσις* om. L **15** *ἐπιτιθέντα* F : adiungentes Γ **17** *μήτε τι τῶν* HΦ[1]Γ, fort. recte **19** *δὲ*] *δὲ γοῦν* L[2] *ἢ χεὶρ ἢ ὀστοῦν* JΦ[1] *ἢ νεῦρα* post *χεὶρ* add. D[b] : *ἢ βραχίων* e coni. addidi, coll. 321b32 **20** *μὲν δή* om. L : *μὲν* om. Φ[1] **21** *ἀμφότερον* E[1] **22** *δεῖ*] *ἀεὶ* E *γενέσθαι* J *μόνη* Φ[1] **23** *ταύτῃ γὰρ*] *ταύτῃ καὶ γὰρ ταύτῃ* E, et F qui *ταύτῃ* secundum supra lin. add. : *ταύτῃ· καὶ γὰρ* Φ[1] **24** *φθῖνον*] *φθίνῃ* (correcto *η*) E : *φθίνῃ* H : *φθίνει* F *αὐξάνεται* EL **25** *αὐξήσει*] *αὔξη* H : *αὔξῃ* J *μέν, τὸ*] *μέν, τῷ* F **26** *δ'* om. E **27** *σάρξ, ὃ ταύτῃ* E **28** *ἄνευ ὕλης* seclusi, vide infra ad v. 29 *δύναμίς τις*] *τις δύναμις* Φ[1] **28** et **30** *ἄϋλος*, **31** *ἄϋλοι* codd. omnes, Φ et Bekker : *αὐλός* et *αὐλοί* scripsi, coll. Φ[c] (pp. 109. 26–110. 7) : 'tibia' et 'tibiae' vertit Vatablus **29** post *ἐστίν* add. prima manu *ὁμοίως δὲ καὶ ἄλλο τι οὖν ὄργανον* J, inter *ἄλλο* et *τι* suprascr. *ὅ*. Habent etiam eadem verba Γ et Vatablus, sed una cum *ἄνευ ὕλης* (v. 28) eieci : suspicor enim haec omnia, ad explicandum *αὐλός* vel *ἄϋλος* in margine ascripta, inde in textum irrepsisse *δή*] *δέ* FHJL, et fecit E *προσίοι* F **31** *δύναται* EF *οἴνῳ ὕδωρ* ELΦ[1] **32** *ποιεῖ*] *ποιῇ* fecit E **33** *ποιήσει*] om. E : *ποιει* et in spatio trium litterarum incerta quaedam F : *ποιεῖται* L

licher Vollendung hervorgebracht? Also während es zugleich existiert – denn wenn separat, läge Entstehung vor. Denn auf diese Weise ist es möglich, Feuer zu machen zu vorhandenem hinzu, indem man Holz dazulegt. So ist es aber Wachstum, während, wenn die Hölzer selbst angezündet wurden, Werden. Die Quantität aber kommt nicht als allgemeine zustande, so wie auch nicht ein Lebewesen, das weder ein Mensch noch ⟨sonst⟩ eines von den einzelnen ist (sondern wie hier das Allgemeine, so dort die Quantität), sondern vielmehr als Fleisch
oder Knochen oder Hand, d.h. die Homoiomere dieser Dinge; a 19
also indem eine bestimmte Quantität hinzukommt, aber nicht
die Quantität Fleisch. Insofern es nun der Möglichkeit nach *
das alles beides ist, z.B. *die* Quantität *Fleisch*, insofern löst es Wachsen aus (denn es muß sowohl die Quantität entstehen als auch Fleisch), soweit dagegen nur Fleisch, Ernähren. Denn in dieser Hinsicht unterscheiden sich Ernährung und Wachstum dem Begriffe nach. Deshalb nährt es sich, solange es sich erhält – auch im Schwinden; aber nicht immer wächst es; und die Ernährung ist mit dem Wachstum zwar identisch, aber das Sein ist ein anderes: Denn inwiefern das Hinzukommende der Möglichkeit nach *die* Quantität Fleisch ist, insofern ist ein Wachstumsvermögen von Fleisch da, insofern es nur
der Möglichkeit nach *Fleisch* ist, Ernährung. Diese Form ohne *
Materie aber – etwa Röhre – ist ein bestimmtes Vermögen in * a 28
Materie. Wenn also irgendeine Materie dazukommt, die der Möglichkeit nach Röhre ist und auch *die* Quantität der Mög-
lichkeit nach besitzt, werden diese Röhren größer sein. Wenn a 30
sie dagegen nicht mehr weiter Wirkung zu machen imstande ist, sondern wie Wasser dem Wein immer mehr zugemischt ihn am Ende wässrig und zu Wasser macht, dann wird sie ein
Schwinden der Quantität bewirken, die Form aber bleibt. | * a 33

322 a 19 *ἢ χεὶρ* (oder Hand) mit Rashed nach **a** und **b** : ἢ χεὶρ ⟨ἢ βραχίων⟩ Joachim **322 a 28** *ἄνευ ὕλης* (ohne Materie) mit Rashed nach **a** und **b** : [ἄνευ ὕλης] Joachim **322 a 30** *οὗτοι* (diese) mit Joachim nach **a** und **b** : οὗτοι Rashed nach Ar. **322 a 33** Z. 33 hinter ποσοῦ: *τὸ δ' εἶδος μένει* (die Form aber bleibt) mit Joachim nach **a** und **b** : Z. 28 hinter τροφή:

322b Ἐπεὶ δὲ πρῶτον δεῖ περὶ τῆς ὕλης καὶ τῶν καλουμένων στοιχείων εἰπεῖν, εἴτ' ἐστὶν εἴτε μή, καὶ πότερον ἀΐδιον ἕκαστον ἢ γίγνεταί πως, καὶ εἰ γίνεται, πότερον ἐξ ἀλλήλων γίνεται πάντα τὸν αὐτὸν τρόπον ἤ τι πρῶτον ἓν αὐτῶν ἐστιν—ἀνάγκη δὴ πρότερον εἰπεῖν περὶ ὧν ἀδιορίστως λέγεται νῦν. πάντες γὰρ οἵ τε τὰ στοιχεῖα γεννῶντες καὶ οἱ τὰ ἐκ τῶν στοιχείων διακρίσει χρῶνται καὶ συγκρίσει καὶ τῷ ποιεῖν καὶ πάσχειν. ἔστι δ' ἡ σύγκρισις μίξις· πῶς δὲ μίγνυσθαι λέγομεν, οὐ διώρισται σαφῶς. ἀλλὰ μὴν οὐδ' ἀλλοιοῦσθαι δυνατόν, οὐδὲ διακρίνεσθαι καὶ συγκρίνεσθαι, μηδενὸς ποιοῦντος μηδὲ πάσχοντος. καὶ γὰρ οἱ πλείω τὰ στοιχεῖα ποιοῦντες γεννῶσι τῷ ποιεῖν καὶ πάσχειν ὑπ' ἀλλήλων, καὶ τοῖς ἐξ ἑνὸς ἀνάγκη λέγειν τὴν ποίησιν· και τοῦτ' ὀρθῶς λέγει Διογένης, ὅτι εἰ μὴ ἦν ἐξ ἑνὸς ἅπαντα, οὐκ ἂν ἦν τὸ ποιεῖν καὶ τὸ πάσχειν ὑπ' ἀλλήλων, οἷον τὸ θερμὸν ψύχεσθαι καὶ τοῦτο θερμαίνεσθαι πάλιν—οὐ γὰρ ἡ θερμότης μεταβάλλει καὶ ἡ ψυχρότης εἰς ἄλληλα, ἀλλὰ δῆλον ὅτι τὸ ὑποκείμενον, ὥστε ἐν οἷς τὸ ποιεῖν ἐστι καὶ τὸ πάσχειν, ἀνάγκη τούτων μίαν εἶναι τὴν ὑποκειμένην φύσιν. τὸ μὲν οὖν πάντα τοιαῦτα εἶναι φάσκειν οὐκ ἀληθές, ἀλλ' ἐν ὅσοις τὸ ὑπ' ἀλλήλων ἐστίν. ἀλλὰ μὴν εἰ περὶ τοῦ ποιεῖν καὶ πάσχειν καὶ περὶ μίξεως θεωρητέον, ἀνάγκη καὶ περὶ ἁφῆς· οὔτε γὰρ ποιεῖν ταῦτα καὶ πάσχειν δύναται κυρίως ἃ μὴ οἷόν τε ἅψασθαι ἀλλήλων, οὔτε μὴ ἁψάμενά πως ἐνδέχεται μιχθῆναι πρῶτον· ὥστε περὶ τριῶν τούτων διοριστέον, τί ἁφὴ καὶ 16

b 1 *ἐπεὶ*] *ἐπειδὴ* F **3** *γίγνεταί*] *γίγνονται* E : *γίνονται* Φ *πως ... γίνεται* om. E[1] **4** *γίγνονται* E *ἢ*] *εἰ* J *πρῶτον*] *πρότερον* FHJ, sed *γρ.* *πρῶτον* supra lin. add. F **5** *δὴ* om. EΦ *πρότερον*] *πρῶτον* L **6** *τε* om. L **8** *καὶ τῷ πάσχειν* FH **10** *οὐδὲ γὰρ διακρίνεσθαι* H **12** *τῷ*] *τὸ* E *καὶ τῷ πάσχειν* HJ *ὑπ' ἀλλήλων* om. EJ *καὶ τοῖς*] *καίτοι* (addito supra lin. *ς*) J : *γρ. καίτοι* add. supra lin. F **14** *ἐξ ἑνὸς ἦν* ELΦ[1] **15** *τὸ* prius om. LΦ[1] **16** *τοῦτο*] *τὸ ὕδωρ* E **18** *ἐστι* om. FH *τὸ* ante *πάσχειν* om. E **20** *εἶναι τοιαῦτα* EL **23** *οἷόν τε*] *οἴονται* J **24** *ἀλλήλων ἅψασθαι* F *ἁψάμενα ἀλλήλων πως* F **25** *τριῶν τούτων*] *τῶν τοιούτων* H

Kapitel 6. Da es zuerst gilt, über die Materie und die soge- 322b
nannten Elemente zu sprechen: ob sie existieren oder nicht und ob jedes immerwährend ist oder irgendwie *wird*, und, wenn sie werden, ob sie alle in derselben Weise auseinander werden, oder eines von ihnen ein Primäres ist, so ist es notwendig, zuvor über die Dinge zu sprechen, die man bislang ohne klare Unterscheidungen bezeichnet. Denn alle, welche die Elemente erzeugen, wie auch die, welche die Dinge aus den Elementen, machen Gebrauch von Trennung und Zusammenschluß und von Wirken und Leiden. Nun ist der Zusammenschluß ›Mischung‹; wie wir aber Gemischt-Werden verstehen, wird nicht klar auseinandergesetzt. Doch ist sicher nicht einmal Sich-Verändern möglich, ebenso wenig wie Sich-Trennen und Sich-Zusammenschließen, ohne daß irgendein Wirken und Leiden vonstatten ginge. Denn genauso wie die, die mehrere
Elemente ansetzen, durch [wechselseitiges] Wirken und Lei- b12
den erzeugen, so ist es auch für die, die aus Einem ⟨erzeugen⟩, notwendig, Einwirkung zu erklären; und dies sagt Diogenes
ganz richtig, daß es, wenn nicht alles aus Einem wäre, kein *
wechselseitiges Wirken und Leiden gäbe, wie etwa daß Warmes abgekühlt wird und dies wiederum erwärmt. Denn nicht die Wärme und Kälte verwandeln sich ineinander, sondern klarerweise das Zugrundeliegende, so daß von Dingen, bei denen Wirken und Leiden stattfindet, notwendigerweise die zugrundeliegende Natur *eine* ist. Zu behaupten, daß nun alles von solcher Art sei, ist zwar nicht wahr, wohl aber ist es so bei allen Dingen, die unter wechselseitigem Kausaleinfluss stehen. Wenn aber Betrachtungen über Wirken und Leiden sowie über Mischung anzustellen sind, dann notwendig auch über Berührung. Denn weder kann dasjenige in eigentlichem Sinne wirken und leiden, was nicht imstande ist, einander zu berühren, noch kann, was sich nicht irgendwie berührt, zuallererst vermischt sein. So daß über diese drei Dinge Unterscheidungen

τὸ δ' εἶδος μένει Rashed **322b12** [*ὑπ' ἀλλήλων*] ([wechselseitiges]) mit Rashed nach **a** und **b** (überwiegend) : ὑπ' ἀλλήλων Joachim nach FH**L**

τί μίξις καὶ τί ποίησις. ἀρχὴν δὲ λάβωμεν τήνδε. ἀνάγκη γὰρ τῶν ὄντων ὅσοις ἐστὶ μίξις, εἶναι ταῦτ᾽ ἀλλήλων ἁπτικά, κἂν εἴ τι ποιεῖ, τὸ δὲ πάσχει κυρίως, καὶ τούτοις ὡσαύτως· διὸ πρῶτον λεκτέον περὶ ἁφῆς. σχεδὸν μὲν οὖν ὥσπερ καὶ τῶν ἄλλων ὀνομάτων ἕκαστον λέγεται πολλαχῶς, καὶ τὰ μὲν ὁμωνύμως τὰ δὲ θάτερα ἀπὸ τῶν ἑτέρων καὶ τῶν προτέρων, οὕτως ἔχει καὶ περὶ ἁφῆς. ὅμως δὲ τὸ κυρίως λεγόμενον ὑπάρχει τοῖς ἔχουσι θέσιν, θέσις δ᾽ οἷσπερ
323a καὶ τόπος· καὶ γὰρ τοῖς μαθηματικοῖς ὁμοίως ἀποδοτέον ἁφὴν καὶ τόπον, εἴτ᾽ ἐστὶ κεχωρισμένον ἕκαστον αὐτῶν εἴτ᾽ ἄλλον τρόπον. εἰ οὖν ἐστίν, ὥσπερ διωρίσθη πρότερον, τὸ ἅπτεσθαι τὸ τὰ ἔσχατα ἔχειν ἅμα, ταῦτα ἂν ἅπτοιτο ἀλλήλων ὅσα διῃρημένα μεγέθη καὶ θέσιν ἔχοντα ἅμα ἔχει τὰ ἔσχατα. ἐπεὶ δὲ θέσις μὲν ὅσοις καὶ τόπος ὑπάρχει, τόπου δὲ διαφορὰ πρώτη τὸ ἄνω καὶ τὸ κάτω καὶ τὰ τοιαῦτα τῶν ἀντικειμένων, ἅπαντα τὰ ἀλλήλων ἁπτόμενα βάρος ἂν ἔχοι ἢ κουφότητα, ἢ ἄμφω ἢ θάτερον· τὰ δὲ τοιαῦτα παθητικὰ καὶ ποιητικά· ὥστε φανερὸν ὅτι ταῦτα ἅπτεσθαι πέφυκεν ἀλλήλων, ὧν διῃρημένων μεγεθῶν ἅμα τὰ ἔσχατά ἐστιν, ὄντων κινητικῶν καὶ κινητῶν ὑπ᾽ ἀλλήλων. ἐπεὶ δὲ τὸ κινοῦν οὐχ ὁμοίως κινεῖ τὸ κινούμενον, ἀλλὰ τὸ μὲν ἀνάγκη κινούμενον καὶ αὐτὸ κινεῖν, τὸ δ᾽ ἀκίνητον ὄν, δῆλον ὅτι καὶ ἐπὶ τοῦ ποιοῦντος ἐροῦμεν ὡσαύτως· καὶ γὰρ τὸ κινοῦν ποιεῖν τί φασι

27 *τῶν ὄντων* post *μίξις* ponit F *ὅσοις*] *οἷς* EHΦ[1] **28** *ποιεῖ*] *ποιῇ* EFHL *πάσχει*] *πάσχῃ* H **31** *ὁμονύμως* J *τῶν* om. F **a 2** *ἐστὶ*] *ἔσται* L **3** *τρόπον ἄλλον* EΦ[1] **4** *ἅπτοιντο* F **5** *διῃρημένα* scripsi, cf. 323 a 11 : *διωρισμένα* codd. et Φ[c] *ἔχει*] *ἔχειν* L **7** *πρώτη* post *κάτω* ponit F *τὸ* ante *κάτω* om. EL **8** *τὰ* om. E *ἔχοι*] *ἔχῃ* F **12** *κινητῶν καὶ κινητικῶν* FHL *ἐπεὶ*] *ἐπὶ* E **14** *ὄν* add. supra lin. J **15** *κινοῦν*] *κινεῖν* L

zu treffen sind: was Berührung, was Mischung und was Einwirkung ist.

Dabei wollen wir folgenden Ausgangspunkt wählen: Daß notwendig alle Dinge, für die es Mischung gibt, fähig sind, einander zu berühren, sowie genauso die, wo, wenn etwas wirkt, das andere leidet im eigentlichen Sinn. Deshalb ist zuerst von der Berührung zu reden. Ungefähr so nun, wie auch andere Bezeichnungen auf vielfältige Weise ausgesagt werden, und die einen homonym, andere so sind, daß manche Bedeutungen von anderen und früheren herkommen, steht es auch mit der Berührung. Dennoch kommt das eigentlich darunter Verstandene Dingen zu, die eine Lage besitzen, Lage aber jedenfalls denen, | denen auch Ort (auch den mathematischen Dingen ist * 323a
nämlich gleichermaßen Berührung und Ort zu erteilen, ob derartige Dinge nun getrennt existieren, oder in anderer Weise). Wenn nun, wie früher auseinandergesetzt, das Berühren das Zugleichhaben der äußersten ⟨Grenzen⟩ ist, so dürfte all das *wechselseitig* in Berührung sein, was als geschiedene Größen und Lage besitzend seine äußersten ⟨Grenzen⟩ zugleich hat. Da aber Lage allem zukommt, dem auch ein Ort, aber vom Ort die primäre Differenz das ›oben‹ und das ›unten‹ und dergleichen Gegensätze sind, hat wohl alles, was einander berührt, Schwere oder Leichtigkeit – entweder beides oder eines davon. *
Solches aber ist fähig zu leiden und zu wirken. So daß offenbar dasjenige von Natur aus in wechselseitiger Berührung steht, was als gesonderte Größen seine äußersten ⟨Grenzen⟩ zugleich hat und dabei fähig ist, einander zu bewegen und Bewegung zu erfahren.

Da aber das Bewegende das Bewegte nicht ⟨immer⟩ auf gleiche Weise bewegt, sondern das eine notwendig als ein Bewegtes auch selbst bewegt, das andere dagegen als Unbewegtes, so ist klar, daß wir auch beim Bewirkenden genauso sprechen werden; denn man sagt sowohl, daß das Bewegende etwas wirke

323a5 *διωρισμένα* (geschiedene) mit Rashed nach **a** und **b** : διῃρημένα Joachim

καὶ τὸ ποιοῦν κινεῖν. οὐ μὴν ἀλλὰ διαφέρει γε καὶ δεῖ διορίζειν—οὐ γὰρ οἷόν τε πᾶν τὸ κινοῦν ποιεῖν, εἴπερ τὸ ποιοῦν ἀντιθήσομεν τῷ πάσχοντι, τοῦτο δ' οἷς ἡ κίνησις πάθος, πάθος δὲ καθ' ὅσον ἀλλοιοῦται μόνον, οἷον τὸ λευκὸν καὶ τὸ θερμόν, ἀλλὰ τὸ κινεῖν ἐπὶ πλέον τοῦ ποιεῖν ἐστιν—ἐκεῖνο δ' οὖν φανερόν, ὅτι ἔστι μὲν ὡς τὰ κινητικὰ τῶν κινητῶν ἅπτοιτ' ἄν, ἔστι δ' ὡς οὔ. ἀλλ' ὁ διορισμὸς τοῦ ἅπτεσθαι καθόλου μὲν ὁ τῶν θέσιν ἐχόντων καὶ τοῦ μὲν κινητικοῦ τοῦ δὲ κινητοῦ, πρὸς ἄλληλα δέ, κινητικοῦ καὶ κινητοῦ ἐν οἷς ὑπάρχει τὸ ποιεῖν καὶ τὸ πάσχειν. ἔστι μὲν οὖν ὡς ἐπὶ τὸ πολὺ τὸ ἁπτόμενον ἁπτομένου ἁπτόμενον—καὶ γὰρ κινεῖ κινούμενα πάντα σχεδὸν τὰ ἐμποδών, ὅσοις ἀνάγκη καὶ φαίνεται τὸ ἁπτόμενον ἅπτεσθαι ἁπτομένου. ἔστι δ', ὡς ἐνίοτέ φαμεν, τὸ κινοῦν ἅπτεσθαι μόνον τοῦ κινουμένου, τὸ δ' ἁπτόμενον μὴ ἅπτεσθαι ἁπτομένου—ἀλλὰ διὰ τὸ κινεῖν κινούμενα τὰ ὁμογενῆ, ἀνάγκη δοκεῖ εἶναι ἁπτομένου ἅπτεσθαι, ὥστε εἴ τι κινεῖ ἀκίνητον ὄν, ἐκεῖνο μὲν ἂν ἅπτοιτο τοῦ κινητοῦ, ἐκείνου δὲ οὐδέν—φαμὲν γὰρ ἐνίοτε τὸν λυποῦντα ἅπτεσθαι ἡμῶν, ἀλλ' οὐκ αὐτοὶ ἐκείνου. περὶ μὲν οὖν ἁφῆς τῆς ἐν τοῖς φυσικοῖς διωρίσθω τοῦτον τὸν τρόπον·

16 *ποιοῦν*] *ποιεῖν* L *διαφέρει καὶ δεῖ* E, sed *ει καὶ δεῖ* fecit in loco plurium capace **17** *τὸ κινοῦν πᾶν* FHJ *ποιοῦν*] *ποιεῖν* FHJ **19** *τὸ* utrumque om. J *τὸ θερμὸν καὶ τὸ λευκόν* F **20** *κινεῖν*] *κινοῦν* E *πλεῖον* H **21** *κινητικὰ*] *ἀκίνητα* F : incertum E[1] : *κινοῦντα* LΦ, et fecit E[2] : motiva immobilia tangunt Γ *κινητῶν*] *κινουμένων* Φ **22** *ὡς* om. E *ὁ* post *μὲν* om. Φ[1] (codd. RZ) **24** *δέ* om. E *κινητοῦ καὶ κινητικοῦ* EΦ *ὑπάρχειν* E **25** *τὸ* post *καὶ* om. L *τὸ* post *ἐπὶ* om. E **27** *ὅσοις*] *οἷς* Φ *καὶ* om. J **28** *ἔστι* … 29 *ἁπτομένου* om. F **29** *μόνον*] *μόνου* F **30** *ὁμοιογενῆ* EHJ[2] *δοκεῖ*] *δοκεῖν* EFHL **31** *κεῖνο* E **32** *ἂν* om. HJ *κείνου* E

als auch, daß das Bewirkende bewege. Allerdings besteht doch ein Unterschied und man muß es auseinanderhalten – denn es kann nicht sein, daß jedes Bewegen ein Bewirken ist, jedenfalls wenn wir das Wirkende dem Leidenden entgegensetzen; dies aber bei Dingen, wo die Bewegung Erleiden von Einwirkung ist, Erleiden von Einwirkung aber liegt vor, soweit es *verändert* wird, wie z. B. in bezug auf das Weiße und das Warme, während das Bewegen mehr Fälle umfaßt als Einwirken. – Jenes aber ist demnach klar, daß es eine Weise gibt, in der das Bewegungskräftige das Bewegbare sehr wohl berührt, und eine andere, in der nicht.

Doch ist die Begriffsbestimmung des Berührens, allgemein genommen, eine, die von Dingen gilt, die Lage besitzen und wo das eine bewegungskräftig, das andere beweglich ist, im Verhältnis zueinander dagegen eine, wo Bewegungskräftiges und Bewegbares zu den Dingen zählen, bei denen Wirken und Leiden stattfinden. Nun ist es zwar in den meisten Fällen so, daß das Berührende ein Wiederberührendes berührt; denn beinahe alles bewegt ja als ein Bewegtes – bei den Dingen, die man antrifft, wo es dann notwendig und auch offensichtlich so ist, daß das Berührende ein Wiederberührendes berührt. Doch gibt es Fälle, wo wir sagen, daß das Bewegende nur das Bewegte berühre, das Berührende aber nicht ein Berührendes berühre – obwohl dadurch, daß bewegte Dinge gattungsgleiche bewegen, der Schein entsteht, als sei es notwendig, daß es Berührendes berühre. Wenn daher etwas als ein Unbewegtes bewegt, dürfte jenes einerseits wohl das Bewegbare berühren, doch jenes andere nichts; denn in manchen Fällen reden wir so: daß der Kränkende uns berühre, aber wir selbst nicht jenen. In Beziehung auf Berührung unter physischen Dingen seien nun auf diese Art die fälligen Unterscheidungen getroffen. |

323b περὶ δὲ τοῦ ποιεῖν καὶ πάσχειν λεκτέον ἐφεξῆς. παρειλήφαμεν δὲ παρὰ τῶν πρότερον ὑπεναντίους ἀλλήλοις λόγους. οἱ μὲν γὰρ πλεῖστοι τοῦτό γε ὁμονοητικῶς λέγουσιν, ὡς τὸ μὲν ὅμοιον ὑπὸ τοῦ ὁμοίου πᾶν ἀπαθές ἐστι διὰ τὸ μηδὲν μᾶλλον ποιητικὸν ἢ παθητικὸν εἶναι θάτερον θατέρου (πάντα γὰρ ὁμοίως ὑπάρχειν ταὐτὰ τοῖς ὁμοίοις), τὰ δ' ἀνόμοια καὶ τὰ διάφορα ποιεῖν καὶ πάσχειν ἄλληλα πέφυκεν· καὶ γὰρ ὅταν τὸ ἔλαττον πῦρ ὑπὸ τοῦ πλείονος φθείρηται, διὰ τὴν ἐναντίωσιν τοῦτό φασι πάσχειν, ἐναντίον γὰρ εἶναι τὸ πολὺ τῷ ὀλίγῳ. Δημόκριτος δὲ παρὰ τοὺς ἄλλους ἰδίως ἔλεξε μόνος· φησὶ γὰρ τὸ αὐτὸ καὶ ὅμοιον εἶναι τό τε ποιοῦν καὶ τὸ πάσχον—οὐ γὰρ ἐγχωρεῖν τὰ ἕτερα καὶ διαφέροντα πάσχειν ὑπ' ἀλλήλων, ἀλλὰ κἂν ἕτερα ὄντα ποιῇ τι ἄλληλα, οὐχ ᾗ ἕτερα ἀλλ' ᾗ ταὐτόν τι ὑπάρχει, ταύτῃ τοῦτο συμβαίνειν αὐτοῖς. τὰ μὲν οὖν λεγόμενα ταῦτ' ἐστίν, ἐοίκασι δὲ οἱ τοῦτον τὸν τρόπον λέγοντες ὑπεναντία φαίνεσθαι λέγειν· αἴτιον δὲ τῆς ἐναντιολογίας ὅτι δέον ὅλον τι θεωρῆσαι μέρος τι τυγχάνουσι λέγοντες ἑκάτεροι. τό τε γὰρ ὅμοιον καὶ τὸ πάντῃ πάντως ἀδιάφορον εὔλογον μὴ πάσχειν ὑπὸ τοῦ ὁμοίου μηθέν (τί γὰρ μᾶλλον ἔσται θάτερον ποιητικὸν ἢ θάτερον; εἴ τε ὑπὸ τοῦ ὁμοίου πάσχειν τι δυνατόν, καὶ αὐτὸ ὑφ' ἑαυτοῦ—καίτοι τούτων οὕτως ἐχόντων οὐδὲν ἂν εἴη οὔτε ἄφθαρτον οὔτε ἀκίνητον, εἴπερ τὸ ὅμοιον ᾗ ὅμοιον ποιητικόν, αὐτὸ γὰρ ἑαυτὸ κινήσει πᾶν), τό τε παντελῶς ἕτερον καὶ τὸ μηθαμῇ ταὐτὸν ὡσαύτως. οὐδὲν γὰρ ἂν πάθοι λευ- I 7

b 2 *προτέρων* FH *ὑπεναντίοις* L **5** *θατέρου θάτερον* J **6** *ὑπάρχει* FH **7** *τὰ* om. F *πάσχειν εἰς ἄλληλα* FL *πεφυκέναι* EHJ **9** *πάσχειν* ante *τοῦτο* ponit E *εἶναι* post 10 *τὸ πολὺ* ponit L **11** *ἔλεγξεν* E, sed *γ* erasit *φασὶν* E *καὶ* om. E **12** *ἐγχωρεῖ* E **14** *τι* prius om. L *εἰς ἄλληλα* FL **15** *αὐτοῖς*] *ἀλλήλοις* H *ταῦτ'*] *τοιαῦτα* H **16** *φαίνεσθαι* om. Γ, et (ut videtur) Φ[c], Vitelli p. 141. 15 **18** *ἑκάτεροι*] *ἀμφότεροι* F **19** *καὶ τὸ*] *τὸ καὶ τὸ*, duabus litteris post *καὶ* deletis, E **20** *γὰρ* om. E *θάτερον ἔσται* FH : *ἔσται θατέρου* E[1] **21** *ἢ* om. E *εἴ τε* Bonitz : *εἴτε* Bekker *τι πάσχειν* EL **22** *αὐτοῦ* EHL *τούτων*] *τῶν* E *οὕτως ἐχόντων*] *ὄντων οὕτως* FHJΓ : *οὕτως οὕτως* E **23** *οὔτε* prius] *οὐδὲ* E **24** *ἑαυτὸ*] *αὐτὸ* EL **25** *μηδαμῇ* J : *μηδαμῶς* F

Kapitel 7. Nächst dem ist über das Wirken und Leiden zu reden. Überkommen von den Früheren sind uns jedoch miteinander im Gegensatz stehende Argumentationen. Denn die meisten sagen zwar einträchtigen Sinnes, daß das Gleiche von Gleichem gänzlich ohne Einwirkung bleibe, weil um nichts mehr das eine wirkungs- oder leidensfähig ist als das andere (denn alles komme den Gleichen gleichermaßen als dasselbe zu), wogegen das Ungleiche und Unterschiedliche natürlicherweise untereinander wirke und leide. Denn sogar dann, wenn das kleinere Feuer unter dem Einfluß des größeren zugrunde geht, so leide es dies nach ihrer Aussage durch Gegensätzlichkeit: denn entgegengesetzt sei das Viele dem Wenigen. Einzig Demokrit hat es gegenüber den anderen in eigentümlicher Weise verstanden: Er sagt nämlich, daß es dasselbe und gleich sei – das Wirkende genauso wie auch das Leidende – da Verschiedenes und Unterschiedliches ein Leiden voneinander nicht zulasse, sondern auch dann, wenn Verschiedenes aufeinander einwirke, geschehe dies nicht, insofern sie Verschiedene seien, sondern in der Hinsicht, daß ihnen etwas Identisches zukomme. Dies nun sind die Argumente; und die, die in dieser Weise sprechen, scheinen Gegensätzliches zu sagen. 323b *

Ursache der Widersprüchlichkeit ist aber, daß, wo ein Ganzes zu betrachten ist, beide mit ihren Reden nur einen Teil treffen. Es ist nämlich mit gutem Grunde so, daß sowohl dem Gleichen und überall in jeder Weise Ununterschiedenen nicht vom Gleichen irgend etwas widerfährt (denn warum sollte das eine mehr wirkkräftig sein als das andere? Und wenn etwas unter dem Gleichen leiden könnte, dann auch dasselbe unter sich selbst – doch gäbe es, wenn die Dinge so lägen, nichts Un- b22
vergängliches und nichts Unbewegtes, wenn doch das Gleiche, insofern gleich, wirkkräftig wäre: denn alles würde dann sich selbst in Bewegung setzen), als auch nicht dem völlig Verschiedenen und in keiner Hinsicht Identischen. Denn ›Weiß-Sein‹

323b22 *ὄντων οὕτως* (wenn die Dinge so lägen) mit Rashed nach **b** : *οὕτως ἐχόντων* Joachim nach jüngeren von **a**

κότης ὑπὸ γραμμῆς ἢ γραμμὴ ὑπὸ λευκότητος, πλὴν εἰ μή που κατὰ συμβεβηκός, οἷον εἰ συμβέβηκε λευκὴν ἢ μέλαιναν εἶναι τὴν γραμμήν· οὐκ ἐξίστησι γὰρ ἑαυτὰ τῆς φύσεως ὅσα μήτ᾽ ἐναντία μήτ᾽ ἐξ ἐναντίων ἐστίν. ἀλλ᾽ ἐπεὶ οὐ τὸ τυχὸν πέφυκε πάσχειν καὶ ποιεῖν, ἀλλ᾽ ὅσα ἢ ἐναντίωσιν ἔχει ἢ ἐναντία ἐστίν, ἀνάγκη καὶ τὸ ποιοῦν καὶ τὸ πάσχον τῷ γένει μὲν ὅμοιον εἶναι καὶ ταὐτό, τῷ δ᾽ εἴδει ἀνόμοιον καὶ ἐναντίον (πέφυκε γὰρ σῶμα μὲν ὑπὸ σώματος, χυμὸς δ᾽ ὑπὸ χυμοῦ, χρῶμα δ᾽ ὑπὸ χρώματος πάσχειν, ὅλως δὲ τὸ ὁμογενὲς ὑπὸ τοῦ ὁμογενοῦς· τούτου δ᾽ αἴτιον ὅτι τἀναντία ἐν τῷ αὐτῷ γένει πάντα, ποιεῖ δὲ καὶ πάσχει τἀναντία ὑπ᾽ ἀλλήλων), ὥστ᾽ ἀνάγκη πῶς μὲν εἶναι ταὐτὰ τό τε ποιοῦν καὶ τὸ πάσχον, πῶς δ᾽ ἕτερα καὶ ἀνόμοια ἀλλήλοις. ἐπεὶ δὲ τὸ πάσχον καὶ τὸ ποιοῦν τῷ μὲν γένει ταὐτὰ καὶ ὅμοια τῷ δ᾽ εἴδει ἀνόμοια, τοιαῦτα δὲ τἀναντία, φανερὸν ὅτι παθητικὰ καὶ ποιητικὰ ἀλλήλων ἐστὶ τά τ᾽ ἐναντία καὶ τὰ μεταξύ—καὶ γὰρ ὅλως φθορὰ καὶ γένεσις ἐν τούτοις. διὸ καὶ εὔλογον ἤδη τό τε πῦρ θερμαίνειν καὶ τὸ ψυχρὸν ψύχειν, καὶ ὅλως τὸ ποιητικὸν ὁμοιοῦν ἑαυτῷ τὸ πάσχον. τό τε γὰρ ποιοῦν καὶ τὸ πάσχον ἐναντία ἐστί, καὶ ἡ γένεσις εἰς τοὐναντίον· ὥστ᾽ ἀνάγκη τὸ πάσχον εἰς τὸ ποιοῦν μεταβάλλειν, οὕτω γὰρ ἔσται εἰς τοὐναντίον ἡ γένεσις. καὶ κατὰ λόγον δὴ τὸ μὴ ταὐτὰ λέγοντας ἀμφο-

26 *λευκ. ὑ. γ.*] *λευκότητος ὕπο γραμμή* E[1] **27** *μή που* om. EJ *μέλεναν* E[1]: *μέλανα* F **28** *ἑαυτὰ*] *ἄλληλα* EL **29** *ἐπειδὴ* F **30** *πέφυκε*] *γρ. ἔοικεν* in marg. add. E *ἢ* om. J *ἢ ἐναντίωσιν ἔχει* post 31 *ἢ ἐναντία ἐστίν* ponunt FH, et post *ἢ ἐναντία* L, qui *ἐστίν* om. **31** *καὶ* prius om. EL **33** *πέφυκε μὲν γὰρ* E **a 1** *ὁμοιογενὲς* H *ὁμοιογενοῦς* EH **2** *τῷ αὐτῷ*] *ταὐτῷ* E *ποιεῖν δὲ καὶ πάσχειν* H **5** *ἐπεὶ*] *ἐπὶ* E *δὲ καὶ τὸ πάσχον* FH **6** *καὶ τὰ ὅμοια* E **7** *ὅτι τὰ παθητικὰ* E **10** *ὅλως τὸ*] *ὅλως τι* E **11** *αὑτῷ* E **12** *ἡ* om. E *εἰς* om. J **13** *ἔσται* post 14 *γένεσις* ponit F **14** *δὴ*] *δὲ* E

dürfte wohl gar nichts erleiden von ›Linie‹ oder ›Linie‹ von
›Weiß-Sein‹, außer im Fall eines [irgendwie] akzidentellen b26
Verhältnisses, wenn die Linie z. B. weiß oder schwarz wäre. Denn nie treten Dinge an sich selbst aus ihrer Natur heraus, die weder gegensätzlich noch aus Gegensätzen sind. Weil vielmehr von Natur aus nichts aufs Geratewohl leidet und wirkt, sondern nur, was entweder Gegensätzlichkeit beinhaltet oder
Gegensätze sind, besteht Notwendigkeit, daß das Wirkende b31
und das Leidende einerseits der Gattung nach gleich und dasselbe sind, andererseits der Form nach ungleich und gegensätzlich. (Von Natur aus nämlich leidet Körper von Körper, Geschmack von Geschmack, Farbe von Farbe, | überhaupt aber 324a
das Gattungsgleiche vom Gattungsgleichen. Dafür ursächlich ist, daß die Gegensätze alle in derselben Gattung sind, doch wirkt und leidet das Gegensätzliche untereinander.) Daher besteht die Notwendigkeit, daß in einer gewissen Weise das Bewirkende und das Leidende dasselbe sind, in anderer Weise aber verschieden und ungleich miteinander. Da aber sowohl das Leidende wie auch das Wirkende einerseits der Gattung nach dasselbe und gleich, andererseits der Form nach ungleich sind, solches aber gegensätzlich ist, ist klar, daß untereinander leidens- und wirkungsfähig die Gegensätze und das Dazwischenliegende sind; – wie ja generell Vergehen und Werden in ihnen gegeben sind. Deshalb hat es eben auch guten Grund, daß Feuer warm macht und das Kalte kühlt, und überhaupt das Wirkkräftige sich selbst das, was leidet, gleich macht; denn das Wirkende und Leidende sind Gegensätze, und das Werden geschieht ins Gegenteil; so daß notwendigerweise das Leidende sich in das Wirkende wandelt, da dann der Fall sein wird, daß das Werden ins Gegenteil erfolgt. Und also ist es vernunftgemäß, daß beide, obwohl sie nicht dasselbe sagen,

323b26f. *πλὴν εἰ κατὰ συμβεβηκός* (außer im Fall eines [irgendwie] akzidentellen Verhältnisses) mit Rashed nach **a** und **b** (überwiegend) : πλὴν εἰ μή που κατὰ συμβεβηκός (nach FHL) Joachim **323b31** *τὸ ποιοῦν* (daß das Wirkende) mit Rashed nach **a** : καὶ τὸ ποιοῦν Joachim nach **b**

τέρους ὅμως ἅπτεσθαι τῆς φύσεως. λέγομεν γὰρ πάσχειν ὁτὲ μὲν τὸ ὑποκείμενον (οἷον ὑγιάζεσθαι τὸν ἄνθρωπον καὶ θερμαίνεσθαι καὶ ψύχεσθαι καὶ τἆλλα τὸν αὐτὸν τρόπον), ὁτὲ δὲ θερμαίνεσθαι μὲν τὸ ψυχρόν, ὑγιάζεσθαι δὲ τὸ κάμνον. ἀμφότερα δ' ἐστὶν ἀληθῆ (τὸν αὐτὸν δὲ τρόπον καὶ ἐπὶ τοῦ ποιοῦντος, ὁτὲ μὲν γὰρ τὸν ἄνθρωπόν φαμεν θερμαίνειν, ὁτὲ δὲ τὸ θερμόν), ἔστι μὲν γὰρ ὡς ἡ ὕλη πάσχει, ἔστι δ' ὡς τὸ ἐναντίον. οἱ μὲν οὖν εἰς ἐκεῖνο βλέψαντες ταὐτόν τι δεῖν ᾠήθησαν τὸ ποιοῦν ἔχειν καὶ τὸ πάσχον, οἱ δ' εἰς θάτερα τοὐναντίον. τὸν αὐτὸν δὲ λόγον ὑποληπτέον εἶναι περὶ τοῦ ποιεῖν καὶ πάσχειν ὅνπερ καὶ περὶ τοῦ κινεῖσθαι καὶ κινεῖν. διχῶς γὰρ λέγεται καὶ τὸ κινοῦν· ἐν ᾧ τε γὰρ ἡ ἀρχὴ τῆς κινήσεως, δοκεῖ τοῦτο κινεῖν (ἡ γὰρ ἀρχὴ πρώτη τῶν αἰτίων) καὶ πάλιν τὸ ἔσχατον πρὸς τὸ κινούμενον καὶ τὴν γένεσιν. ὁμοίως δὲ καὶ περὶ τοῦ ποιοῦντος· καὶ γὰρ τὸν ἰατρόν φαμεν ὑγιάζειν καὶ τὸν οἶνον. τὸ μὲν οὖν πρῶτον κινοῦν οὐδὲν κωλύει ἐν μὲν κινήσει ἀκίνητον εἶναι (ἐπ' ἐνίων δὲ καὶ ἀναγκαῖον), τὸ δ' ἔσχατον ἀεὶ κινεῖν κινούμενον· ἐπὶ δὲ ποιήσεως τὸ μὲν πρῶτον ἀπαθές, τὸ δ' ἔσχατον καὶ αὐτὸ πάσχον. ὅσα γὰρ μὴ ἔχει τὴν αὐτὴν ὕλην, ποιεῖ ἀπαθῆ ὄντα (οἷον ἡ ἰατρική, αὐτὴ γὰρ ποιοῦσα ὑγίειαν οὐδὲν πά-
324b σχει ὑπὸ τοῦ ὑγιαζομένου), τὸ δὲ σιτίον ποιοῦν καὶ αὐτὸ πάσχει τι—ἢ γὰρ θερμαίνεται ἢ ψύχεται ἢ ἄλλο τι πάσχει ἅμα ποιοῦν. ἔστι δὲ ἡ μὲν ἰατρικὴ ὡς ἀρχή, τὸ δὲ σιτίον τὸ ὡς ἔσχατον καὶ ἁπτόμενον. ὅσα μὲν οὖν μὴ ἐν ὕλῃ ἔχει τὴν μορφήν, ταῦτα μὲν ἀπαθῆ τῶν ποιητικῶν, ὅσα δ' ἐν ὕλῃ,

15 *ὅμως* J^{2}Φ^{c}Γ : *ὁμοίως* EFHJ^{1}L *ἅπτεσθαι* in litura J **16** *ὁτὲ*] *τότε* E *οἷον τὸ ὑγιάζεσθαι* L *καὶ*] *ἢ καὶ* L : *καὶ τὸ θερμὸν καὶ* E **17** *καὶ ψύχεσθαι*] *τὸν λίθον* HΦ^c **20** *τὸν* om. F **21** *ἡ* om. E **22** *τοὐναντίον* E *τι* om. FHJ^2 **23** *θάτερα*] *θάτερον* F **24** *δὲ λόγον*] *τρόπον* F **25-26** *κινεῖν καὶ κινεῖσθαι* EL **26** *ἡ* om. E **27** *ἡ γὰρ* om. E **28** *τὸ ἔσχατον* … 29 *γένεσιν*] ultimum aliquid id quod movetur ad generationem Γ **30** *κινοῦν* om. E **31** *μὲν*] *μὲν οὖν* E : *μὲν τῇ* F **32** *τὸ*] *τῷ* E^1 : *τὸν* F *ἐπὶ*] *ἐπεὶ* E **34** *ἔχει*] *πάσχει* E : *ἔχῃ* J **35** *αὐτὴ*] *αὕτη* FHJL **b 1** *τὸ ποιοῦν* FHJ **2** *τι* prius om. F *τι* … *θερμαίνεται* in litura J *ἢ ψύχεται* om. E **3** *σιτίον τὸ ὡς ἔσχατον*] *ἔσχατον τὸ σιτίον* F (sed post *σιτίον* erasum habet *ὡς ἔσχατον*) : *σιτίον τὸ ἔσχατον* E **5** *μὲν οὖν ἀπαθῆ* E

gleichermaßen die Natur der Sache berühren. Denn manchmal sagen wir, es leide das Zugrundeliegende (wie z. B. der Mensch werde gesund und werde warm und werde kalt und anderes in derselben Art), manchmal hingegen, es werde das Kalte warm, und das Kranke gesund. Beides aber ist wahr. In derselben Weise aber auch auf der Seite des Wirkenden: bald nämlich sagen wir, der Mensch mache die Hitze, und bald auch: das Warme. Denn es gibt eine Weise, in der die Materie leidet, und eine andere, in der das Gegensätzliche. Die nun jenes im Blick hatten, die meinten, das Wirkende und das Leidende müßten etwas Identisches haben, die dagegen das andere, die meinten das Gegenteil.

Doch ist dieselbe Rede beim Wirken und Leiden anzunehmen, die auch beim Bewegtwerden und Bewegen gilt. Denn in zweifacher Weise versteht man auch das Bewegende: nämlich sowohl das, worin das Prinzip der Bewegung ist, scheint zu bewegen (denn Prinzip ist die erste der Ursachen), als auch wiederum ›das Letzte‹ zum Bewegten und zum Werden. In gleicher Weise auch beim Wirkenden: denn sowohl der Arzt, sagen wir, macht gesund, als auch der Wein. Das primär Bewegende hindert nun nichts, in der Bewegung unbewegt zu sein (bei einigen ist dies sogar notwendig), das Letzte hingegen bewegt immer als ein bewegtes. Bei einem Wirkungsvorgang aber ist das Erste ohne Einwirkung, das Letzte hingegen ist auch selbst ein leidendes. Denn was nicht dieselbe Materie besitzt, wirkt, ohne Einwirkung zu erfahren (wie z. B. die Arzt- 324b
kunst: sie bewirkt ja Gesundheit, ohne irgend etwas | vom Gesundwerdenden zu erleiden). Hingegen die Speise, die wirkt, erleidet auch selbst etwas – entweder wird sie warm oder kalt oder erleidet etwas anderes zugleich mit dem Wirken. So hat die Arztkunst die Rolle des Prinzips, die Speise dagegen die des Letzten und Berührenden. Die nun die Gestalt nicht in Materie haben, diese Wirkfaktoren bleiben ohne Einwirkung,

324a15 *ὁμοίως* (gleichermaßen) mit Rashed nach **a** und **b** (überwiegend) : ὅμως Joachim nach J^{2} W

παθητικά—τὴν μὲν γὰρ ὕλην λέγομεν ὁμοίως ὡς εἰπεῖν τὴν αὐτὴν εἶναι τῶν ἀντικειμένων ὁποτερουοῦν, ὥσπερ γένος ὄν, τὸ δὲ δυνάμενον θερμὸν εἶναι παρόντος τοῦ θερμαντικοῦ καὶ πλησιάζοντος ἀνάγκη θερμαίνεσθαι. διό, καθάπερ εἴρηται, τὰ μὲν τῶν ποιητικῶν ἀπαθῆ τὰ δὲ παθητικά, καὶ ὥσπερ ἐπὶ κινήσεως τὸν αὐτὸν ἔχει τρόπον καὶ ἐπὶ τῶν ποιητικῶν· ἐκεῖ τε γὰρ τὸ πρῶτον κινοῦν ἀκίνητον, καὶ ἐπὶ τῶν ποιητικῶν τὸ πρῶτον ποιοῦν ἀπαθές. ἔστι δὲ τὸ ποιητικὸν αἴτιον ὡς ὅθεν ἡ ἀρχὴ τῆς κινήσεως. τὸ δ' οὗ ἕνεκα οὐ ποιητικόν (διὸ ἡ ὑγίεια οὐ ποιητικόν, εἰ μὴ κατὰ μεταφοράν)· καὶ γὰρ τοῦ μὲν ποιοῦντος ὅταν ὑπάρχῃ, γίγνεταί τι τὸ πάσχον, τῶν δ' ἕξεων παρουσῶν οὐκέτι γίνεται, ἀλλ' ἔστιν ἤδη, τὰ δ' εἴδη καὶ τὰ τέλη ἕξεις τινές. ἡ δ' ὕλη ᾗ ὕλη παθητικόν. τὸ μὲν οὖν πῦρ ἔχει ἐν ὕλῃ τὸ θερμόν· εἰ δέ τι εἴη θερμὸν χωριστόν, τοῦτο οὐθὲν ἂν πάσχοι. τοῦτο μὲν οὖν ἴσως ἀδύνατον εἶναι χωριστόν—εἰ δ' ἐστὶν ἔνια τοιαῦτα, ἐπ' ἐκείνων ἂν εἴη τὸ λεγόμενον ἀληθές. τί μὲν οὖν τὸ ποιεῖν καὶ πάσχειν ἐστὶ καὶ τίσιν ὑπάρχει καὶ διὰ τί καὶ πῶς, διωρίσθω τοῦτον τὸν τρόπον·

πῶς δὲ ἐνδέχεται τοῦτο συμβαίνειν, πάλιν λέγωμεν. τοῖς 18
μὲν οὖν δοκεῖ πάσχειν ἕκαστον διά τινων πόρων εἰσιόντος τοῦ ποιοῦντος ἐσχάτου καὶ κυριωτάτου, καὶ τοῦτον τὸν τρόπον καὶ ὁρᾶν καὶ ἀκούειν ἡμᾶς φασι καὶ τὰς ἄλλας αἰσθήσεις αἰσθάνεσθαι πάσας· ἔτι δὲ ὁρᾶσθαι διά τε ἀέρος καὶ ὕδατος καὶ τῶν διαφανῶν, διὰ τὸ πόρους ἔχειν ἀοράτους μὲν

6 *ὁμοίως* delendum notat J *τὴν αὐτὴν ὡς εἰπεῖν* F **7** *ὁποτερονοῦν* E : *ὁποτερωνοῦν* HJ^2 *ὄν* delendum notat J **8** *θερμαντικοῦ*] *θερμοῦ* H **11** *τρόπον ἔχει* F **12** *πρώτως* FL **13** *τὸ … ἀπαθές* delenda notat J *πρώτως* FL *τὸ μὲν ποιητικὸν* L **15** *ἡ* om. F **16** *ὅταν γὰρ ὑπάρχῃ* E *τι* delendum notat J **17** *ἤδη*] *εἴδη* EF^1 **18** *τὰ* om. F *ᾗ ὕλη* om. $Φ^c$ *τὸ παθητικόν* F **19** *χωριστὸν θερμὸν εἴη* F : *εἴη χωριστὸν θερμόν* HJ **20** *ἂν* om. F **21** *ἐστὶν* om. H **22** *καὶ τὸ πάσχειν* H$Φ^1$ **23** *ὑπάρχειν* F **25** *λέγομεν* HJ **26** *ἕκαστον* post *πόρων* ponit L **27** fort. *τοῦ ἐσχάτου* legendum **28** *καὶ* primum om. EFL **29** *δὲ* om. F **30** *καὶ*] *τε καὶ διὰ* F *μὲν* om. E

die aber in Materie, sind vermögend, Einwirkung zu erfahren. – Denn die Materie bezeichnen wir als sozusagen dieselbe in jedem der Gegenteile gleichermaßen, wie eine Gattung; das aber, was *potentiell* warm ist, wird, wenn das Wärmkräftige da ist und näherkommt, notwendig warm. Deswegen sind, wie gesagt, manche Wirkfaktoren ohne Einwirkung, andere dagegen erfahren eine, und wie bei der Bewegung, in derselben Weise verhält es sich auch bei den Wirkfaktoren: Denn dort ist das erste Bewegende unbewegt, und bei den Wirkfaktoren das erste Bewirkende ohne Einwirkung. Doch ist der Wirkfaktor ursächlich wie ein ›Woher das Prinzip der Bewegung‹, während das Umwillen nicht wirkungskräftig ist. Deshalb ist die Gesundheit nicht wirkungskräftig, es sei denn im metaphorischen Sinn. Denn es *wird* ja eben das Leidende etwas von dem Wirkenden, wenn dieses präsent ist, wohingegen es dann, wenn die Verfassungen einmal da sind, nicht mehr wird; sondern dann ist es schon. Die Formen und Ziele aber sind gewisse Verfassungen, hingegen ist die Materie als Materie fähig, Einwirkung zu erfahren. Das Feuer nun hat Wärme in Materie; doch gäbe es ein Warmes getrennt für sich, so würde dieses nichts leiden. Nun ist es vielleicht unmöglich, daß dies getrennt existiert; wenn aber manches von solcher Art ist, dann wäre davon das Gesagte wahr.

Was nun das Wirken und Leiden ist und bei welchen Dingen es vorkommt und warum und wie, soll auf diese Weise auseinandergesetzt sein.

Kapitel 8. Auf welche Weise dies aber vor sich gehen kann, wollen wir wiederum darlegen. Manchen nun scheint jedes Ding dadurch zu leiden, daß durch gewisse Poren das eindringt, was zuletzt und im eigentlichen Sinne das Wirkende ist; und auf diese Art behaupten sie, daß wir sowohl sehen wie hören wie auch alle anderen Wahrnehmungen haben; und daß weiterhin durch Luft und Wasser hindurch gesehen werde, weil sie Poren besäßen, die zwar unsichtbar wegen ihrer Win-

διὰ μικρότητα, πυκνοὺς δὲ καὶ κατὰ στοῖχον, καὶ μᾶλλον ἔχειν τὰ διαφανῆ μᾶλλον. οἱ μὲν οὖν ἐπί τινων οὕτω διώρισαν, ὥσπερ καὶ Ἐμπεδοκλῆς, οὐ μόνον ἐπὶ τῶν ποιούντων καὶ πασχόντων, ἀλλὰ καὶ μίγνυσθαί φασιν ὅσων οἱ πόροι σύμμετροι πρὸς ἀλλήλους εἰσίν· ὁδῷ δὲ μάλιστα καὶ περὶ
325a πάντων ἑνὶ λόγῳ διωρίκασι Λεύκιππος καὶ Δημόκριτος, ἀρχὴν ποιησάμενοι κατὰ φύσιν ἥπερ ἐστίν. ἐνίοις γὰρ τῶν ἀρχαίων ἔδοξε τὸ ὂν ἐξ ἀνάγκης ἓν εἶναι καὶ ἀκίνητον· τὸ μὲν γὰρ κενὸν οὐκ ὄν, κινηθῆναι δ' οὐκ ἂν δύνασθαι μὴ ὄντος κενοῦ κεχωρισμένου, οὐδ' αὖ πολλὰ εἶναι μὴ ὄντος τοῦ διείργοντος—τοῦτο δ' οὐδὲν διαφέρειν, εἴ τις οἴεται μὴ συνεχὲς εἶναι τὸ πᾶν ἀλλ' ἅπτεσθαι διῃρημένον, τοῦ φάναι πολλὰ καὶ μὴ ἓν εἶναι καὶ κενόν. εἰ μὲν γὰρ πάντῃ διαιρετόν, οὐθὲν εἶναι ἕν, ὥστε οὐδὲ πολλά, ἀλλὰ κενὸν τὸ ὅλον· εἰ δὲ τῇ μὲν τῇ δὲ μή, πεπλασμένῳ τινὶ τοῦτ' ἐοικέναι. μέχρι πόσου γάρ, καὶ διὰ τί τὸ μὲν οὕτως ἔχει τοῦ ὅλου καὶ πλῆρές ἐστι, τὸ δὲ διῃρημένον; ἔτι δ' ὁμοίως ἀναγκαῖον μὴ εἶναι κίνησιν. ἐκ μὲν οὖν τούτων τῶν λόγων ὑπερβάντες τὴν αἴσθησιν καὶ παριδόντες αὐτὴν ὡς τῷ λόγῳ δέον ἀκολουθεῖν ἓν καὶ ἀκίνητον τὸ πᾶν εἶναί φασι καὶ ἄπειρον ἔνιοι· τὸ γὰρ πέρας περαίνειν ἂν πρὸς τὸ κενόν. οἱ μὲν οὖν οὕτως καὶ διὰ ταύτας τὰς αἰτίας ἀπεφήναντο περὶ τῆς ἀληθείας * * *. ἔτι δὲ ἐπὶ μὲν τῶν λόγων δοκεῖ ταῦτα συμβαίνειν, ἐπὶ δὲ τῶν πραγμάτων

31 *σμικρότητα* FHL *στοῖχον*] *στοιχεῖον* F[1]J *καὶ τὰ μᾶλλον* J **32** *ἔχειν* om. J *τινων*] *τινος* F *οὕτως διώρησαν* J **34** *φασιν*] *φησιν* JL *ὅσων*] *ὧν* FL: om. E **35** *σύμμετροι* post *εἰσίν* ponit F *εἰσίν* om. L **a 1** *ἑνὶ λόγῳ* om. EΦ[1], et delenda notat HJ **2** fort. legendum *ᾗπερ ἔστιν*, cf. Parmenides fr 8., vv. 1 et 2 (Diels, p. 118) **3** *ἐξ ἀνάγκης* delenda notat J **6** *δ' οὐδὲν*] *δὲ μηδὲν* EL *εἴ*] *ἢ εἴ* F[1]L : ut si Γ **8** *ἓν* om. E *γὰρ*] *παρὰ* J **10** *τοῦτ' ἂν ἐοικέναι* F : *τοῦτο ἂν ἔοικε* L **12** *δ'* post *ἔτι* om. E *ὁμοίως φάναι ἀναγκαῖον* FHL **13** *ὑπερβαίνοντες* EL **14** *ὑπεριδόντες* HJ : despicientes Γ **16** *ἂν* om. L *οὖν* om. E **17** post *ἀληθείας* excidisse quaedam suspicor *ἔτι*] *ἐπεὶ* L *μὲν* post 18 *λόγων* ponunt EΦ[1]

zigkeit, aber dicht und in Reihe seien, und daß das, was mehr durchsichtig sei, mehr ⟨Poren⟩ habe. Die einen nun kamen für manche Sachverhalte zu einer solchen Bestimmung, wie sie auch Empedokles vertritt: Nicht nur in Ansehung der Dinge, * die wirken und leiden, sondern auch Mischen gibt es nach ihrer Aussage bei genau all den Dingen, deren Poren symmetrisch zueinander sind.

Besonders methodisch jedoch und für | alles durch *eine* 325a
Begriffserklärung haben Leukipp und Demokrit diese Be- a1
stimmung verwendet, indem sie ein der Natur, wie sie ist, gemäßes Prinzip aufstellten. Einigen der Alten nämlich schien das Seiende aus Notwendigkeit nur Eines und unbewegt zu sein: denn das Leere sei Nichtseiendes, aber bewegt werden könne wohl nichts, wenn nicht ein getrenntes Leeres existiere; und auch Vieles sei wiederum nicht, wenn es nichts gebe, das sie auseinander hält. Das aber mache keinen Unterschied, ob man glaube, das All sei nicht kontinuierlich, sondern in Teile geteilt, die sich berühren, oder aber behaupte, daß Vieles und nicht Eins, sowie ein Leeres sei. Denn wenn es überall zu teilen wäre, so wäre nichts *Eines* und daher auch nicht Vieles, sondern das Ganze leer; wenn aber hier und da nicht, käme dies einer Fiktion gleich: denn bis zu welchem Grad und warum verhält sich das eine vom Ganzen so und ist voll, während das andere geteilt ist? Außerdem ist es gleichermaßen notwendig, daß keine Bewegung existiert. Aufgrund dieser Argumente nun die Wahrnehmung überschreitend und vorbeisehend an ihr – weil man dem Argument folgen müsse – behaupten sie, daß das All nur Eines und unbewegt sei, sowie auch unbegrenzt nach einigen; denn die Grenze würde an das Leere angrenzen. Die einen also erklärten sich derart und aus diesen Gründen über die Wahrheit.

Da dies jedoch zwar der logischen Gedankenführung nach a17

325a1 *ἑνὶ λόγῳ* (durch *eine* Begriffserklärung) mit Joachim nach **b** (plus Ar.) : [ἑνὶ λόγῳ] Rashed nach **a** **325a17f.** *ἐπεὶ δὲ ἐπὶ τῶν λόγων μὲν* (Da dies jedoch zwar der logischen Gedankenführung nach) mit Rashed nach **a** (plus J[2]) : *** ἔτι δὲ ἐπὶ μὲν τῶν λόγων Joachim nach **b**

μανίᾳ παραπλήσιον εἶναι τὸ δοξάζειν οὕτως· οὐδένα γὰρ τῶν μαινομένων ἐξεστάναι τοσοῦτον ὥστε τὸ πῦρ ἓν εἶναι δοκεῖν καὶ τὸν κρύσταλλον, ἀλλὰ μόνον τὰ καλὰ καὶ τὰ φαινόμενα διὰ συνήθειαν, ταῦτ' ἐνίοις διὰ τὴν μανίαν οὐθὲν δοκεῖ διαφέρειν. Λεύκιππος δ' ἔχειν ᾠήθη λόγους, οἵτινες πρὸς τὴν αἴσθησιν ὁμολογούμενα λέγοντες οὐκ ἀναιρήσουσιν οὔτε γένεσιν οὔτε φθορὰν οὔτε κίνησιν καὶ τὸ πλῆθος τῶν ὄντων. ὁμολογήσας δὲ ταῦτα μὲν τοῖς φαινομένοις, τοῖς δὲ τὸ ἓν κατασκευάζουσιν ὡς οὐκ ἂν κίνησιν οὖσαν ἄνευ κενοῦ, τό τε κενὸν μὴ ὂν καὶ τοῦ ὄντος οὐθὲν μὴ ὄν φησιν εἶναι· τὸ γὰρ κυρίως ὂν παμπλῆρες ὄν. ἀλλ' εἶναι τὸ τοιοῦτον οὐχ ἕν, ἀλλ' ἄπειρα τὸ πλῆθος καὶ ἀόρατα διὰ σμικρότητα τῶν ὄγκων. ταῦτα δ' ἐν τῷ κενῷ φέρεσθαι (κενὸν γὰρ εἶναι), καὶ συνιστάμενα μὲν γένεσιν ποιεῖν, διαλυόμενα δὲ φθοράν. ποιεῖν δὲ καὶ πάσχειν ᾗ τυγχάνουσιν ἁπτόμενα (ταύτῃ γὰρ οὐχ ἓν εἶναι), καὶ συντιθέμενα δὲ καὶ περιπλεκόμενα γεννᾶν. ἐκ δὲ τοῦ κατ' ἀλήθειαν ἑνὸς οὐκ ἂν γενέσθαι πλῆθος οὐδ' ἐκ τῶν ἀληθῶς πολλῶν ἕν, ἀλλ' εἶναι τοῦτ' ἀδύνατον· ἀλλ', ὥσπερ Ἐμπεδοκλῆς καὶ τῶν ἄλλων τινές φασι πάσχειν διὰ τῶν πόρων, οὕτω πᾶσαν ἀλλοίωσιν καὶ πᾶν τὸ πάσχειν τοῦτον γίνεσθαι τὸν τρόπον, διὰ τοῦ κενοῦ γινομένης τῆς διαλύσεως καὶ τῆς φθορᾶς, ὁμοίως δὲ καὶ τῆς αὐξήσεως, ὑπεισδυομένων στερεῶν. σχεδὸν δὲ καὶ Ἐμπεδοκλεῖ ἀναγκαῖον λέγειν ὥσπερ καὶ Λεύκιππός φησιν· εἶναι γὰρ ἄττα στε-

19 *εἶναι*] *ἐστι* FHJ **20** *ἓν* om. E **21** *κρύσταλον* J **22** *διὰ τὴν συνήθειαν* F² **23** *ᾠήθη ἔχειν* F **27** *οὐκ*] *οὔτε.* FHJL *τό τε*] *ποιεῖν* E : *ποιεῖν το δὲ* F² (*ποιεῖν* addito, et *το δὲ* ex *τό τε* facto) **28** *γὰρ* om. EJ **29** *ὂν* prius] *ἓν* EJ *πανπλῆρες* J : *πᾶν πλῆρες* H : *παμπληθὲς* (ut videtur) L *ὄν* secundum om. J *τὸ* om. H **30** *καὶ … ὄγκων* in litura addit E rc. manu : *καὶ ἀόρατα* post *ὄγκων* ponit L *μικρότητα* J **32** *δὲ* om. E **33** *τυγχάνει* F **34** *καὶ* prius om. L **b 2** *τῶν* om. EL **4** *φθορᾶς*] *φορᾶς* J *εἰσδυομένων* EJ : *ὑποδυομένων* F **5** *στερεῶν* FΓ : *ἑτέρων* EHJL **6** *φασιν* F *ἄττα*] *αὐτὰ* J

zu folgen scheint, es aber in Beziehung auf die Dinge dem Wahnsinn nahe steht, solcher Ansicht zu sein – denn kein Wahnsinniger wird ja so weit außer sich geraten zu meinen, daß Feuer eins sei mit Eis, sondern höchstens das Schöne und das, was so erscheint durch Gewohnheit, das scheint sich für manche durch den Wahnsinn in nichts zu unterscheiden – glaubte dagegen Leukipp Argumente zu haben, die mit der Wahrnehmung Übereinstimmendes aussagen, ohne aufzuheben, daß Werden und Vergehen, Bewegung oder Vielzahl des Seienden stattfinden. Vielmehr in diesen Punkten einstimmig mit den Phänomenen, hingegen mit den Vertretern des Einen darin einig, daß es Bewegung nicht ohne Leeres gebe, ferner das Leere nichtseiend sei, sowie nichts vom Seienden nichtseiend, behauptet er, daß das im eigentlichen Sinn *Eine* ganz und a28
gar voll sei; jedoch sei das, was so ist, nicht nur eins, sondern unbegrenzt an Menge, sowie unsichtbar aufgrund der Winzigkeit der Volumen. Diese jedoch bewegten sich im Leeren fort (denn es sei leer), und produzierten durch ihr Zusammentreten Werden, durch Zersetzung aber Vergehen. Wirken und Leiden aber fänden statt, insofern sie in Berührung gerieten (denn in dieser Hinsicht seien sie nicht eins), und sich zusammenschließend und verflechtend zeugten sie. Doch aus dem in Wahrheit Einen werde wohl kaum eine Vielzahl, wie auch nicht aus dem wahrhaft Vielen Eins, sondern dies sei unmöglich; vielmehr, | 325b
wie Empedokles und manche andere behaupten, daß Leiden durch die Poren erfolge, so geschehe alle Veränderung und jedwedes Erleiden auf die Art, indem durch das Leere die Zersetzung und das Vergehen sich vollziehe, und in gleicher Weise auch Wachstum, indem anderes eindringe. b4

In etwa so ist es auch für Empedokles notwendig zu reden, wie auch Leukipps Behauptung lautet: daß es irgendwelche

325a28f. *τὸ κυρίως ἓν παμπλῆρες ὄν* (daß das im eigentlichen Sinn *Eine* ganz und gar voll sei) mit Rashed nach EJ[1] Ar. und V : τὸ γὰρ κυρίως ὂν παμπλῆρες ὄν Joachim nach J[2] und den meisten jüngeren
325b4f. *εἰσδυομένων ἑτέρων* (indem anderes eindringe) mit Rashed nach **a** und **b** : ὑπεισδυομένων στερεῶν Joachim nach einigen jüngeren Hss.

ρεά, ἀδιαίρετα δέ, εἰ μὴ πάντῃ πόροι συνεχεῖς εἰσιν. τοῦτο δ' ἀδύνατον, οὐθὲν γὰρ ἔσται ἕτερον στερεὸν παρὰ τοὺς πόρους, ἀλλὰ πᾶν κενόν. ἀνάγκη ἄρα τὰ μὲν ἁπτόμενα εἶναι ἀδιαίρετα, τὰ δὲ μεταξὺ αὐτῶν κενά, οὓς ἐκεῖνος λέγει πόρους· οὕτως δὲ καὶ Λεύκιππος λέγει περὶ τοῦ ποιεῖν καὶ πάσχειν. οἱ μὲν οὖν τρόποι καθ' οὓς τὰ μὲν ποιεῖ τὰ δὲ πάσχει σχεδὸν οὗτοι λέγονται. καὶ περὶ μὲν τούτων, καὶ πῶς λέγουσι, δῆλον, καὶ πρὸς τὰς αὐτῶν θέσεις αἷς χρῶνται σχεδὸν ὁμολογουμένως φαίνεται συμβαῖνον· τοῖς δ' ἄλλοις ἧττον, οἷον Ἐμπεδοκλεῖ τίνα τρόπον ἔσται φθορὰ καὶ ἀλλοίωσις οὐ δῆλον. τοῖς μὲν γάρ ἐστιν ἀδιαίρετα τὰ πρῶτα τῶν σωμάτων, σχήματι διαφέροντα μόνον, ἐξ ὧν πρώτων σύγκειται καὶ εἰς ἃ ἔσχατα διαλύεται· Ἐμπεδοκλεῖ δὲ τὰ μὲν ἄλλα φανερὸν ὅτι μέχρι τῶν στοιχείων ἔχει τὴν γένεσιν καὶ τὴν φθοράν, αὐτῶν δὲ τούτων πῶς γίνεται καὶ φθείρεται τὸ σωρευόμενον μέγεθος, οὔτε δῆλον οὔτε ἐνδέχεται λέγειν αὐτῷ μὴ λέγοντι καὶ τοῦ πυρὸς εἶναι στοιχεῖον, ὁμοίως δὲ καὶ τῶν ἄλλων ἁπάντων, ὥσπερ ἐν τῷ Τιμαίῳ γέγραφε Πλάτων. τοσοῦτον γὰρ διαφέρει τοῦ μὴ τὸν αὐτὸν τρόπον Λευκίππῳ λέγειν, ὅτι ὁ μὲν στερεὰ ὁ δ' ἐπίπεδα λέγει τὰ ἀδιαίρετα, καὶ ὁ μὲν ἀπείροις ὡρίσθαι σχήμασι [τῶν ἀδιαιρέτων στερεῶν ἕκαστον] ὁ δὲ ὡρισμένοις, ἐπεὶ ἀδιαίρετά γε ἀμφότεροι λέγουσι καὶ ὡρισμένα σχήμασιν. ἐκ

7 *καὶ* post *στερεά* add. E *πόροις* L **8** *ἔσται* om. F *ἕτερον* om. EL **15** *οἷον* … 17 *γάρ* om. F, sed in margine addit *οἷον Ἐμπεδοκλεῖ τίνα τρόπον ἔσται φθορὰ καὶ γένεσις οὐ δῆλον. τοῖς μὲν γάρ*, et inter plura incerta habere videtur etiam *ἀλλοίωσις* **16** *τίνα*] *ἢ εἰ τίνα* H *ἔσται φθορὰ* EHJL : *ἔσται γένεσις καὶ φθορὰ* Bekker, qui haec verba libris FH perperam attribuit **17** *ἐστιν*] *ἔσται* J² τὰ om. E **18** *πρώτων*] *πρῶτον* F **19** *διαλύονται* EJ **22** *οὔτε* secundum] *οὐκ* L **28** *τῶν* … *ἕκαστον* seclusi

Festkörper gibt, die aber unteilbar sind, wenn nicht überall b7
kontinuierlich Poren sind. Doch ist das unmöglich, da dann
nichts [verschiedenes] als fest existieren würde neben den Po- b8
ren, sondern alles leer wäre. Folglich ist es notwendig, daß die sich Berührenden unteilbar sind, jedoch das zwischen ihnen leer, was jener als »Poren« bezeichnet. So aber gibt auch Leukipp seine Darstellung über Wirken und Leiden. Die Weisen also, in denen das eine wirkt, das andere leidet, werden ziemlich genau als diese begriffen. Und bei ihnen besteht sowohl darüber, wie sie es darstellen, Klarheit, als auch scheint es relativ zu ihren Thesen, die sie in Gebrauch haben, nahezu völlig stimmig zu folgen. Bei anderen hingegen weniger; so ist z. B. bei Empedokles die Weise, in der Vergehen und Veränderung stattfinden sollen, nicht klar. Denn für erstere sind die Primärkörper unteilbar und nur ihre Figuren unterschiedlich, aus denen zuerst etwas zusammengesetzt wird und in welche zuletzt es sich zersetzt. Für Empedokles hingegen ist zwar in Beziehung auf das Übrige klar, daß es bis zu den Elementen Werden und Vergehen hat, wie aber die gehäufte Größe von eben diesen wird und vergeht, ist weder klar noch ist es ihm möglich, es darzulegen, da er eben nicht sagt, daß es auch vom Feuer ein Element gebe, und genauso von all den anderen – so
wie Platon es im *Timaios* beschrieben hat. *

Denn insoweit besteht eine Differenz, es in derselben Weise wie Leukipp zu verstehen, daß der eine Festkörper, der andere dagegen Flächen als das Unteilbare begreift, und der eine
mithilfe unbegrenzt vieler Figuren jeden einzelnen unteil- b28
baren Festkörper abgrenzt, der andere mit einer bestimmten Anzahl, obwohl beide immerhin Unteilbares und durch die Figuren Geschiedenes in Anschlag bringen. Aus ihnen also

325b7 *ἀδιαίρετα δέ* (die aber unteilbar sind) mit Joachim nach **b** (plus jüngere von **a**) : καὶ ἀδιαίρετα δέ Rashed nach **a** (EM) **325b8** *στερεὸν* ([verschiedenes] als fest) mit Rashed nach **a** : ἕτερον στερεὸν Joachim nach **b** **325b28** *τῶν ἀδιαιρέτων στερεῶν ἕκαστον* (jeden einzelnen unteilbaren Festkörper) mit Rashed nach **a** und **b** : [τῶν ἀδιαιρέτων στερεῶν ἕκαστον] Joachim

δὴ τούτων αἱ γενέσεις καὶ αἱ διακρίσεις Λευκίππῳ μὲν [δύο τρόποι ἂν εἶεν,] διά τε τοῦ κενοῦ καὶ διὰ τῆς ἁφῆς (ταύτῃ γὰρ διαιρετὸν ἕκαστον), Πλάτωνι δὲ κατὰ τὴν ἁφὴν μόνον· κενὸν γὰρ οὐκ εἶναί φησιν. καὶ περὶ μὲν τῶν ἀδιαιρέτων ἐπιπέδων εἰρήκαμεν ἐν τοῖς πρότερον λόγοις· περὶ δὲ τῶν ἀδιαιρέτων στερεῶν τὸ μὲν ἐπὶ πλέον θεωρῆσαι τὸ συμβαῖνον ἀφείσθω τὸ νῦν, ὡς δὲ μικρὸν παρεκβᾶσιν εἰπεῖν, ἀναγ-
326a καῖον ἀπαθές τε ἕκαστον λέγειν τῶν ἀδιαιρέτων (οὐ γὰρ οἷόν τε πάσχειν ἀλλ' ἢ διὰ τοῦ κενοῦ) καὶ μηθενὸς ποιητικὸν πάθους—οὔτε γὰρ σκληρὸν οὔτε ψυχρὸν οἷόν τ' εἶναι. καίτοι τοῦτό γε ἄτοπον, τὸ μόνον ἀποδοῦναι τῷ περιφερεῖ σχήματι τὸ θερμόν· ἀνάγκη γὰρ καὶ τοὐναντίον τὸ ψυχρὸν ἄλλῳ τινὶ προσήκειν τῶν σχημάτων. ἄτοπον δὲ κἂν εἰ ταῦτα μὲν ὑπάρχει, λέγω δὲ θερμότης καὶ ψυχρότης, βαρύτης δὲ καὶ κουφότης καὶ σκληρότης καὶ μαλακότης μὴ ὑπάρξει· καίτοι βαρύτερόν γε κατὰ τὴν ὑπεροχήν φησιν εἶναι Δημόκριτος ἕκαστον τῶν ἀδιαιρέτων, ὥστε δῆλον ὅτι καὶ θερμότερον. τοιαῦτα δ' ὄντα μὴ πάσχειν ὑπ' ἀλλήλων ἀδύνατον, οἷον ὑπὸ τοῦ πολὺ ὑπερβάλλοντος θερμοῦ τὸ ἠρέμα θερμόν. ἀλλὰ μὴν εἰ σκληρόν, καὶ μαλακόν. τὸ δὲ μαλακὸν ἤδη τῷ πάσχειν τι λέγεται· τὸ γὰρ ὑπεικτικὸν μαλακόν. ἀλλὰ μὴν ἄτοπον καὶ εἰ μηθὲν ὑπάρχει ἀλλ' ἢ μόνον σχῆμα, καὶ εἰ ὑπάρχει, ἓν δὲ μόνον, οἷον τὸ μὲν ψυχρὸν τὸ δὲ

30 *αἱ* ante *διακρίσεις* om. F post *διακρίσεις* distinxit J *μὲν*] quidem enim Γ *δύο τρόποι ἂν εἶεν* seclusi **31** *τρόποις* J *εἶεν ἄν* F **32** *ἀδιαίρετον* HΦ^{1}Γ *πλάτων* H **34-35** *περὶ δὲ τῶν στερεῶν τῶν ἀδιαιρέτων* J **35** *πλεῖον* HJ *θεωρεῖσθαι* F **36** *ἀφήσθω* J *τὸ*] *τὰ* H *εἰπεῖν*] *επει* E **a2** *ἢ*] *ῇ* J **3** *σκληρὸν*] calidum Γ *ψυχρὸν οὔτε σκληρὸν* EL *οἷόν τ'*] *δεῖ* F *καίτοι γε τοῦτο* F **7** *ὑπάρχῃ* FHL : *ὑπάρχηι* J *δὲ* secundum om. J **8** *σκληρότης καὶ κουφότης* F *ὑπάρξηι* J : *ὑπάρξῃ* L **12** *θερμόν* FΦ^{c}Γ : *ψυχρόν* EHJL **13** *ἤδη* om. EL **14** *γὰρ*] *δ'* F *ὑπεκτικὸν* J **15** *ἢ* om. EΦ^{1} **16** *ψυχρὸν*] *σκληρὸν* EHLΦ^{1}

ergeben sich die Prozesse des Werdens und der Zerstreuung: für Leukipp dürften wohl zwei Weisen gegeben sein – durch b30
das Leere und die Berührung (denn insofern ist jedes Ding teilbar), für Platon dagegen nur die gemäß der Berührung; denn er behauptet, daß es ein Leeres nicht gebe. *

Über die unteilbaren Flächen haben wir in früheren Darlegungen ebenfalls gesprochen; während was sich über die un- *
teilbaren Festkörper bei ausführlicherer Betrachtung ergibt, für jetzt beiseitegelassen sei; allein als kleine Abschweifung ist zu bemerken, daß notwendig | jeder der unteilbaren ⟨Partikel⟩ 326a
als frei von Einwirkung zu bezeichnen ist (denn es kann kein Einwirken geben als nur durch das Leere) und zugleich unvermögend zur Bewirkung irgendeiner Beschaffenheit – denn er kann weder hart noch kalt sein. Und trotzdem ist dies sicher ungereimt: lediglich der runden Figur das Warme zuzuordnen. Denn auch der Gegensatz, das Kalte, muß dann notwendig einer anderen Figur zukommen. Aber dann ist es doch ungereimt, wenn zwar diese gegeben sind, ich meine Wärme und Kälte, aber Schwersein und Leichtsein und Hartsein und Weichsein nicht stattfinden. Doch sagt Demokrit immerhin, daß ›schwerer‹ im Sinne eines höheren Grades ein je einzelner der unteilbaren ⟨Partikel⟩ sei, so daß klar ist, daß es auch wärmer *
wäre. Sind aber solche Dinge gegeben, dann ist es unmöglich, daß sie voneinander nicht Einwirkung erfahren, also z.B. von einem weit übertreffenden Warmen das nur ein wenig Kalte. a12
Jedoch weiter: wenn Hartes, dann auch Weiches. Das Weiche aber wird schon begriffen durch das Etwas-Erleiden: denn das Nachgiebige ist weich. Doch folgt auf jeden Fall Ungereimtes sowohl dann, wenn nichts zukommt als nur die Figur, als auch, wenn etwas zukommt, aber nur eines, wie z.B. daß das eine a16

325b30f. *δύο τρόποι ἂν εἶεν* (dürften wohl zwei Weisen gegeben sein) mit Rashed nach **a** und **b** : [δύο τρόποι ἂν εἶεν] Joachim **326a12** *τὸ ἠρέμα ψυχρόν* (das nur ein wenig Kalte) mit Rashed nach **a** und **b** (überwiegend) : τὸ ἠρέμα θερμόν Joachim nach F **W** **326a16f.** *τὸ μὲν ψυχρὸν τὸ δὲ θερμόν* (das eine kalt, das andere warm) mit Joachim nach **b** : τὸ μὲν σκληρὸν τὸ δὲ θερμόν Rashed nach **a**

θερμόν· οὐδὲ γὰρ ἂν μία τις εἴη ἡ φύσις αὐτῶν. ὁμοίως δὲ ἀδύνατον καὶ εἰ πλείω τῷ ἑνί· ἀδιαίρετον γὰρ ὂν ἐν τῷ αὐτῷ ἕξει τὰ πάθη, ὥστε καὶ ἐὰν πάσχῃ ᾗπερ ψύχεται, ταύτῃ τι καὶ ἄλλο ποιήσει ἢ πείσεται. τὸν αὐτὸν δὲ τρόπον καὶ ἐπὶ τῶν ἄλλων παθημάτων· τοῦτο γὰρ καὶ τοῖς στερεὰ καὶ τοῖς ἐπίπεδα λέγουσιν ἀδιαίρετα συμβαίνει τὸν αὐτὸν τρόπον, οὔτε γὰρ μανότερα οὔτε πυκνότερα οἷόν τε γίνεσθαι κενοῦ μὴ ὄντος ἐν τοῖς ἀδιαιρέτοις. ἔτι δ' ἄτοπον καὶ τὸ μικρὰ μὲν ἀδιαίρετα εἶναι, μεγάλα δὲ μή. νῦν μὲν γὰρ εὐλόγως τὰ μείζω θραύεται μᾶλλον τῶν μικρῶν· τὰ μὲν γὰρ διαλύεται ῥᾳδίως, οἷον τὰ μεγάλα, προσκόπτει γὰρ πολλοῖς, τὸ δὲ ἀδιαίρετον ὅλως διὰ τί μᾶλλον ὑπάρχει τῶν μεγάλων τοῖς μικροῖς; ἔτι δὲ πότερον μία πάντων ἡ φύσις ἐκείνων τῶν στερεῶν, ἢ διαφέρει θάτερα τῶν ἑτέρων, ὥσπερ ἂν εἰ τὰ μὲν εἴη πύρινα, τὰ δὲ γήϊνα τὸν ὄγκον; εἰ μὲν γὰρ μία φύσις ἐστὶν ἁπάντων, τί τὸ χωρίσαν; ἢ διὰ τί οὐ γίγνεται ἁψάμενα ἕν, ὥσπερ ὕδωρ ὕδατος ὅταν θίγῃ; οὐδὲν γὰρ διαφέρει τὸ ὕστερον τοῦ προτέρου. εἰ δ' ἕτερα, ποῖα ταῦτα; καὶ δῆλον ὡς ταῦτα θετέον ἀρχὰς καὶ αἰτίας τῶν
326b συμβαινόντων μᾶλλον ἢ τὰ σχήματα. ἔτι δὲ διαφέροντα τὴν φύσιν κἂν ποιοῖ κἂν πάσχοι θιγγάνοντα ἀλλήλων. ἔτι δὲ τί τὸ κινοῦν; εἰ μὲν γὰρ ἕτερον, παθητικά· εἰ δ' αὐτὸ αὑτὸ ἕκαστον, ἢ διαιρετὸν ἔσται, κατ' ἄλλο μὲν κινοῦν κατ'

17 ἡ om. EFL **18** εἰ om. FJ **19** ᾗπερ ψύχεται H : ἡ περιψύχεται F : εἴπερ ψύχεται EJL : secundum quod infrigidatur Γ **20** ταύτῃ τι J : ταύτη τι EL : ταύτη τοι F : ταύτο τι H : hoc aliquid Γ : ταὐτῷ τοι Bekker, qui ταὐτῷ codd. omnibus perperam tribuit post ἄλλο add. τι L **22** στερεὰ] ἕτερα (ut videtur) E[1] **23** μανώτερα F γενέσθαι F **26** μείζω] μεγάλα E μᾶλλον om. F **27** ῥᾳδίως τῶν μικρῶν οἷον F προκόπτει FJ **28** τὰ δὲ ἀδιαίρετα L **29** μεγάλων] άλων E **30** ἡ om. EΦ[1] τῶν στερεῶν ἐκείνων L **32** ἐστὶν om. EL **34** προτέρου] πρότερον EJ[1]L **35** ταῦτα prius] τοιαῦτα F ταῦτα secundum] ταύτας EJ, fort. recte **b 2** ποιῇ κἂν πάσχῃ FL **3** δὲ τί om. E[1] παθητικόν F

kalt, das andere warm wäre – denn auch so dürfte die Natur
von ihnen wohl nicht *eine* sein. Gleichermaßen unmöglich aber
ist es auch dann, wenn dem Einen mehrere zukommen: denn
als unteilbar muß es die Beschaffenheiten in demselben haben,
so daß es, wenn es leidet – da es sich doch abkühlt – sowohl in a 19
dieser Hinsicht etwas als auch anderes bewirken oder erleiden
würde. Auf dieselbe Weise aber verhält es sich auch bei den anderen Beschaffenheiten; denn das ist es, was sowohl denen, die Festkörper, als auch denen, die Flächen als unteilbar bezeichnen, auf gleiche Art passiert: denn weder kann etwas dünner noch dichter werden, ohne daß ein Leeres in den Unteilbaren wäre. Weiter besteht auch die Ungereimtheit, daß zwar kleine Unteilbare existieren, aber nicht große. Denn unter den jetzigen Umständen ist es zwar einleuchtend, daß das Große eher a 26
zertrümmert wird als das Kleine; das eine nämlich wird leicht aufgelöst, eben das Große, da es anstößt an vieles. Aber warum sollte das völlig Unteilbare eher den Kleinen als den Großen zukommen? Ist ferner die Natur von all jenen Festkörpern nur eine, oder unterscheiden sich die einen von den anderen, wie etwa, wenn die einen feurig, die anderen erdig in ihrer Masse wären? Wenn nämlich die Natur für alle nur eine ist, was ist dann das Trennende? Oder warum wird es nicht eins, wenn es sich berührt, wie Wasser mit Wasser durch den Kontakt? Denn in nichts unterscheidet sich das, was danach ist, vom vorherigen. Sind sie aber verschieden, als wie beschaffene sind sie es? Und klar wäre auch, daß *diese* ⟨Beschaffenheiten⟩ als Prinzipien
und Ursachen der sich | ergebenden Geschehnisse zu setzen 326b
wären – noch mehr als die Figuren. Unterschieden sie sich aber ferner in ihrer Natur, würden sie sowohl wirken als auch leiden, wenn sie miteinander in Kontakt kämen. Weiterhin: was ist das Bewegende? Denn wenn anderes, so haben sie Vermögen zu leiden. Wenn aber jedes selbst, wird es entweder teilbar und

326a19 *εἴπερ ψύχεται* (da es sich doch abkühlt) mit Rashed nach **a** und **b** : ᾗπερ ψύχεται Joachim nach H **326a26** *μεγάλα* (das Große) mit Rashed nach **a** : μείζω Joachim nach **b**

ἄλλο δὲ κινούμενον, ᾗ κατὰ ταὐτὸ τἀναντία ὑπάρξει, καὶ ἡ ὕλη οὐ μόνον ἀριθμῷ ἔσται μία ἀλλὰ καὶ δυνάμει. ὅσοι μὲν οὖν διὰ τῆς τῶν πόρων κινήσεώς φασι τὰ πάθη συμβαίνειν, εἰ μὲν καὶ πεπληρωμένων τῶν πόρων, περίεργον οἱ πόροι· εἰ γὰρ ταύτῃ πάσχει τι τὸ πᾶν, κἂν μὴ πόρους ἔχον ἀλλ' αὐτὸ συνεχὲς ὂν πάσχοι τὸν αὐτὸν τρόπον. ἔτι δὲ πῶς ἐνδέχεται περὶ τοῦ διορᾶν συμβαίνειν ὡς λέγουσιν; οὔτε γὰρ κατὰ τὰς ἁφὰς ἐνδέχεται διιέναι διὰ τῶν διαφανῶν, οὔτε διὰ τῶν πόρων, εἰ πλήρης ἕκαστος· τί γὰρ διοίσει τοῦ μὴ πόρους ἔχειν; πᾶν γὰρ ὁμοίως ἔσται πλῆρες. ἀλλὰ μὴν εἰ καὶ κενὰ μὲν ταῦτα, ἀνάγκη δὲ σώματα ἐν αὑτοῖς ἔχειν, ταὐτὸ συμβήσεται πάλιν. εἰ δὲ τηλικαῦτα τὸ μέγεθος ὥστε μὴ δέχεσθαι σῶμα μηδέν, γελοῖον τὸ μικρὸν μὲν οἴεσθαι κενὸν εἶναι, μέγα δὲ μὴ μηδ' ὁπηλικονοῦν, ἢ τὸ κενὸν ἄλλο τι οἴεσθαι λέγειν πλὴν χώραν σώματος, ὥστε δῆλον ὅτι παντὶ σώματι τὸν ὄγκον ἴσον ἔσται κενόν. ὅλως δὲ τὸ πόρους ποιεῖν περίεργον. εἰ μὲν γὰρ μηδὲν ποιεῖ κατὰ τὴν ἁφήν, οὐδὲ διὰ τῶν πόρων ποιήσει διιόν· εἰ δὲ τῷ ἅπτεσθαι, καὶ μὴ πόρων ὄντων τὰ μὲν πείσεται τὰ δὲ ποιήσει τῶν πρὸς ἄλληλα τοῦτον τὸν τρόπον πεφυκότων. ὅτι μὲν οὖν οὕτως λέγειν τοὺς πόρους ὥς τινες ὑπολαμβάνουσιν, ἢ ψεῦδος ἢ μάταιον, φανερὸν ἐκ τούτων ἐστίν. διαιρετῶν δ'

5 *κατὰ ταὐτὸ*] *κατ' αὐτὸ* E **7** *κινήσεώς*] *τρήσεώς* coni. Prantl, sed nihil mutandum **8** *καὶ* om. L **9** *τι πάσχει* E : *τι* om. L *τὸ* om. L **10** *πάσχοι*] *πάσχει* FL **11** *περὶ* … 12 *ἐνδέχεται* in marg. add. F **12** *διεῖναι* E **14** *ἔχειν πόρους* EL *πᾶν*] *πάλιν* J *ἔσται*] *ἐστὶν* E **15** *καὶ* om. EFΦ[1] **16** *αὐτοῖς* FHJLΦ[1]Γ **18** *μέγα* ante *κενὸν* ponit F **20** *ἔσται κενὸν ἴσον* H **21** *ποιεῖ* … 22 *πόρων* om. E[1] **22** *δὲ καὶ τῷ* E **26** *ἐστὶ* ante *φανερὸν* ponit F

mit Rücksicht auf das eine Bewegendes, mit Rücksicht auf das
andere aber Bewegtes sein, oder es findet in derselben Hinsicht
Gegensätzliches statt, und die Materie wird eine einzige nicht
nur der Zahl nach, sondern auch in ihrem Vermögen sein. Die
nun, die behaupten, daß durch die Bewegung im Bereich der b7
Poren empfangene Eigenschaften zustande kommen: wenn dies
auch dann so ist, wenn die Poren gefüllt sind, so sind die Poren
überflüssig; wenn nämlich in dieser Beziehung das Ganze et-
was erleidet, dann auch, wenn es keine Poren besitzt, vielmehr
würde es, auch als kontinuierlich, auf dieselbe Weise leiden.
Weiter aber: wie kann es mit dem Hindurchsehen so gehen, wie
sie darlegen? Denn weder kann es an den Berührungsstellen
durch die durchsichtigen Dinge hindurchgehen, noch durch die
Poren, wenn eine jede voll ist; wo wird dann ein Unterschied
dazu bestehen, keine Poren zu haben? Denn alles wird glei-
chermaßen gefüllt sein. Doch selbst dann, wenn sie leer sind, b15
aber notwendig Körper in sich haben, wird wiederum dasselbe
folgen. Wenn sie aber von solcher Größe sind, daß sie keinen
Körper aufnehmen, wäre es lächerlich zu glauben, daß zwar
Kleines als leer existiere, Großes aber und gar beliebig Großes
nicht, oder zu glauben, daß das Leere etwas anderes bedeute
als Raum eines Körpers, so daß klar wäre, daß für jeden Kör-
per ein volumengleiches Leeres existiert. Überhaupt aber ist
es überflüssig, Poren anzusetzen. Wenn nämlich nichts wirkt
bei der Berührung, dann wird es auch nicht wirken, indem es
durch die Poren hindurchgeht; wenn aber durch das Berühren,
dann wird auch, wenn keine Poren sind, das eine leiden, das
andere wirken von dem, was von Natur aus auf diese Weise zu-
einander steht. Daß also, Poren in der Weise zu behaupten, wie
manche es annehmen, entweder falsch ist oder nichtssagend, ist
daraus offenkundig. Damit jedoch überall Teilbarkeit der Kör-

326b7 *διὰ τῆς τῶν πόρων κινήσεως* (durch die Bewegung im Bereich der Poren) mit Joachim nach **a** und **b** : διὰ τῆς ⟨διὰ⟩ τῶν πόρων κινήσεως Rashed **326b15** *εἰ καὶ κενὰ* (selbst dann, wenn sie leer) mit Joachim nach **b** : εἰ κενὰ Rashed nach **a**

ὄντων πάντῃ τῶν σωμάτων πόρους ποιεῖν γελοῖον—ᾗ γὰρ διαιρετά, δύναται χωρίζεσθαι.

Τίνα δὲ τρόπον ὑπάρχει τοῖς οὖσι γεννᾶν καὶ ποιεῖν καὶ I 9
πάσχειν, λέγωμεν λαβόντες ἀρχὴν τὴν πολλάκις εἰρημένην. εἰ γάρ ἐστι τὸ μὲν δυνάμει τὸ δ' ἐντελεχείᾳ τοιοῦτον, πέφυκεν οὐ τῇ μὲν τῇ δ' οὒ πάσχειν, ἀλλὰ πάντῃ καθ' ὅσον ἐστὶ τοιοῦτον, ἧττον δὲ καὶ μᾶλλον ᾗ τοιοῦτον μᾶλλόν ἐστι καὶ ἧττον· καὶ ταύτῃ πόρους ἂν τις λέγοι μᾶλλον, καθάπερ ἐν τοῖς μεταλλευομένοις διατείνουσι τοῦ παθητικοῦ φλέβες
327a συνεχεῖς. συμφυὲς μὲν οὖν ἕκαστον καὶ ἓν ὂν ἀπαθές· ὁμοίως δὲ καὶ μὴ θιγγάνοντα μήτε αὑτῶν μήτ' ἄλλων, ἃ ποιεῖν πέφυκε καὶ πάσχειν (λέγω δ' οἷον οὐ μόνον ἁπτόμενον θερμαίνει τὸ πῦρ, ἀλλὰ κἂν ἄποθεν ᾖ—τὸν μὲν γὰρ ἀέρα τὸ πῦρ, ὁ δ' ἀὴρ τὸ σῶμα θερμαίνει, πεφυκὼς καὶ ποιεῖν καὶ πάσχειν). τὸ δὲ τῇ μὲν οἴεσθαι πάσχειν τῇ δὲ μή *** διορίσαντας ἐν ἀρχῇ τοῦτο λεκτέον. εἰ μὲν γὰρ μὴ πάντῃ διαιρετὸν τὸ μέγεθος, ἀλλ' ἔστι σῶμα ἀδιαίρετον ἢ πλάτος, οὐκ ἂν εἴη πάντῃ παθητικόν, ἀλλ' οὐδὲ συνεχὲς οὐδέν· εἰ δὲ τοῦτο ψεῦδος καὶ πᾶν σῶμα διαιρετόν, οὐδὲν διαφέρει διῃρῆσθαι μὲν ἅπτεσθαι δέ, ἢ διαιρετὸν εἶναι. εἰ γὰρ διακρίνεσθαι δύναται κατὰ τὰς ἁφάς, ὥσπερ φασί τινες, κἂν

27 *ὄντων* post *σωμάτων* ponit F **29** *τοῖς οὖσιν ὑπάρχει* J *γεννᾶν τοῖς οὖσι* F *καὶ* ante *ποιεῖν* delendum notat J **30** *εἰρημένην πολλάκις* F **31** *τοιοῦτον*] *τοῦτο* J *πέφυκεν* in marg. add. F **32** *πάντως* H **34** *ἄν*] *εἰ* E *λέγοι*] *λέγῃ* L: om. E *μᾶλλον ἢ καθάπερ* EFJ **a 2** *αὐτῶν* JΦ[1] **4** *θερμαίνειν* EJ[2] *ἄπωθεν* EJ **5** *ἀὴρ καὶ τὸ* E *πεφυκὸς* J *καὶ* ante *ποιεῖν* om. EL **6** post *μή* excidisse quaedam suspicor **7** *τὸ ἐν ἀρχῇ* (ut videtur) Γ *πάντῃ*] *παντὶ* E **8** *σῶμα μὲν ἀδιαίρετον* H **9** *οὐδέν* ante *οὐδὲ* ponit F

per gegeben sei, *darum* Poren anzusetzen, ist lächerlich: denn insofern sie teilbar sind, *können* sie eben getrennt werden.

Kapitel 9. Auf welche Weise es den Seienden aber zukommt zu erzeugen, zu wirken und zu leiden, wollen wir erklären, indem wir ein oft zitiertes Prinzip aufgreifen: Wenn nämlich eines der Möglichkeit, das andere aber der wirklichen Vollendung nach so und so ist, dann leidet es natürlicherweise nicht hier zwar wohl, dort jedoch nicht, sondern überall, soweit es von solcher Art ist; weniger und mehr aber, insofern es mehr bzw. weniger so ist. Und in *der* Weise könnte man ›Poren‹
eher begreifen – oder so wie sich in Erzgesteinen Adern des b34
Leidensfähigen hindurchziehen, die | kontinuierlich sind. Als 327a
zusammengewachsen und eines ist nun jegliches ohne Einwirkung. Ebenso aber das, was weder unter sich noch mit anderen Dingen in Kontakt steht, die von Natur aus wirken und leiden. (Ich meine, daß z. B. das Feuer nicht nur bei Berührung wärmt, sondern auch, wenn es entfernt ist – denn die Luft wird durch das Feuer, durch die Luft aber der Körper erwärmt, indem sie
von Natur aus sowohl wirken wie leiden.) a5

Der Glaube jedoch, daß ein Leiden zwar hier, aber nicht da a6
stattfinde – dazu muß man nach der am Anfang getroffenen Unterscheidung folgendes sagen: Wenn nämlich die Größe nicht überall teilbar ist, sondern ein unteilbarer Körper oder Fläche existiert, dann dürfte sie wohl nicht überall leidensfähig sein, wäre aber auch nichts kontinuierliches. Wenn aber dies falsch ist und jeder Körper teilbar, dann macht es keinen Unterschied, geteilt zu sein, aber sich zu berühren, oder teil*bar* zu sein. Denn wenn er ›an den Berührungsstellen‹ zerlegt

326b34 *ἢ καθάπερ* (oder so wie) mit Rashed nach den älteren von **a** und **b** : καθάπερ Joachim nach jüngeren Hss. **327a5** *καὶ ποιεῖν καὶ* (sowohl wirken wie) mit Joachim nach **b** : ποιεῖν καὶ Rashed nach **a** **327a6f.** *τῇ δὲ μή, διορίσαντας ἐν ἀρχῇ* (aber nicht da stattfinde – dazu muß man nach der am Anfang getroffenen Unterscheidung) mit Rashed : τῇ δὲ μή *** διορίσαντας ἐν ἀρχῇ Joachim

μήπω ᾖ διῃρημένον, ἔσται διῃρημένον· δυνατὸν γὰρ διαιρεθῆναι, γίνεται γὰρ οὐθὲν ἀδύνατον. ὅλως δὲ τὸ τοῦτον γίνεσθαι τὸν τρόπον μόνον σχιζομένων τῶν σωμάτων ἄτοπον. ἀναιρεῖ γὰρ οὗτος ὁ λόγος ἀλλοίωσιν, ὁρῶμεν δὲ τὸ αὐτὸ σῶμα συνεχὲς ὂν ὁτὲ μὲν ὑγρὸν ὁτὲ δὲ πεπηγός, οὐ διαιρέσει καὶ συνθέσει τοῦτο παθόν, οὐδὲ τροπῇ καὶ διαθιγῇ, καθάπερ λέγει Δημόκριτος—οὔτε γὰρ μεταταχθὲν οὔτε μετατεθὲν τὴν φύσιν πεπηγὸς ἐξ ὑγροῦ γέγονεν, οὐδ' ἐνυπάρχει τὰ σκληρὰ καὶ πεπηγότα ἀδιαίρετα τοὺς ὄγκους, ἀλλ' ὁμοίως ἅπαν ὑγρόν, ὁτὲ δὲ σκληρὸν καὶ πεπηγός ἐστιν. ἔτι δ' οὐδ' αὔξησιν οἷόν τ' εἶναι καὶ φθίσιν· οὐ γὰρ ὁτιοῦν ἔσται γεγονὸς μεῖζον, εἴπερ ἔσται πρόσθεσις, καὶ μὴ πᾶν μεταβεβληκὸς ἢ μιχθέντος τινὸς ἢ καθ' αὑτὸ μεταβάλλοντος. ὅτι μὲν οὖν ἔστι τὸ γεννᾶν καὶ τὸ ποιεῖν καὶ τὸ γίγνεσθαί τε καὶ πάσχειν ὑπ' ἀλλήλων, καὶ τίνα τρόπον ἐνδέχεται, καὶ τίνα φασὶ μέν τινες οὐκ ἐνδέχεται δέ, διωρίσθω τοῦτον τὸν τρόπον·

λοιπὸν δὲ θεωρῆσαι περὶ μίξεως κατὰ τὸν αὐτὸν τρό- I 10
πον τῆς μεθόδου, τοῦτο γὰρ ἦν τρίτον τῶν προτεθέντων ἐξ ἀρχῆς. σκεπτέον δὲ τί τ' ἐστὶν ἡ μίξις καὶ τί τὸ μικτόν, καὶ τίσιν ὑπάρχει τῶν ὄντων καὶ πῶς, ἔτι δὲ πότερον ἔστι μίξις ἢ τοῦτο ψεῦδος. ἀδύνατον γάρ ἐστι μιχθῆναί τι ἑτε-

13 *ἔσται διῃρημένον* om. F, et delenda notat H *γὰρ* om. F **14** *τὸ* om. E, et delendum notat J **15** *μόνον* om. FLΓ **16** *ὁ λόγος οὗτος* H : *οὗτος ὁ τρόπος* F **18** *καὶ διαθιγῇ* om. E : *καὶ διαθηγῇ* L (cf. supra, 315b 35) *λέγει*] *φησὶ* F **19** *οὔτε γὰρ* … 20 *φύσιν*] neque enim transductum neque transpositum secundum naturam neque transmissum Γ **19** *μεταταχθὲν οὔτε μετατεθὲν*] *μετατεθὲν οὔτε μεταβαλὸν* L : *μετατεθὲν* E : *μετατεθὲν τὴν φύσιν οὔτε μεταβαλὸν* F *τὴν φύσιν*] *τῇ φύσει* H **20** *οὐδ' ἐνυπάρχει*] *οὐδὲ νῦν ὑπάρχει* E^1LΓ : *οὔτ' ἐνυπάρχει* E^2FJ *τὰ* om. EL **23** *γεγονὼς* E **24** *ἔσται*] *ἐστὶ* EL **25** *μεταβαλόντος* EL **26** *τε*] *τι* J **27** *καὶ τίνα τρόπον ἐνδέχεται* om. E^1 **28** *δέ* om. E^1 **30** *δὲ*] *δεῖ* vel *δὴ* $Φ^1$ *θεωρητέον* FHL **34** *μιχθῆναί τι* post 35 *ἑτέρῳ* ponit F

werden *kann*, wie manche sagen, dann *wird* er eben erst, obwohl noch nicht geteilt, ein geteilter sein; denn so ist es *möglich*, daß er geteilt wird, da ja nichts Unmögliches geschieht. Überhaupt aber ist das Werden auf diese Weise, indem Körper bloß zerstückelt werden, ungereimt. Denn diese Rede hebt Veränderung auf, doch sehen wir, wie derselbe Körper als ein kontinuierlicher bald naßfließend, bald aber erstarrt ist, ohne dies durch Zerlegung und Zusammenfügung zu erleiden, auch nicht durch ›Wendung‹ und ›Anlehnung‹, wie Demokrit sagt. *

Denn weder als umgeordnet noch umgestellt in seiner Natur ist er erstarrt aus naßfließend geworden; und es sind keine a20
harten und starren, in ihren Volumina unteilbaren ⟨Partikel⟩ darin vorhanden, sondern gleichermaßen zur Gänze naß, ist er bald darauf hart und erstarrt. Ferner ist auch kein Wachstum und Schwinden möglich; denn es wird nicht irgend etwas größer geworden sein, wenn ⟨einfach nur⟩ ein Zusatz da ist, a24
und nicht das Ganze gewandelt sein, indem entweder etwas zugemischt wurde oder es sich an sich selbst wandelt.

Daß es nun das Erzeugen gibt und das Einwirken und Werden sowie auch wechselseitiges Erleiden, und auf welche Art das möglich ist, und auf welche es zwar manche behaupten, es aber nicht geht, sei auseinandergesetzt in der besagten Weise.

Kapitel 10. Noch übrig ist aber, Betrachtungen über Mischung nach derselben Art des Vorgehens anzustellen; denn dies war das dritte der vorgenommenen Themen, die am Anfang standen. Zu erwägen aber ist, was die Mischung und was das Mischbare ist, welchen Dingen sie zukommt und auf welche Weise; ferner ob es tatsächlich Mischung gibt oder dies eine Täuschung ist.

327a20 *οὐδ' ἐνυπάρχει* (und es sind keine … darin vorhanden) mit Joachim nach **b** : οὐδὲ νῦν ὑπάρχει Rashed nach **a** **327a24** *ἐστὶ* (da ist) mit Rashed nach **a** : ἔσται Joachim nach **b**

ρον ἑτέρῳ, καθάπερ λέγουσί τινες· ὄντων μὲν γὰρ ἔτι τῶν μιχθέντων καὶ μὴ ἠλλοιωμένων οὐδὲν μᾶλλον μεμῖχθαί φασι νῦν ἢ πρότερον, ἀλλ᾽ ὁμοίως ἔχειν· θατέρου δὲ φθαρέντος οὐ μεμῖχθαι, ἀλλὰ τὸ μὲν εἶναι τὸ δ᾽ οὐκ εἶναι, τὴν δὲ μίξιν ὁμοίως ἐχόντων εἶναι· τὸν αὐτὸν δὲ τρόπον καὶ εἰ ἀμφοτέρων συνελθόντων ἔφθαρται τῶν μιγνυμένων ἑκάτερον, οὐ γὰρ εἶναι μεμιγμένα τά γε ὅλως οὐκ ὄντα. οὗτος μὲν οὖν ὁ λόγος ἔοικε ζητεῖν διορίσαι τί διαφέρει μίξις γενέσεως καὶ φθορᾶς, καὶ τί τὸ μικτὸν τοῦ γεννητοῦ καὶ φθαρτοῦ· δῆλον γὰρ ὡς δεῖ διαφέρειν, εἴπερ ἔστιν· ὥστε τούτων ὄντων φανερῶν τὰ διαπορηθέντα λύοιντ᾽ ἄν. ἀλλὰ μὴν οὐδὲ τὴν ὕλην τῷ πυρὶ μεμῖχθαί φαμεν οὐδὲ μίγνυσθαι καιομένην, οὔτ᾽ αὐτὴν αὑτῆς τοῖς μορίοις οὔτε τῷ πυρί, ἀλλὰ τὸ μὲν πῦρ γίνεσθαι τὴν δὲ φθείρεσθαι· τὸν αὐτὸν δὲ τρόπον οὐδὲ τῷ σώματι τὴν τροφὴν οὐδὲ τὸ σχῆμα τῷ κηρῷ μιγνύμενον σχηματίζειν τὸν ὄγκον· οὐδὲ τὸ σῶμα καὶ τὸ λευκὸν οὐδ᾽ ὅλως τὰ πάθη καὶ τὰς ἕξεις οἷόν τε μεμῖχθαι τοῖς πράγμασιν—σωζόμενα γὰρ ὁρᾶται. ἀλλὰ μὴν οὐδὲ τὸ λευκόν γε καὶ τὴν ἐπιστήμην ἐνδέχεται μιχθῆναι, οὐδ᾽ ἄλλο τῶν μὴ χωριστῶν οὐδέν. ἀλλὰ τοῦτο λέγουσιν οὐ καλῶς οἱ πάντα ποτὲ ὁμοῦ φάσκοντες εἶναι καὶ μεμῖχθαι· οὐ γὰρ ἅπαν ἅπαντι μικτόν, ἀλλ᾽ ὑπάρχειν δεῖ χωριστὸν

b1 *καὶ τῶν μὴ* H **1 f.** *νῦν μεμῖχθαί φασιν* EL **4** *ἐχόντων ὁμοίως* J *καὶ*] *κἂν* EL **6** *γὰρ* om. L **7** *διορίσαι* om. FL *τί*] *τίνι* ELΦ[1] **8** *τε καὶ φθορᾶς* L *γενητοῦ* FJ **10** *λύοιτ᾽ ἂν* FJΦ[1] *οὔτε* EJΦ **11** *τῷ πυρὶ τὴν ὕλην* L *μεμῖχθαι τῷ πυρί* J **12** *αὑτῆς*] *αὐτῆς* H : *αὐτοῖς* FΓ **14** *οὐδὲ* prius] *οὔτε* FHJ **16** *μεμῖχθαι*] *μίγνυσθαι* EL **19** *ἀλλὰ* … 22 *χωριστόν* post 31 *αὐτῶν* ponit Φ[c] **20** *ὁμοῦ καὶ φάσκοντες* EL **21** *ἅπαν* om. E *ἅπαντι* om. F

Denn daß Verschiedenes mit Verschiedenem gemischt
werde, ist, wie manche argumentieren, unmöglich: Wenn näm-
lich die | Gemischten noch bestehen und nicht verändert wur- 327b
den, dann seien sie keineswegs jetzt *mehr* gemischt als vorher,
wie sie sagen, sondern verhielten sich gleich; sei hingegen das
eine vergangen, dann sei es nicht gemischt worden, sondern
das eine existiere, das andere nicht, Mischung jedoch gebe es
von Dingen, die sich auf gleiche Weise verhalten; doch ebenso,
wenn beim Zusammenkommen beider jedes der Gemischten
zugrundegegangen sei; denn ›Gemischte‹ könnten nicht die
sein, die überhaupt nicht sind. Dieses Argument scheint also
ein definierendes Merkmal dafür zu suchen, was Mischung
unterscheidet von Werden und Vergehen, und was das Misch-
bare von dem, was zu erzeugen ist und vergänglich. Denn klar
ist, daß sie unterschieden sein müssen, wenn sie existieren. So
daß, ⟨erst⟩ wenn diese Dinge offenbar sind, die Probleme zur
Auflösung gebracht sein dürften.

Doch sagen wir gewiß weder, daß das Holz dem Feuer ›ge- b10
mischt‹ sei, auch nicht, ›sich mische‹, wenn es anbrennt, – nicht
es selbst mit seinen eigenen Teilen noch mit dem Feuer – son-
dern daß das Feuer werde, während jenes vergehe; und ge-
nauso wenig, daß die Nahrung mit dem Körper, noch daß die b14
Figur als dem Wachse ›gemischt‹ die Masse konturiere. Auch
nicht, daß der Körper und das Weiße oder überhaupt die Be-
schaffenheiten und Verfassungen ›gemischt‹ sein könnten mit b16
den Dingen; denn die sehen wir ja bewahrt. Und sicher können
auch nicht das Weiße und die Erkenntnis gemischt werden,
und auch kein anderes der Dinge, die nicht als getrennte exi-
stieren. Vielmehr sagen das diejenigen unpassender Weise, die b20
behaupten, daß einmal alles zugleich und gemischt gewesen
sei. Nicht alles nämlich ist mit allem mischbar, sondern jedes *

327b10 *οὔτε* (weder) mit Rashed nach **a** und **b** : οὐδὲ Joachim
327b14 *οὔτε* (noch) mit Rashed nach **a** : οὐδὲ Joachim nach **b**
327b16 *μεμῖχθαι* (gemischt sein) mit Joachim nach **b** : μίγνυσθαι Rashed nach **a** **327b20** *φάσκοντες* (die behaupten) mit Joachim nach **b** : καὶ φάσκοντες Rashed nach **a**

ἑκάτερον τῶν μιχθέντων, τῶν δὲ παθῶν οὐθὲν χωριστόν. ἐπεὶ δ' ἐστὶ τὰ μὲν δυνάμει τὰ δ' ἐνεργείᾳ τῶν ὄντων, ἐνδέχεται τὰ μιχθέντα εἶναί πως καὶ μὴ εἶναι, ἐνεργείᾳ μὲν ἑτέρου ὄντος τοῦ γεγονότος ἐξ αὐτῶν, δυνάμει δ' ἔτι ἑκατέρου ἅπερ ἦσαν πρὶν μιχθῆναι, καὶ οὐκ ἀπολωλότα—τοῦτο γὰρ ὁ λόγος διηπόρει πρότερον, φαίνεται δὲ τὰ μιγνύμενα πρότερόν τε ἐκ κεχωρισμένων συνιόντα καὶ δυνάμενα χωρίζεσθαι πάλιν. οὔτε διαμένουσιν οὖν ἐνεργείᾳ ὥσπερ τὸ σῶμα καὶ τὸ λευκόν, οὔτε φθείρονται, οὔτε θάτερον οὔτ' ἄμφω, σώζεται γὰρ ἡ δύναμις αὐτῶν. διὸ ταῦτα μὲν ἀφείσθω· τὸ δὲ συνεχὲς τούτοις ἀπόρημα διαιρετέον, πότερον ἡ μίξις πρὸς τὴν αἴσθησίν τί ἐστιν. ὅταν γὰρ οὕτως εἰς μικρὰ διαιρεθῇ τὰ μιγνύμενα καὶ τεθῇ παρ' ἄλληλα τοῦτον τὸν τρόπον ὥστε μὴ δῆλον ἕκαστον εἶναι τῇ αἰσθήσει, τότε μέμικται; 328a ἢ οὔ, ἀλλ' ⟨ὅτε⟩ ἔστιν ὥστε ὁτιοῦν παρ' ὁτιοῦν εἶναι μόριον τῶν μιχθέντων; λέγεται μὲν οὖν ἐκείνως, οἷον κριθὰς μεμῖχθαι πυροῖς, ὅταν ἡτισοῦν παρ' ὁντινοῦν τεθῇ· εἰ δ' ἐστὶ πᾶν σῶμα διαιρετόν, εἴπερ ἐστὶ σῶμα σώματι μικτὸν ὁμοιομερές, ὁτιοῦν ἂν δέοι μέρος γίνεσθαι παρ' ὁτιοῦν. ἐπεὶ δ' οὐκ ἔστιν εἰς τὰ ἐλάχιστα διαιρεθῆναι, οὐδὲ σύνθεσις ταὐτὸ καὶ μίξις ἀλλ' ἕτερον, δῆλον ὡς οὔτε κατὰ μικρὰ σωζόμενα δεῖ τὰ

24 *μὲν*] *μὲν μὴ εἶναι* H **25** *ὄντος ἑτέρου* F *δέ τι εἶναι ἑκάτερον* H : *δέ τι ἑκατέρου* L **26** *πρὶν μιχθῆναι* in marg. add. F **28** *πρότερόν τε* in marg. add. F **30** *φθείρεται* EL *θάτερον*] *ἑκάτερον* EJL : *καθ' ἑκάτερον* H **32** *συνεχὲς δὲ* ELΦ^1 *τούτοις*] *τούτου* E **33** *τί* om. FHJ **a 1** *ὅτε* e coni. addidi *ὥστε*] *ὅτε* H **3** *ὅταν*] *ὅτε* H *ὀντιναοῦν* H : *ἡντιναοῦν* L **4** *εἴπερ ἐστὶ* EFHJL: *εἴπερ ἐστὶ καὶ* Φ : *καὶ εἴπερ ἐστὶ* D^b : *εἴπερ καὶ ἔστι* Bekker, qui *καὶ* libro H perperam attribuit *σώματι*] *τι*, suprascr. *σῶμα*, F **5** *δέοι*] *δε*, suprascr. *η*, F *γενέσθαι* F **6** *τἀλάχιστα* L *οὐδὲ* e coni. W. D. Ross scripsi : *οὔτε* EFHJLΦ

von zwei Gemischten muß getrennt vorkommen; von den Beschaffenheiten aber existiert keine getrennt.

Da aber vom Seienden manches dem Vermögen, anderes der Wirklichkeit nach ist, können die Gemischten in gewisser Weise sein *und* nicht sein, indem der Wirklichkeit nach das aus ihnen Gewordene ein anderes ist, während dem Vermögen nach ein jedes der beiden das ist, was sie vor dem Gemischtsein waren und was nicht ⟨völlig⟩ vernichtet ist. Dies nämlich machte das obige Argument zum Problem, doch scheint es, daß die Gemischten sowohl aus zuvor Getrennten erst zusammentreten als auch fähig sind, wieder getrennt zu werden. Weder verbleiben sie also als Wirklichkeit wie der Körper und das Weiße, noch vergehen sie, weder eins von beiden noch beide, denn bewahrt wird das Vermögen von ihnen. Deshalb kann dies als erledigt gelten.

Hingegen ist die damit zusammenhängende Aporie durchzunehmen, ob die Mischung ⟨lediglich⟩ etwas relativ zur Wahrnehmung Existierendes ist. Wenn nämlich die Gemischten so in kleine Teile zerlegt und in einer derartigen Weise nebeneinandergesetzt wurden, daß ein jedes nicht für die Wahrnehmung deutlich wäre, sind sie dann gemischt? | Oder nicht, 328a
sondern ist es vielmehr so, daß dann je ein beliebiger neben je a1
einem beliebigen Teil der Gemischten sich befindet? Gemeint ist das also in der Weise, wie etwa Gerstenkörner gemischt sind mit Weizenkörnern, wenn je eines neben je ein anderes gesetzt wurde. Wenn aber *jeglicher* Körper teilbar ist – wenn doch Körper mit Körper mischungsfähig ⟨nur⟩ als *homoiomer* ist – dann müßte wohl ein beliebiger Teil neben einem beliebigen zu liegen kommen. Da es aber nicht möglich ist, in die kleinsten ⟨Teile⟩ geteilt zu werden und außerdem Zusammensetzung und Mischung nicht dasselbe, sondern verschiedenes sind, ist klar, daß man weder, wenn die Gemischten im Kleinen

327b30 *οὔτε ἑκάτερον* (weder eins von beiden) mit Rashed nach **a** und **b** : οὔτε θάτερον Joachim **328a1** *ἀλλ' ἔστιν ὥστε* (sondern ist es vielmehr so, daß) mit Rashed nach **a** und **b** : ἀλλ' ⟨ὅτε⟩ ἔστιν ὥστε Joachim

μιγνύμενα φάναι μεμῖχθαι (σύνθεσις γὰρ ἔσται καὶ οὐ κρᾶσις οὐδὲ μίξις, οὐδ' ἕξει τὸν αὐτὸν λόγον τῷ ὅλῳ τὸ μόριον· φαμὲν δὲ δεῖν, εἴπερ μέμικται, τὸ μιχθὲν ὁμοιομερὲς εἶναι, καὶ ὥσπερ τοῦ ὕδατος τὸ μέρος ὕδωρ, οὕτω καὶ τοῦ κραθέντος· ἂν δ' ᾖ κατὰ μικρὰ σύνθεσις ἡ μίξις, οὐθὲν συμβήσεται τούτων, ἀλλὰ μόνον μεμιγμένα πρὸς τὴν αἴσθησιν, καὶ τὸ αὐτὸ τῷ μὲν μεμιγμένον, ἐὰν μὴ βλέπῃ ὀξύ, τῷ Λυγκεῖ δ' οὐθὲν μεμιγμένον) οὔτε τῇ διαιρέσει ὥστε ὁτιοῦν παρ' ὁτιοῦν μέρος, ἀδύνατον γὰρ οὕτω διαιρεθῆναι. ἢ οὖν οὐκ ἔστι μίξις, ἢ λεκτέον τοῦτο πῶς ἐνδέχεται γίγνεσθαι πάλιν. ἔστι δή, ὥς φαμεν, τῶν ὄντων τὰ μὲν ποιητικὰ τὰ δ' ὑπὸ τούτων παθητικά. τὰ μὲν οὖν ἀντιστρέφει, ὅσων ἡ αὐτὴ ὕλη ἐστί, καὶ ποιητικὰ ἀλλήλων καὶ παθητικὰ ὑπ' ἀλλήλων· τὰ δὲ ποιεῖ ἀπαθῆ ὄντα, ὅσων μὴ ἡ αὐτὴ ὕλη. τούτων μὲν οὖν οὐκ ἔστι μίξις· διὸ οὐδ' ἡ ἰατρικὴ ποιεῖ ὑγίειαν οὐδ' ἡ ὑγίεια μιγνυμένη τοῖς σώμασιν. τῶν δὲ ποιητικῶν καὶ παθητικῶν ὅσα εὐδιαίρετα, πολλὰ μὲν ὀλίγοις καὶ μεγάλα μικροῖς συντιθέμενα οὐ ποιεῖ μίξιν, ἀλλ' αὔξησιν τοῦ κρατοῦντος· μεταβάλλει γὰρ θάτερον εἰς τὸ κρατοῦν (διὸ

8 *φᾶναι* J *μεμῖχθαι* in litura fecit E *οὐ*] *οὐδὲ* H **10** *δὲ δεῖν*] *δ'* EL *μέμικται*] *μεμῖχθαι* E : *δεῖ μεμῖχθαί τι* L : *μέμικταί τι* (*τι* tamen in marg. addito) F **12** *ᾖ* om. E[1] : *ἡ* F *ἡ*] *ᾖ* F **13** *οὐδὲν ἂν συμβήσεται* H **15** *τι ὀξύ* EFL *γλυκεῖ* E : *λυγγεῖ* H : lynceo Γ *οὐθέν*] non Γ **16** *ὥστε*] *οὔτε* coni. Bekker, sed nihil mutandum **17** *ἔστι*] *ἔσται* F **18** *πάλιν γίγνεσθαι* F *δή*] *δέ* F[1] *ἔφαμεν* F[2]L **22** *οὖν* om. E **23** *μιγνύμενα* JL **24** *ὅσα ἐστὶν εὐδιαίρετα* F *καὶ μεγάλα*] *μεγάλα δὲ* F[1] **25** *οὐ*] *οὔ γε* vel *οὔτε* E[1] **26** *διὸ*] *οἷον* L

erhalten bleiben, sagen darf, sie seien gemischt (denn es wird
dann eine Zusammensetzung sein und nicht Fusion noch auch
Mischung, und der Teil wird nicht denselben Begriff haben wie
das Ganze. Wir behaupten aber, daß dann, wenn es doch ge- a10
mischt ist, das Gemischte homoiomer ist und, wie von Wasser
der Teil Wasser, genauso auch vom Fusionierten. Wenn aber
die Mischung eine Zusammensetzung im Kleinen wäre, würde
von ihnen her nichts passieren, sondern wären sie Vermischte
nur relativ zur Wahrnehmung; und dasselbe wäre zwar für den
einen Gemischtes, wenn er nicht scharf hinblickt, für Lynkeus * a14
aber nichts Gemischtes) noch im Falle einer Zerteilung derart,
daß neben je einem beliebigen je ein beliebiger Teil wäre; denn
es ist unmöglich, so geteilt zu werden.

Entweder gibt es also keine Mischung, oder man muß umgekehrt klarmachen, wie es möglich ist, daß dies geschieht. Nun sind von den Dingen, wie wir sagen, die einen wirkungsfähig, andere so, daß sie von ihnen Einwirkung erfahren können. Manche entsprechen sich also – wovon nämlich die Materie identisch ist – und sind sowohl fähig, aufeinander zu wirken, als auch leidensfähig untereinander. Anderes hingegen wirkt, ohne Einwirkung zu erfahren – wovon die Materie nicht die-
selbe ist. Davon also gibt es keine Mischung. Und deswegen a22
bewirkt nicht die Arztkunst, auch nicht die Gesundheit, indem a23
sie mit den Körpern ›gemischt‹ werden, Gesundheit. All das aber, was vom Wirk- und Leidensfähigen leicht zu teilen ist, bringt, wenn Vieles mit Wenigem und Großes mit Kleinem zusammengebracht wird, nicht Mischung hervor, sondern Wachstum des Obsiegenden; denn das eine von beiden verwandelt sich in das Obsiegende (weshalb sich ein Tropfen Wein mit

328a10 *δ', εἴπερ μεμίχθαι* (dann, wenn es doch gemischt ist, … ist) mit Rashed nach **a** : δὲ δεῖν, εἴπερ μέμικται Joachim nach **b** **328a14f.** *ἐὰν μὴ βλέπῃ ὀξύ* (wenn er nicht scharf hinblickt) mit Joachim nach **b** : ἐὰν μὴ βλέπῃ τι ὀξύ Rashed nach **a** **328a22** *τούτων μὲν οὖν* (Davon also) mit Joachim nach **b** : τούτων μὲν Rashed nach **a** **328a23** *μιγνύμενα* (indem sie … ›gemischt‹ werden) mit Rashed nach **a** und **b** (überwiegend) : μιγνυμένη Joachim nach FHW Philoponos

σταλαγμὸς οἴνου μυρίοις χοεῦσιν ὕδατος οὐ μίγνυται, λύεται γὰρ τὸ εἶδος καὶ μεταβάλλει εἰς τὸ πᾶν ὕδωρ)· ὅταν δὲ ταῖς δυνάμεσιν ἰσάζῃ πως, τότε μεταβάλλει μὲν ἑκάτερον εἰς τὸ κρατοῦν ἐκ τῆς αὑτοῦ φύσεως, οὐ γίνεται δὲ θάτερον ἀλλὰ μεταξὺ καὶ κοινόν. φανερὸν οὖν ὅτι ἐστὶ ταῦτα μικτὰ ὅσα ἐναντίωσιν ἔχει τῶν ποιούντων (ταῦτα γάρ ἐστιν ὑπ' ἀλλήλων παθητικά)· καὶ μικρὰ δὲ μικροῖς παρατιθέμενα μίγνυται μᾶλλον, ῥᾷον γὰρ καὶ θᾶττον ἄλληλα μεθιστᾶσι, τὸ δὲ πολὺ καὶ ὑπὸ πολλοῦ χρονίως τοῦτο δρᾷ. διὸ τὰ εὐό-
328b ριστα τῶν διαιρετῶν καὶ παθητικῶν μικτά—διαιρεῖται γὰρ εἰς μικρὰ ταῦτα ῥᾳδίως, τοῦτο γὰρ ἦν τὸ εὐορίστῳ εἶναι—οἷον τὰ ὑγρὰ μικτὰ μάλιστα τῶν σωμάτων· εὐόριστον γὰρ μάλιστα τὸ ὑγρὸν τῶν διαιρετῶν, ἐὰν μὴ γλίσχρον ᾖ (ταῦτα γὰρ δὴ πλείω καὶ μείζω μόνον ποιεῖ τὸν ὄγκον). ὅταν δ' ᾖ θάτερον μόνον παθητικόν, ἢ σφόδρα τὸ δὲ πάμπαν ἠρέμα, ἢ οὐθὲν πλεῖον τὸ μιχθὲν ἐξ ἀμφοῖν ἢ μικρόν, ὅπερ συμβαίνει περὶ τὸν καττίτερον καὶ τὸν χαλκόν. ἔνια γὰρ ψελλίζεται πρὸς ἄλληλα τῶν ὄντων καὶ ἐπαμφοτερίζει—φαίνεται γάρ πως καὶ μικτὰ ἠρέμα καὶ ὡς θάτερον μὲν δεκτικὸν θάτερον δ' εἶδος—ὅπερ καὶ ἐπὶ τούτων συμβαίνει· ὁ γὰρ καττίτερος ὡς πάθος τι ὢν ἄνευ ὕλης τοῦ χαλκοῦ σχεδὸν ἀφανίζεται καὶ μιχθεὶς ἄπεισι χρωματίσας μόνον. ταὐτὸ δὲ τοῦτο συμβαίνει καὶ ἐφ' ἑτέρων. φανερὸν τοίνυν ἐκ

27 *χοῦσιν* E **28** *μεταβάλλεται* EL *πᾶν τὸ* H **30** *αὑτοῦ*] *αὐτοῦ* EFJ **31** *καὶ* om. F *ἐστὶ ταῦτα*] *ἐστὶ* supra lin. add. F : *ταῦτ' ἐστὶ* EL **32** *τῶν* om. F *ποιούντων*] *τοιούτων* J **32-33** *γὰρ δὴ ὑπ' ἀλλήλων ἐστὶ* EL **34** *μεθιστᾶσι*] *μεθίστησιν* FL **b 2** *ταῦτα* om. EL *τοῦ εὐορίστως* E **5** *καὶ* add. supra lineam ante *ταῦτα* F *μόνον* om. HJ *τὸν ὄγκον ποιεῖ* F **6** *ὅταν*] *ὅ τ' ἂν* J *ᾖ* om. F lacunam inter *μόνον* et *παθητικόν* habet J *ἢ*] *ᾖ* F **7** *ἢ ἠρέμα* EHL *ἢ* prius om. E *οὐδὲν τὸ μιχθὲν ἐξ* (sed adiecto *πλείω* supra *τὸ*, correcto *τὸ*, et spatio ante *ἐξ* relicto) F **8** *περὶ*] *παρὰ* H **9** *ψελίζεται* J **11** *καὶ* om. EL **12** *ὢν*] *ὂν* E *ἄνευ τῆς ὕλης* H **13** *καὶ* om. E[1]JL, et in marg. add. F *ἄπεισι*] *ἅπας* E[1]L : *ὁ πᾶς* J *καὶ χρωματίσας* L **14** *τοίνυν καὶ ἐκ* F

zehntausend Meßbechern Wasser nicht mischt: denn die Form wird aufgelöst und verwandelt sich zur Gänze in Wasser); wenn jedoch irgendwie ein Gleichgewicht an Kräften besteht, dann wandelt sich jedes von beiden in das Obsiegende aus seiner eigenen Natur, aber *wird* nicht das andere, sondern etwas dazwischen und Gemeinsames.

Somit ist klar, daß diejenigen Dinge mischungsfähig sind, die zu den Bewirkenden gehören und eine Gegensätzlichkeit beinhalten (denn die sind untereinander leidensfähig). Und kleine ⟨Mengen⟩ mit kleinen nebeneinander gebracht, vermischen sich eher, denn sie setzen einander leichter und schneller in Wandel, das Viele hingegen unter Wirkung von Vielem
tut dies in längerer Zeit. Deshalb ist das sehr | Geschmeidige 328b
von dem Teilbaren und Leidensfähigen mischungsfreudig – denn das wird leicht in kleine Teile zerlegt, dies aber war das Geschmeidig-Sein – wie z.B. die nassen unter den Körpern besonders mischungsfreudig sind. Denn sehr geschmeidig ist insbesondere das Nasse von dem Teilbaren, wenn es nicht gerade leimig ist (denn das macht ja die Masse nur mehr und größer). Wenn hingegen nur das eine von beiden leidensfähig ist oder dies in starkem Maße, während das andere fast gar nicht, so vermehrt sich das aus beiden Gemischte entweder gar nicht oder minimal, was etwa bei Zinn und Kupfer geschieht. Einige Dinge ›stammeln‹ nämlich im Verhältnis zueinander und sind ambivalent – denn sie scheinen in gewisser Weise sowohl kaum mischbar zu sein als auch so, daß das eine empfänglich dafür,
das andere aber eine Form ist – was ja bei den Genannten ge- b11
schieht: denn das Zinn, gleich als wäre es eine Beschaffenheit
ohne Materie von dem Kupfer, verschwindet fast, nachdem b13
es zur Gänze vermischt wurde, und gibt allein eine Färbung. Dasselbe geschieht auch bei anderen Dingen.

328b11 *ὅπερ καὶ* (was ja) mit Joachim nach **b** : ὅπερ Rashed nach **a**

328b13 *ἀφανίζεται μιχθεὶς ἅπας* (verschwindet …, nachdem es zur Gänze vermischt wurde) mit Rashed nach **a** : ἀφανίζεται καὶ μιχθεὶς ἄπεισι Joachim nach **b**

τῶν εἰρημένων καὶ ὅτι ἔστι μίξις καὶ τί ἐστι καὶ διὰ τί, καὶ ποῖα μικτὰ τῶν ὄντων, ἐπείπερ ἐστὶν ἔνια τοιαῦτα οἷα παθητικά τε ὑπ' ἀλλήλων καὶ εὐόριστα καὶ εὐδιαίρετα. ταῦτα γὰρ οὔτ' ἐφθάρθαι ἀνάγκη μεμιγμένα οὔτ' ἔτι ταὐτὰ ἁπλῶς εἶναι, οὔτε σύνθεσιν εἶναι τὴν μίξιν αὐτῶν, οὔτε πρὸς τὴν αἴσθησιν· ἀλλ' ἔστι μικτὸν μὲν ὃ ἂν εὐόριστον ὂν παθητικὸν ᾖ καὶ ποιητικόν, καὶ τοιούτῳ μικτόν (πρὸς ὁμώνυμον γὰρ τὸ μικτόν), ἡ δὲ μίξις τῶν μικτῶν ἀλλοιωθέντων ἕνωσις.

16 *οἷα τὰ παθητικά* H **17** *ταῦτα*] *τὰ* E **18** *ταὐτὰ*] *ταῦτα* E : *τὰ αὐτὰ* FJ **20** *ὃ ἂν*] *ὅταν* L : *ὅταν μὲν* E **21** ante *ποιητικόν* lituram habet J **22** *ἕνωσις. περὶ μὲν οὖν μίξεως καὶ ἁφῆς καὶ περὶ τοῦ ποιεῖν καὶ πάσχειν εἴρηται* HJ, et (omisso *μὲν*) F[1]

Aus dem Gesagten ist nunmehr klar, sowohl daß es Mischung gibt, als auch, was sie ist und warum, als auch, wie beschaffene Dinge mischungsfähig sind, da ja einiges so beschaffen ist, daß es leidensfähig untereinander sowie sehr geschmeidig und leicht zu zerlegen ist. Dies nämlich ist notwendigerweise weder zugrundegegangen, wenn gemischt, noch weiter schlechthin dasselbe; und ihre Mischung ist weder eine Zusammensetzung noch ⟨lediglich⟩ relativ zur Wahrnehmung. Vielmehr ist mischbar, was als sehr geschmeidig leidens- und wirkungsfähig ist, und zwar mischbar mit ebensolchem (denn im Verhältnis zu Gleichnamigem ist etwas mischbar); die Mischung aber ist Vereinigung von Mischbaren aufgrund von Veränderung.

B [II]

II 1 Περὶ μὲν οὖν μίξεως καὶ ἁφῆς καὶ τοῦ ποιεῖν καὶ πάσχειν εἴρηται πῶς ὑπάρχει τοῖς μεταβάλλουσι κατὰ φύσιν, ἔτι δὲ περὶ γενέσεως καὶ φθορᾶς τῆς ἁπλῆς, πῶς καὶ τίνος ἐστὶ καὶ διὰ τίν' αἰτίαν· ὁμοίως δὲ καὶ περὶ ἀλλοιώσεως εἴρηται, τί τὸ ἀλλοιοῦσθαι καὶ τίν' ἔχει διαφορὰν αὐτῶν· λοιπὸν δὲ θεωρῆσαι περὶ τὰ καλούμενα στοιχεῖα τῶν σωμάτων. γένεσις μὲν γὰρ καὶ φθορὰ πάσαις ταῖς φύσει συνεστώσαις οὐσίαις οὐκ ἄνευ τῶν αἰσθητῶν σωμάτων. τούτων δὲ τὴν ὑποκειμένην ὕλην οἱ μέν φασιν εἶναι μίαν, οἷον ἀέρα τιθέντες ἢ πῦρ ἤ τι μεταξὺ τούτων, σῶμά τε ὂν καὶ χωρι- 329a στόν· οἱ δὲ πλείω τὸν ἀριθμὸν ἑνός—οἱ μὲν πῦρ καὶ γῆν, οἱ δὲ ταῦτά τε καὶ ἀέρα τρίτον, οἱ δὲ καὶ ὕδωρ τούτων τέταρτον, ὥσπερ Ἐμπεδοκλῆς—ἐξ ὧν συγκρινομένων καὶ διακρινομένων ἢ ἀλλοιουμένων συμβαίνειν τὴν γένεσιν καὶ τὴν φθορὰν τοῖς πράγμασιν. ὅτι μὲν οὖν τὰ πρῶτα ἀρχὰς καὶ στοιχεῖα καλῶς ἔχει λέγειν, ἔστω συνομολογούμενον, ἐξ ὧν μεταβάλλοντων ἢ κατὰ σύγκρισιν καὶ διάκρισιν ἢ κατ' ἄλλην μεταβολὴν συμβαίνει γένεσιν εἶναι καὶ φθοράν. ἀλλ' οἱ μὲν ποιοῦντες μίαν ὕλην παρὰ τὰ εἰρημένα, ταύτην δὲ σωματικὴν καὶ χωριστήν, ἁμαρτάνουσιν. ἀδύνατον γὰρ ἄνευ ἐναντιώσεως εἶναι τὸ σῶμα τοῦτο αἰσθητῆς—ἢ γὰρ κοῦφον ἢ βαρὺ ἢ ψυχρὸν ἢ θερμὸν ἀνάγκη εἶναι τὸ ἄπειρον τοῦτο, ὃ

26 *καὶ περὶ τοῦ* F **28** *ἔτι δὲ*] *ἔτι καὶ* E, *δὲ* in marg. addito *τῆς ἁπλῆς, πῶς καὶ τίνος* J[1]D[b] : *τῆς ἁπλῆς, τίνος καὶ πῶς* EJ[2] : *τῆς ἁπλῆς καὶ τίνος καὶ πῶς* HL : *τῆς τινὸς καὶ ἁπλῶς καὶ πῶς* (*καὶ* ante *πῶς* supra lineam addito) FΓ : *τῆς τε ἁπλῆς καὶ τῆς τινός, πῶς* coni. Bonitz **30** *αὐτῶν* om. F **35** *τιθέντες* om. L *τι μεταξύ τι* (secundo tamen *τι* eraso) F **a 3** *καὶ*] *ἢ* FHJ **4** *ἢ*] *καὶ* J, et fecit E **7** *μεταβαλόντων* L *καὶ*] *ἢ* E *ἄλλην τινὰ* F **11** *αἰσθητῆς*] *αἰσθητόν* E : *τὸ αἰσθητόν* F : *αἰσθητὸν ὄν* L

BUCH II

Kapitel 1. Über Mischung und Berührung und das Wirken und Leiden, wie sie stattfinden bei den naturgemäß sich wandelnden Dingen, ist nunmehr gesprochen, ferner über das schlichte Werden und Vergehen, in welcher Weise und von was es das gibt und aufgrund welcher Ursache. Ebenso wurde auch über Veränderung gesprochen – was Sich-Verändern ist, und welcher Unterschied zwischen ihnen besteht. Bleibt noch übrig, Betrachtungen über die sogenannten Elemente der Körper anzustellen. Denn Werden und Vergehen gibt es für alle durch Natur konstituierten Substanzen nicht ohne die wahrnehmbaren Körper.

Von diesen aber ist die zugrundeliegende Materie nach
These der einen nur eine einzige, indem sie z. B. Luft oder
Feuer oder etwas zwischen diesen ansetzen, was ein Körper *
und Getrenntes | ist, während andere statt eins eine größere 329a
Anzahl behaupten: manche Feuer und Erde, andere diese und
Luft als drittes, wieder andere auch Wasser als viertes von ihnen, so wie Empedokles. Aus deren Sich-Zusammenschließen *
und Trennen oder Veränderung komme es zum Werden und
Vergehen für die Dinge. Daß nun diese Primären gut als Prinzipien und Elemente bezeichnet werden können, soll übereinstimmend festgestellt sein; aus ihrem Wandel entweder im
Verlauf von Zusammenschluß und Trennung oder anderem a7
Wandel her geschieht es, daß Werden und Vergehen existieren.
Indessen machen die, die eine einzige Materie neben den genannten ansetzen – wenn diese körperlich und getrennt ist –
einen Fehler. Denn ohne eine Gegensätzlichkeit, die wahr- a11
nehmbar ist, kann dieser ›Körper‹ unmöglich existieren: denn
entweder leicht oder schwer oder kalt oder warm muß dieses

329a7 *σύγκρισιν καὶ διάκρισιν* (Zusammenschluß und Trennung) mit Joachim nach **b**: σύγκρισιν ἢ διάκρισιν Rashed nach **a** **329a11** *αἰσθητῆς* (die wahrnehmbar ist) mit Joachim nach **b** : αἰσθητόν Rashed nach **a**

λέγουσί τινες εἶναι τὴν ἀρχήν. ὡς δ' ἐν τῷ Τιμαίῳ γέγραπται, οὐδένα ἔχει διορισμόν. οὐ γὰρ εἴρηκε σαφῶς τὸ πανδεχές, εἰ χωρίζεται τῶν στοιχείων, οὐδὲ χρῆται οὐδέν, φήσας εἶναι ὑποκείμενόν τι τοῖς καλουμένοις στοιχείοις πρότερον, οἷον χρυσὸν τοῖς ἔργοις τοῖς χρυσοῖς (καίτοι καὶ τοῦτο οὐ καλῶς λέγεται τοῦτον τὸν τρόπον λεγόμενον, ἀλλ' ὧν μὲν ἀλλοίωσις, ἔστιν οὕτως, ὧν δὲ γένεσις καὶ φθορά, ἀδύνατον ἐκεῖνο προσαγορεύεσθαι ἐξ οὗ γέγονεν—καίτοι γέ φησι μακρῷ ἀληθέστατον εἶναι χρυσὸν λέγειν ἕκαστον εἶναι), ἀλλὰ τῶν στοιχείων ὄντων στερεῶν μέχρι ἐπιπέδων ποιεῖται τὴν ἀνάλυσιν, ἀδύνατον δὲ τὴν τιθήνην καὶ τὴν ὕλην τὴν πρώτην τὰ ἐπίπεδα εἶναι. ἡμεῖς δὲ φαμὲν μὲν εἶναί τινα ὕλην τῶν σωμάτων τῶν αἰσθητῶν, ἀλλὰ ταύτην οὐ χωριστὴν ἀλλ' ἀεὶ μετ' ἐναντιώσεως, ἐξ ἧς γίνεται τὰ καλούμενα στοιχεῖα· διώρισται δὲ περὶ αὐτῶν ἐν ἑτέροις ἀκριβέστερον. οὐ μὴν ἀλλ' ἐπειδὴ καὶ τὸν τρόπον τοῦτόν ἐστιν ἐκ τῆς ὕλης τὰ σώματα τὰ πρῶτα, διοριστέον καὶ περὶ τούτων, ἀρχὴν μὲν καὶ πρώτην οἰομένοις εἶναι τὴν ὕλην τὴν ἀχώριστον μὲν ὑποκειμένην δὲ τοῖς ἐναντίοις (οὔτε γὰρ τὸ θερμὸν ὕλη τῷ ψυχρῷ οὔτε τοῦτο τῷ θερμῷ, ἀλλὰ τὸ ὑποκείμενον ἀμφοῖν), ὥστε πρῶτον μὲν τὸ δυνάμει σῶμα αἰσθητὸν ἀρχή, δεύτερον δ' αἱ ἐναντιώσεις, λέγω δ' οἷον θερμότης καὶ ψυχρότης, τρίτον δ' ἤδη πῦρ καὶ ὕδωρ καὶ τὰ τοιαῦτα. ταῦτα μὲν γὰρ
329b μεταβάλλει εἰς ἄλληλα, καὶ οὐχ ὡς Ἐμπεδοκλῆς καὶ ἕτεροι λέγουσιν (οὐ γὰρ ἂν ἦν ἀλλοίωσις), αἱ δ' ἐναντιώσεις οὐ μεταβάλλουσιν. ἀλλ' οὐδὲν ἧττον καὶ ὥς, σώματος ποίας καὶ πόσας λεκτέον ἀρχάς; οἱ μὲν γὰρ ἄλλοι ὑπο-

14 *διωρισμόν* J **15** *οὐδέν*] *οὐδενί* EH **17** *καὶ* om. L **18** *ἀλλ' ὧν*] *ἀλλήλων* E[1] **20** *ἐκεῖνο προσαγορεύεσθαι*] *κεῖνο προς ἐκεῖνο ἀγορεύεσθαι* E[1] *ἐξ*] *ἀφ'* F **24** *μὲν* om. FHJLΦ[1] **25** *τῶν σωμάτων* om. Φ[1] **27** *ἑτέροις*] *ἄλλοις* Φ[1] **28** *ἐπειδὴ*] *ἐπεὶ* E **29** *μὲν* om. F[1]J *πρῶτον* F[1]HJ **30** *οἰομένους* EJ: *οἰόμενος* Φ[1] **31** *οὔτε*] *οὐ* (addito *τε* supra lin.) J *τὸ* om. H **32** *οὔτε*] *οὐδὲ* E: *οὔτε δὲ* H **34** *αἱ* om. E: *αἱ πρῶται* Γ *ἐναντίωσις* E *καὶ* om. E *τρίτως* EJ **35** *δ' ἤδη*] *δὲ ἅμα* fecit E: *δὲ ὡς ἤδη* H **b 1** *ὡς*] *ὥσπερ* Φ[1] **2** *οὐ*] *ἀεὶ* F: *οὐδὲ* HL *αἱ δ'*] *ἔτι αἱ* fecit E **3** *καὶ ὥς* FHJL: *καὶ* fecit E

Unbegrenzte sein, welches manche als Prinzip bezeichnen. So *
wie es dagegen im *Timaios* beschrieben ist, hat es keine Be-
stimmtheit; denn er hat nicht deutlich gesagt, ob das ›All-Auf-
nehmende‹ getrennt von den Elementen ist. Außerdem macht *
er gar keinen Gebrauch davon, nachdem er vorher gesagt hat,
es sei ein Zugrundeliegendes für die sogenannten Elemente,
wie Gold für die goldenen Werkstücke. (Und auch das ist nicht
passend gesprochen, wenn es auf diese Art erklärt wird; viel-
mehr ⟨nur⟩ bei Dingen, an denen Veränderung vor sich geht,
da ist es so, während die, wo Werden und Vergehen, unmöglich
als jenes angesprochen werden können, woraus sie geworden
sind. Doch sagt er trotzdem, es sei bei weitem das Wahrste, ein
jedes als ›Gold‹ zu bezeichnen.) Dem entgegen treibt er die
Analyse der festen Elementarkörper bis zu den Flächen; je- *
doch kann die ›Amme‹ und die erste Materie ja unmöglich die
Flächen sein.

Wir hingegen behaupten zwar, daß es eine gewisse Materie
der wahrnehmbaren Körper gibt, daß diese aber nicht getrennt,
sondern stets mit einer Gegensätzlichkeit existiert, aus der die
sogenannten Elemente werden. An anderen Orten sind dar-
über genauere Bestimmungen getroffen. Allerdings – nachdem *
auch in dieser Version die ersten Körper aus der Materie sind –
müssen auch darüber Feststellungen getroffen werden, weil wir
die Materie ja für ein Prinzip und für primär halten, als zwar
ungetrennt, aber doch zugrundeliegend für die Gegensätze
(denn weder ist das Warme die Materie für das Kalte noch
dieses für das Warme, sondern das beidem Zugrundeliegende);
so daß erstens das ein Prinzip ist, was dem Vermögen nach
wahrnehmbarer Körper ist, zweitens die Gegensätzlichkeit,
ich meine z. B. Wärme und Kälte, an dritter Stelle aber bereits
Feuer und Wasser und dergleichen. Denn diese | wandeln sich 329b
ineinander, und nicht wie Empedokles und andere es behaup-
ten, denn so gäbe es keine Veränderung; aber die gegensätz- *
lichen Bestimmungen ⟨als solche⟩ verwandeln sich nicht. Doch
sind um nichts weniger, auch so noch, die Prinzipien des Kör-
pers zu erklären, welcher Art und wie viele es sind. Denn die

θέμενοι χρῶνται, καὶ οὐδὲν λέγουσι διὰ τί αὗται ἢ τοσαῦται.

II 2 Ἐπεὶ οὖν ζητοῦμεν αἰσθητοῦ σώματος ἀρχάς, τοῦτο δ' ἐστὶν ἁπτοῦ, ἁπτὸν δ' οὗ ἡ αἴσθησις ἁφή, φανερὸν ὅτι οὐ πᾶσαι αἱ ἐναντιώσεις σώματος εἴδη καὶ ἀρχὰς ποιοῦσιν, ἀλλὰ μόνον αἱ κατὰ τὴν ἁφήν· κατ' ἐναντίωσίν τε γὰρ διαφέρουσι, καὶ κατὰ ἁπτὴν ἐναντίωσιν. διὸ οὔτε λευκότης καὶ μελανία οὔτε γλυκύτης καὶ πικρότης, ὁμοίως δ' οὐδὲ τῶν ἄλλων τῶν αἰσθητῶν ἐναντιώσεων οὐδὲν ποιεῖ στοιχεῖον. καίτοι πρότερον ὄψις ἁφῆς, ὥστε καὶ τὸ ὑποκείμενον πρότερον· ἀλλ' οὐκ ἔστι σώματος ἁπτοῦ πάθος ᾗ ἁπτόν, ἀλλὰ καθ' ἕτερον καὶ εἰ ἔτυχε τῇ φύσει πρότερον. αὐτῶν δὴ τῶν ἁπτῶν διαιρετέον ποῖαι πρῶται διαφοραὶ καὶ ἐναντιώσεις. εἰσὶ δ' ἐναντιώσεις κατὰ τὴν ἁφὴν αἵδε, θερμὸν ψυχρόν, ξηρὸν ὑγρόν, βαρὺ κοῦφον, σκληρὸν μαλακόν, γλίσχρον κραῦρον, τραχὺ λεῖον, παχὺ λεπτόν. τούτων δὲ βαρὺ μὲν καὶ κοῦφον οὐ ποιητικὰ οὐδὲ παθητικά· οὐ γὰρ τῷ ποιεῖν τι ἕτερον ἢ πάσχειν ὑφ' ἑτέρου λέγονται, δεῖ δὲ ποιητικὰ καὶ παθητικὰ εἶναι ἀλλήλων τὰ στοιχεῖα, μίγνυται γὰρ καὶ μεταβάλλει εἰς ἄλληλα. θερμὸν δὲ καὶ ψυχρὸν καὶ ξηρὸν καὶ ὑγρὸν τὰ μὲν τῷ ποιητικὰ εἶναι τὰ δὲ τῷ παθητικὰ λέγεται· θερμὸν γάρ ἐστι τὸ συγκρῖνον τὰ ὁμογενῆ (τὸ γὰρ διακρίνειν, ὅπερ φασὶ ποιεῖν τὸ πῦρ, συγκρίνειν ἐστὶ τὰ ὁμόφυλα—συμβαίνει γὰρ ἐξαιρεῖν τὰ ἀλλότρια), ψυχρὸν δὲ τὸ συνάγον καὶ συγκρῖνον ὁμοίως τά

5 *οὐδὲν*] *οὐδὲ* F *τί*] *τί ἢ* JL **8** *ἡ* om. F **9** *σώματος εἴδη*] *σώματος* delendum notat et *εἴδη* ex *ἤδη* (ut videtur) fecit J **10** *μόναι* FHJ **11** *κατὰ τὴν ἁπτὴν* F **12** *γλυκότης* J **13** *τῶν* post *ἄλλων* om. FHJ **16** *δὴ*] *δὲ* FL **17** *τῶν*] *πρῶτον* E : *πρῶτον τῶν* F^2L : *πρῶτον καὶ τῶν* F^1 *ποῖαι δὴ πρῶται* HJ **18** *εἰσὶ δ' ἐναντιώσεις* in marg. add. F **19** *ὑγρὸν ξηρόν* F **21** *τῷ*] *τὸ* J **22** *ἕτερον*] *πρότερον* E *ἢ*] *οὐδὲ τῷ* F *λέγεται* FL **23** *καὶ … ἀλλήλων*] *ἀλλήλων καὶ παθητικὰ εἶναι* F : *εἶναι ἀλλήλων καὶ παθητικὰ* L *μίγνυται γὰρ*] *γίγνεται γὰρ καὶ μίγνυται* FHJ **25** *ὑγρὸν καὶ ξηρὸν* EL *τῷ* prius om. E **29** *ὁμοίως* ante *καὶ* ponit L

anderen setzen sie voraus und machen Gebrauch davon, ohne etwas darüber zu sagen, warum sie diese oder so viele sind.

Kapitel 2. Da wir die Prinzipien des wahrnehmbaren Körpers suchen, dies aber bedeutet: vom berührbaren, berührbar jedoch das ist, dessen Wahrnehmung Berührung ist, so ist klar, daß nicht alle gegensätzlichen Bestimmtheiten Formen und Prinzipien des Körpers ausmachen, sondern nur die auf Berührung bezogenen; denn gemäß einer Gegensätzlichkeit ergeben sich Unterschiede, d. h. hier: der berührungsbezogenen Gegensätzlichkeit. Deshalb machen weder Weißsein noch Schwärze und weder Süße noch Bitterkeit und ebenso wenig irgendeine andere der wahrnehmbaren Gegensätzlichkeiten ein Element aus. Dennoch ist das Sehen der Berührung vorgeordnet, so daß auch das Zugrundeliegende früher ist. Doch ist es nicht Beschaffenheit eines berührbaren Körpers als eines berührbaren, sondern unter anderer Hinsicht, auch wenn es der Natur nach früher ist. Unter diesen berührbaren sind also die Qualitäten zu bestimmen, die die primären Unterschiede und Gegensätzlichkeiten sind.

Gegensätzlichkeiten gemäß der Berührung sind aber folgende: warm – kalt, trocken – naß, schwer – leicht, hart – weich, leimig – spröde, rauh – glatt, dick – dünn. Von ihnen aber sind schwer und leicht nicht wirkungs- und leidensfähig; denn sie werden nicht dadurch begriffen, daß sie etwas anderes bewirken oder von anderem leiden. Doch muß es so sein, daß die Elemente miteinander wirkungs- und leidensfähig sind. Denn sie mischen und verwandeln sich ineinander.

Warmes und Kaltes und Trockenes und Nasses hingegen werden dadurch begriffen, daß sie teils wirkungs-, teils leidensfähig sind: Denn ›warm‹ ist das, was Homogenes zusammenschließt (denn die Trennung, welche, wie man sagt, das Feuer bewirkt, ist ein Zusammenschließen des Gleichartigen – damit einher geht nämlich, daß es das Fremde ausscheidet), ›kalt‹ hingegen ist das Zusammenführende und -schließende gleicher-

τε συγγενῆ καὶ τὰ μὴ ὁμόφυλα, ὑγρὸν δὲ τὸ ἀόριστον οἰκείῳ ὅρῳ εὐόριστον ὄν, ξηρὸν δὲ τὸ εὐόριστον μὲν οἰκείῳ ὅρῳ, δυσόριστον δέ. τὸ δὲ λεπτὸν καὶ παχὺ καὶ γλίσχρον καὶ κραῦρον καὶ σκληρὸν καὶ μαλακὸν καὶ αἱ ἄλλαι διαφοραὶ ἐκ τούτων. ἐπεὶ γὰρ τὸ ἀναπληστικόν ἐστι τοῦ ὑγροῦ διὰ τὸ μὴ ὡρίσθαι μὲν εὐόριστον δ' εἶναι καὶ ἀκολουθεῖν τῷ 330a ἁπτομένῳ, τὸ δὲ λεπτὸν ἀναπληστικόν (λεπτομερὲς γάρ, καὶ τὸ μικρομερὲς ἀναπληστικόν· ὅλον γὰρ ὅλου ἅπτεται, τὸ δὲ λεπτὸν μάλιστα τοιοῦτον), φανερὸν ὅτι τὸ μὲν λεπτὸν ἔσται τοῦ ὑγροῦ τὸ δὲ παχὺ τοῦ ξηροῦ. πάλιν δὲ τὸ μὲν γλίσχρον τοῦ ὑγροῦ (τὸ γὰρ γλίσχρον ὑγρὸν πεπονθός τί ἐστιν, οἷον τὸ ἔλαιον) τὸ δὲ κραῦρον τοῦ ξηροῦ· κραῦρον γὰρ τὸ τελέως ξηρόν, ὥστε καὶ πεπηγέναι δι' ἔλλειψιν ὑγρότητος. ἔτι τὸ μὲν μαλακὸν τοῦ ὑγροῦ (μαλακὸν γὰρ τὸ ὑπεῖκον εἰς ἑαυτὸ καὶ μὴ μεθιστάμενον, ὅπερ ποιεῖ τὸ ὑγρόν—διὸ καὶ οὐκ ἔστι τὸ ὑγρὸν μαλακόν, ἀλλὰ τὸ μαλακὸν τοῦ ὑγροῦ) τὸ δὲ σκληρὸν τοῦ ξηροῦ· σκληρὸν γάρ ἐστι τὸ πεπηγός, τὸ δὲ πεπηγὸς ξηρόν. λέγεται δὲ ξηρὸν καὶ ὑγρὸν πλεοναχῶς· ἀντίκειται γὰρ τῷ ξηρῷ καὶ τὸ ὑγρὸν καὶ τὸ διερόν, καὶ πάλιν τῷ ὑγρῷ καὶ τὸ ξηρὸν καὶ τὸ πεπηγός, ἅπαντα δὲ ταῦτ' ἐστὶ τοῦ ξηροῦ καὶ τοῦ ὑγροῦ τῶν πρώτων λεχθέντων. ἐπεὶ γὰρ ἀντίκειται τῷ διερῷ τὸ ξηρόν, καὶ διερὸν μέν ἐστι τὸ ἔχον ἀλλοτρίαν ὑγρότητα ἐπιπολῆς, βεβρεγμένον δὲ τὸ εἰς βάθος, ξηρὸν δὲ τὸ ἐστερημένον ταύτης, φανερὸν ὅτι τὸ μὲν διερὸν ἔσται τοῦ ὑγροῦ, τὸ δ' ἀντικείμενον ξηρὸν τοῦ πρώτως ξηροῦ. πάλιν δὲ τὸ ὑγρὸν καὶ τὸ πεπηγὸς ὡσαύτως· ὑγρὸν μὲν γάρ ἐστι τὸ ἔχον οἰκείαν ὑγρότητα ἐν τῷ βάθει (βεβρεγμένον δὲ τὸ ἔχον ἀλλοτρίαν ὑγρότητα), πεπηγὸς δὲ

31 *ὄν*] *δὲ ἀλλοτρίως* H *τὸ εὐόριστον*] *τὸ ἀόριστον* E **32** *παχὺ*] *παχύτερον* E **33** *καὶ σκληρὸν* om. J : *καὶ τὸ σκληρὸν* L *ἄλλαι αἱ* E **a 1** *λεπτομερὲς*] *μικρομερὲς* L, et (ut videtur) Φ[c] **4** *ἔσται*] *ἐστι* L **7** *ξηρόν* J[1], supra lineam tamen scripsit *σκληρόν* J[2] *οἰκείας ὑγρότητος* Γ **8** *τοῦ ὑγροῦ μαλακὸν* om. E post *ὑγροῦ* add. *τὸ δὲ σκληρὸν τοῦ ξηροῦ* F **9** *μὴ* om. EJ *διὸ* … 10 *ὑγρὸν* om. E **10** *οὐκ ἔστι*] *οὐκέτι* L **11** *σκληρὸν γάρ*] *ξηρὸν γάρ* E **14** *δὲ*] *δὴ* EF **17** *ἀλλοτρίαν ἔχον* J **19** *πρώτως*] *πρώτου* FHL **20** *δὲ*] *δὴ* F **21** *γάρ* om. F *ἔχον τὴν οἰκείαν* F *ἐν τῷ βάθει* om. F **22** *βεβρεγμένον* … *ὑγρότητα* om. HL : *βεβρεγμένον δὲ τὸ ἔχον ἀλλοτρίαν ὑγρότητα ἐν τῷ βάθει* in marg. (prima tamen manu) ponit J **22** post *ὑγρότητα* add. *ἐν τῷ βάθει* EF (cf. etiam J)

maßen für das Verwandte und das nicht Gleichartige; ›naß‹
dagegen ist das durch eigene Grenze Unbestimmte, doch Ge-
schmeidige für sie; ›trocken‹ das zwar Scharfumrissene durch
eigene Grenze, jedoch Ungeschmeidige. Das Dünne und Dicke
und Leimige und Spröde und Harte und Weiche und die ande-
ren Unterschiede aber sind aus diesen. Denn da das zur Füllung
Geeignete vom Nassen ist – weil dies zwar nicht abgegrenzt,
aber sehr geschmeidig ist und sich dem einfügt, was es | be-
rührt – das Dünne aber zur Füllung geeignet (denn es ist fein- 330a
teilig, und das Kleinteilige ist geeignet zur Füllung; denn ganz
berührt es ein Ganzes, doch ist das Dünne am ehesten von
solcher Art), so ist klar, daß das Dünne vom Nassen sein wird,
das Dicke aber vom Trockenen. Hinwiederum das Leimige ist
vom Nassen (denn leimig ist Nasses in bestimmter Beschaffen-
heit, wie z. B. Olivenöl), das Spröde aber vom Trockenen; denn
spröde ist das völlig Trockene, so daß es auch erstarrt ist durch
das Fehlen der Nässe. Weiterhin ist das Weiche vom Nassen
(denn weich ist das, was nachgibt in sich selbst und sich dabei
nicht verschiebt, was eben das Nasse macht – weswegen auch
nicht das Nasse etwas Weiches, sondern das Weiche vom Nas-
sen ist), das Harte dagegen ist vom Trockenen: denn hart ist das
Erstarrte, das Erstarrte aber trocken. Trocken und naß aber
hat mehrere Bedeutungen: Denn dem Trockenen steht sowohl
das Nasse als auch das Benetzte gegenüber, und umgekehrt
dem Nassen sowohl das Trockene als auch das Erstarrte; alles
dies aber ist vom Trockenen und Nassen, wie sie primär begrif-
fen werden. Denn da dem Benetzten das Trockene gegenüber-
steht, und benetzt das ist, was fremde Nässe an der Oberfläche,
durchtränkt dagegen, was sie in der Tiefe hat; während trok-
ken das ist, was ihrer beraubt ist, so ist klar, daß das Benetzte
vom Nassen sein wird, während das dazu gegenteilige Trok-
kene vom primär Trockenen. Wiederum genauso das Nasse
und das Erstarrte: Naß nämlich ist das, was *eigene* Nässe in
der Tiefe hat (durchtränkt aber, was fremde Nässe in der Tiefe a22

330a22 *ἀλλοτρίαν ὑγρότητα ἐν τῷ βάθει* (fremde Nässe in der Tiefe) mit Rashed nach **a** : ἀλλοτρίαν ὑγρότητα Joachim nach **b**

τὸ ἐστερημένον ταύτης, ὥστε καὶ τούτων ἐστὶ τὸ μὲν ξηροῦ τὸ δὲ ὑγροῦ. δῆλον τοίνυν ὅτι πᾶσαι αἱ ἄλλαι διαφοραὶ ἀνάγονται εἰς τὰς πρώτας τέτταρας, αὗται δὲ οὐκέτι εἰς ἐλάττους· οὔτε γὰρ τὸ θερμὸν ὅπερ ὑγρὸν ἢ ὅπερ ξηρόν, οὔτε τὸ ὑγρὸν ὅπερ θερμὸν ἢ ὅπερ ψυχρόν, οὔτε τὸ ψυχρὸν καὶ τὸ ξηρὸν οὔθ' ὑπ' ἄλληλ' οὔθ' ὑπὸ τὸ θερμὸν καὶ τὸ ὑγρόν εἰσιν· ὥστ' ἀνάγκη τέτταρας εἶναι ταύτας.

II 3 Ἐπεὶ δὲ τέτταρα τὰ στοιχεῖα, τῶν δὲ τεττάρων ἓξ αἱ συζεύξεις, τὰ δ' ἐναντία οὐ πέφυκε συνδυάζεσθαι (θερμὸν γὰρ καὶ ψυχρὸν εἶναι τὸ αὐτὸ καὶ πάλιν ὑγρὸν καὶ ξηρὸν ἀδύνατον), φανερὸν ὅτι τέτταρες ἔσονται αἱ τῶν στοιχείων συζεύξεις, θερμοῦ καὶ ξηροῦ, καὶ ὑγροῦ καὶ θερμοῦ, καὶ πάλιν ψυχροῦ καὶ ξηροῦ, καὶ ψυχροῦ καὶ ὑγροῦ. καὶ ἠκολούθηκε κατὰ λόγον τοῖς ἁπλοῖς φαινομένοις σώμασι, πυρὶ καὶ ἀέρι καὶ ὕδατι καὶ γῇ. τὸ μὲν γὰρ πῦρ θερμὸν καὶ ξηρόν, ὁ δ' ἀὴρ θερμὸν καὶ ὑγρόν (οἷον ἀτμὶς γὰρ ὁ ἀήρ), τὸ δ' ὕδωρ ψυχρὸν καὶ ὑγρόν, ἡ δὲ γῆ ψυχρὸν καὶ ξηρόν, ὥστ' εὐλόγως διανέμεσθαι τὰς διαφορὰς τοῖς πρώτοις σώμασι, καὶ τὸ πλῆθος αὐτῶν εἶναι κατὰ λόγον. ἅπαντες γὰρ οἱ τὰ ἁπλᾶ σώματα στοιχεῖα ποιοῦντες οἱ μὲν ἕν, οἱ δὲ δύο, οἱ δὲ τρία, οἱ δὲ τέτταρα ποιοῦσιν. ὅσοι μὲν οὖν ἓν μόνον λέγουσιν, εἶτα πυκνώσει καὶ μανώσει τἆλλα γεννῶσι, τούτοις συμβαίνει δύο ποιεῖν τὰς ἀρχάς, τό τε μανὸν καὶ τὸ πυκνὸν ἢ τὸ θερμὸν καὶ τὸ ψυχρόν—ταῦτα γὰρ τὰ δημιουργοῦντα, τὸ δ' ἓν ὑπόκειται καθάπερ ὕλη. οἱ δ' εὐθὺς δύο ποιοῦντες, ὥσπερ Παρμενίδης πῦρ καὶ γῆν, τὰ μεταξὺ

23 *ἐστὶ*] *ἔσται* FHL *ξηροῦ*] *ὑγροῦ* J **24** *ὑγροῦ*] *ξηροῦ* J **26** *τὸ* supra lin. add. F *ὑγρὸν*] *ψυχρὸν* (suprascr. *ξηρὸν*) F *ξηρόν*] *ὑγρόν* F **28** *οὐδ'*… *οὐδ'* E *τὸ* post *καὶ* om. F **29** *εἶναι ταύτας*] *αὐτὰς εἶναι* H **30** *ἐπειδὴ δὲ* FHL *τὰ* om. L **32** *ὑγρὸν καὶ ξηρὸν*] *ξηρὸν καὶ ὑγρὸν* EL **34** *καὶ ξηροῦ* … *θερμοῦ* om. F, qui tamen *καὶ ξηροῦ θερμοῦ καὶ ὑγροῦ* in marg. add. *καὶ ὑγροῦ καὶ θερμοῦ*] *καὶ θερμοῦ καὶ ὑγροῦ* E : *ψυχρου καὶ ὑγρου* L **b 1** *πάλιν* om. L, supra lin. add. F *ψυχροῦ* prius] *θερμου* L *ξηροῦ* E^2HJ : *ὑγροῦ* E^1FL *καὶ ψυχροῦ* E^2HJL: *καὶ ξηροῦ* E^1F *καὶ ὑγροῦ* E^2HJ : *καὶ ψυχροῦ* E^1, et supra lin. add. F : *καὶ ξηρου* L *ἠκολούθησε* HL **4** *θερμὸς καὶ ὑγρός* L **5** *καὶ* … *ψυχρὸν* om. E **6** *νέμεσθαι* E : *διαφέρεσθαι* F^1 **8** *γὰρ*] *δ'* L **10** *λέγουσι μόνον* F **12** *τὸ* (ter) om. L *τὰ* om. EF^1HJ

aufweist), erstarrt hingegen das, was ihrer beraubt ist. Daher ist auch von diesen das eine vom Trockenen, das andere vom Nassen.

Somit ist also klar, daß alle anderen Unterschiede zurückgeführt werden auf die vier primären, diese aber nicht mehr auf weniger; denn weder ist das Warme etwas, das irgend Nasses oder Trockenes, noch das Nasse etwas, das irgend Warmes oder Kaltes ist, noch sind das Kalte und das Trockene sei es voneinander oder von dem Warmen bzw. dem Nassen. Daher ist notwendig, daß diese vier existieren.

Kapitel 3. Da aber die Elemente vier sind, jedoch von vieren sechs Paarungen ⟨möglich⟩ sind, sich aber die Gegensätze von Natur aus nicht paaren (denn daß dasselbe warm und kalt und wiederum naß und trocken sei, ist unmöglich), so ist offenbar, daß die Paarungen der Elemente vier sein werden: von Warm und Trocken, und von Naß und Warm, und | wiederum von 330b
Kalt und Trocken, und von Kalt und Naß. Und sie stehen in einem konsequenten Entsprechungsverhältnis mit den einfachen manifesten Körpern: Feuer und Luft und Wasser und Erde. Denn das Feuer ist Warmes und Trockenes, die Luft Warmes und Nasses (denn wie Dunst ist die Luft), das Wasser aber ist Kaltes und Nasses, die Erde Kaltes und Trockenes, so daß die Unterschiede in einleuchtender Weise zu verteilen sind auf die primären Körper, und auch ihre Anzahl im Verhältnis steht.

Denn überhaupt alle, die die einfachen Körper zu Elementen machen, setzen manchmal einen, andere zwei, andere drei und wieder andere vier davon an. Diejenigen nun, die nur einen behaupten, und dann die übrigen durch Verdichtung und Auflockerung erzeugen, denen geschieht es, daß sie die Prin- *
zipien als zwei ansetzen: das Lockere und das Dichte oder das Warme und das Kalte – denn diese sind die bewerkstelligenden – während der eine wie eine Materie zugrundeliegt. Wel- *
che aber sogleich zwei ansetzen, wie Parmenides Feuer und

μίγματα ποιοῦσι τούτων, οἷον ἀέρα καὶ ὕδωρ, ὡσαύτως δὲ καὶ οἱ τρία λέγοντες (καθάπερ Πλάτων ἐν ταῖς διαιρέσεσιν, τὸ γὰρ μέσον μῖγμα ποιεῖ)· καὶ σχεδὸν ταὐτὰ λέγουσιν οἵ τε δύο καὶ οἱ τρία ποιοῦντες, πλὴν οἱ μὲν τέμνουσιν εἰς δύο τὸ μέσον, οἱ δ' ἓν μόνον ποιοῦσιν. ἔνιοι δ' εὐθὺς τέτταρα λέγουσιν, οἷον Ἐμπεδοκλῆς· συνάγει δὲ καὶ οὗτος εἰς τὰ δύο, τῷ γὰρ πυρὶ τἆλλα πάντα ἀντιτίθησιν. οὐκ ἔστι δὲ τὸ πῦρ καὶ ὁ ἀὴρ καὶ ἕκαστον τῶν εἰρημένων ἁπλοῦν, ἀλλὰ μικτά. τὰ δ' ἁπλᾶ τοιαῦτα μέν ἐστιν, οὐ μέντοι ταὐτά, οἷον τὸ τῷ πυρὶ ὅμοιον πυροειδές, οὐ πῦρ, καὶ τὸ τῷ ἀέρι ἀεροειδές· ὁμοίως δὲ κἀπὶ τῶν ἄλλων. τὸ δὲ πῦρ ἐστιν ὑπερβολὴ θερμότητος, ὥσπερ καὶ κρύσταλλος ψυχρότητος· ἡ γὰρ πῆξις καὶ ἡ ζέσις ὑπερβολαί τινές εἰσιν, ἡ μὲν ψυχρότητος, ἡ δὲ θερμότητος· εἰ οὖν ὁ κρύσταλλός ἐστι πῆξις ὑγροῦ καὶ ψυχροῦ, καὶ τὸ πῦρ ἔσται ζέσις ξηροῦ καὶ θερμοῦ (διὸ καὶ οὐδὲν οὔτ' ἐκ κρυστάλλου γίγνεται οὔτ' ἐκ πυρός). ὄντων δὲ τεττάρων τῶν ἁπλῶν σωμάτων, ἑκάτερα τοῖν δυοῖν ἑκατέρου τῶν τόπων ἐστίν (πῦρ μὲν γὰρ καὶ ἀὴρ τοῦ πρὸς τὸν ὅρον φερομένου, γῆ δὲ καὶ ὕδωρ τοῦ πρὸς τὸ μέσον), καὶ ἄκρα μὲν καὶ εἰλικρινέστατα πῦρ καὶ γῆ, μέσα δὲ καὶ μεμιγμένα μᾶλλον
331a ὕδωρ καὶ ἀήρ· καὶ ἑκάτερα δὲ ἑκατέροις ἐναντία—πυρὶ μὲν γὰρ ἐναντίον ὕδωρ, ἀέρι δὲ γῆ, ταῦτα γὰρ ἐκ τῶν ἐναντίων

15 ante *μίγματα* scripsit *με* E¹ **16** *τρεῖς* L **18** *οἱ* prius om. EF **19** *δὲ καὶ εὐθὺς* FHL **20** *οἷον*] *ὥσπερ* L : *ὡς* (ut videtur) E¹ *δὲ*] *γὰρ* fecit E **21** *πάντα τἆλλα* HJL *οὐκ ἔστι*] *οὐκέτι* F **22** *ὁ* om. E *μικτά*] *μικτόν* L **23** *ταὐτά*] *τοιαῦτα* E *τὸ*] *εἴ τι* E : quod quidem igitur (= *τὸ γοῦν* ?) Γ **24** *οὐ … ἀεροειδές* in marg. add. F **26** *καὶ* om. JΦ¹ **28** *ὑγροῦ ψυχροῦ* E **29** *ξηροῦ θερμοῦ* E : *θερμοῦ καὶ ξηροῦ* FHL **30** *ἐκ* utrumque om. E **31** *ἑκάτερα* EJ²Φ : *ἑκάτερον* FHJ¹L *δυεῖν* L *τόπων*] *πρώτων* EJΓ **32** *γὰρ* om. E¹JΓ **33** *εἰλικρινῆ* F **34** *γῆ καὶ πῦρ* JΦ¹ **a 1** *δὲ* om. EL

Erde, die bilden die dazwischen als Gemische von ihnen, etwa *
Luft und Wasser. Genauso aber auch die, die drei behaupten
(wie Platon in den Dihairesen: denn das Mittlere konstruiert
er als Gemisch). Und fast dasselbe sagen die, die zwei, und die, *
die drei ansetzen, außer daß die einen in zweierlei zerlegen,
was Mittleres ist, während die anderen es nur Eines sein lassen.
Manche aber behaupten direkt *vier*, wie etwa Empedokles, der
sie aber auch zu zweien zusammenführt, da er dem Feuer die
anderen gegenüberstellt. *

Doch kommen Feuer und Luft und jedes der Genannten
nicht als ein Einfaches, sondern als Gemischte vor. Die Ein-
fachen sind zwar so Beschaffene, aber nicht dieselben wie sie;
z. B. ist das dem Feuer Ähnliche feuerförmig, aber nicht Feuer,
und das der Luft ⟨Ähnliche⟩ luftförmig, und ebenso bei den
anderen. Demgegenüber ist das Feuer eine Übersteigerung
von Wärme, wie auch das Eis von Kälte; denn die Erstarrung
und die Aufwallung sind gewisse Übersteigerungen, die eine
von Kälte, die andere von Wärme. Wenn also das Eis die Er-
starrung des Nassen und Kalten, so wird auch das Feuer die b28
Aufwallung des Trockenen und Warmen sein (weswegen auch b29
nichts *wird* weder aus Eis noch aus Feuer).

Da es aber vier einfache Körper gibt, gehören je zwei zu ei-
nem der beiden primären: Feuer und Luft zu dem zur Grenze b31/32
Fortbewegten, Erde und Wasser zu dem zur Mitte; d. h. außen
liegend und am reinsten sind Feuer und Erde, mittlere und
mehr gemischte dagegen | Wasser und Luft; zudem ist je ei- 331a
nes gegensätzlich zu einem der beiden anderen: Zum Feuer
nämlich ist Wasser gegensätzlich, zur Luft aber Erde; denn
sie sind aus je gegensätzlichen Beschaffenheiten konstituiert.

330b28f. *ὑγροῦ καὶ ψυχροῦ* (des Nassen und Kalten) mit Joachim nach **b** : ὑγροῦ ψυχροῦ Rashed nach **a** **330b29** *ξηροῦ καὶ θερμοῦ* (des Trokkenen und Warmen) mit Joachim nach **b** : ξηροῦ θερμοῦ Rashed nach **a** **330b31f.** *πρώτων* (primären) mit Rashed nach den älteren von **a** und **b** : τόπων Joachim nach FHL und Philoponos **330b32** *πῦρ μὲν καὶ* (Feuer und) mit Rashed nach **a** und **b** : πῦρ μὲν γὰρ καὶ Joachim nach einigen jüngeren Hss.

παθημάτων συνέστηκεν. οὐ μὴν ἀλλ' ἁπλῶς γε τέτταρα ὄντα ἑνὸς ἕκαστόν ἐστι, γῆ μὲν ξηροῦ μᾶλλον ἢ ψυχροῦ, ὕδωρ δὲ ψυχροῦ μᾶλλον ἢ ὑγροῦ, ἀὴρ δ' ὑγροῦ μᾶλλον ἢ θερμοῦ, πῦρ δὲ θερμοῦ μᾶλλον ἢ ξηροῦ.

Ἐπεὶ δὲ διώρισται πρότερον ὅτι τοῖς ἁπλοῖς σώμασιν II 4
ἐξ ἀλλήλων ἡ γένεσις, ἅμα δὲ καὶ κατὰ τὴν αἴσθησιν φαίνεται γινόμενα (οὐ γὰρ ἂν ἦν ἀλλοίωσις· κατὰ γὰρ τὰ τῶν ἁπτῶν πάθη ἡ ἀλλοίωσίς ἐστιν), λεκτέον τίς ὁ τρόπος τῆς εἰς ἄλληλα μεταβολῆς, καὶ πότερον ἅπαν ἐξ ἅπαντος γίγνεσθαι δυνατὸν ἢ τὰ μὲν δυνατὸν τὰ δ' ἀδύνατον. ὅτι μὲν οὖν ἅπαντα πέφυκεν εἰς ἄλληλα μεταβάλλειν, φανερόν. ἡ γὰρ γένεσις εἰς ἐναντία καὶ ἐξ ἐναντίων, τὰ δὲ στοιχεῖα πάντα ἔχει ἐναντίωσιν πρὸς ἄλληλα διὰ τὸ τὰς διαφορὰς ἐναντίας εἶναι. τοῖς μὲν γὰρ ἀμφότεραι ἐναντίαι, οἷον πυρὶ καὶ ὕδατι (τὸ μὲν γὰρ ξηρὸν καὶ θερμόν, τὸ δ' ὑγρὸν καὶ ψυχρόν), τοῖς δ' ἡ ἑτέρα μόνον, οἷον ἀέρι καὶ ὕδατι (τὸ μὲν γὰρ ὑγρὸν καὶ θερμόν, τὸ δὲ ὑγρὸν καὶ ψυχρόν)· ὥστε καθόλου μὲν φανερὸν ὅτι πᾶν ἐκ παντὸς γίνεσθαι πέφυκεν, ἤδη δὲ καθ' ἕκαστον οὐ χαλεπὸν ἰδεῖν πῶς— ἅπαντα μὲν γὰρ ἐξ ἁπάντων ἔσται, διοίσει δὲ τῷ θᾶττον καὶ βραδύτερον καὶ τῷ ῥᾷον καὶ χαλεπώτερον. ὅσα μὲν γὰρ ἔχει σύμβολα πρὸς ἄλληλα, ταχεῖα τούτων ἡ μετάβασις, ὅσα δὲ μὴ ἔχει, βραδεῖα, διὰ τὸ ῥᾷον εἶναι τὸ ἓν ἢ τὰ πολλὰ μεταβάλλειν—οἷον ἐκ πυρὸς μὲν ἔσται ἀὴρ θατέρου μεταβάλλοντος (τὸ μὲν γὰρ ἦν θερμὸν καὶ ξηρόν, τὸ δὲ θερμὸν καὶ ὑγρόν, ὥστε ἂν κρατηθῇ τὸ ξηρὸν ὑπὸ τοῦ ὑγροῦ ἀὴρ ἔσται), πάλιν δὲ ἐξ ἀέρος ὕδωρ, ἐὰν κρα-

3 *γε* om. F, post **4** *ἑνὸς* ponit Φ[1] **4** *μὲν γὰρ ξηροῦ* FHJ *ψυχροῦ* fecit E **5** *ψυχρὸν* J *ἢ* prius om. E **9** *τὰ* om. E[1] **10** *ἡ* om. EF **14** *ἡ μὲν γὰρ* FHJ **15** *ἔχει πάντα* J *ἐναντίωσις* E **16** *ἀμφοτέροις* L **17** *θερμὸν καὶ ξηρόν* EL **18** *ἡ*] *ἢ* F **19** *ψυχρὸν καὶ ὑγρόν* H **22** *γὰρ* om. F **23** *τῷ*] *τὸ* J **24** *σύμβολον* F **25** *ἔχῃ* (sed *ηι* in litura) J **27** *θατέρου*] *θᾶττον* L **29** *δὲ* om. EL *ὕδωρ ἔσται ἐὰν* F *ἂν* J

Allerdings ist im schlichten Sinne, da sie ja vier sind, jedes nur von einer her ⟨gegensätzlich⟩: die Erde vom Trockenen eher als vom Kalten, Wasser aber vom Kalten eher als vom Nassen, die Luft vom Nassen eher als vom Warmen, das Feuer vom Warmen eher als vom Trockenen.

Kapitel 4. Da vorher bestimmt worden ist, daß es für die einfachen Körper ein Werden auseinander gibt, sie zugleich aber auch gemäß der Wahrnehmung als Werdende in Erscheinung treten (denn sonst wäre es keine Veränderung; da Veränderung entlang der haptischen Beschaffenheiten erfolgt), ist darzulegen, welches die Art ihrer Wandlung ineinander ist, und ob alles aus allem werden kann, oder dies teils möglich, teils aber unmöglich ist. Daß sich nun von Natur aus alle ineinander wandeln, ist offenkundig: Denn das Werden erfolgt in Gegensätze und aus Gegensätzen, aber alle Elemente haben einen Bestimmungsgegensatz zueinander, weil ihre Unterschiede gegensätzlich sind. Bei den einen nämlich sind beide gegensätzlich, wie z. B. bei Feuer und Wasser (denn das eine ist trokken und warm, das andere dagegen naß und kalt), bei den anderen hingegen nur die eine von beiden, wie etwa bei Luft und Wasser (denn das eine ist naß und warm, das andere naß und kalt). Daher ist im Allgemeinen klar, daß von Natur aus alles aus allem wird, und auch schon im Einzelnen, daß nicht schwer ist zu sehen wie.

Denn zwar werden alle aus allen sein können, jedoch wird ein Unterschied nach schneller und langsamer und leichter oder schwieriger bestehen. Denn bei denen, die Brückenprofile zueinander besitzen, geschieht der Wandel schnell, bei denen, die das nicht haben, dagegen langsam, weil es leichter ist, daß sich eines statt vieles verwandelt – z. B. wenn aus Feuer Luft entsteht, indem das eine sich wandelt (denn das eine war warm und trocken, das andere warm und naß, so daß es, wenn das Trockene vom Nassen überwältigt ist, Luft sein wird) und wiederum aus Luft Wasser, wenn das Warme vom Kalten über-

τηθῇ τὸ θερμὸν ὑπὸ τοῦ ψυχροῦ (τὸ μὲν γὰρ ἦν θερμὸν καὶ ὑγρόν, τὸ δὲ ψυχρὸν καὶ ὑγρόν, ὥστε μεταβάλλοντος τοῦ θερμοῦ ὕδωρ ἔσται). τὸν αὐτὸν δὲ τρόπον καὶ ἐξ ὕδατος γῆ καὶ ἐκ γῆς πῦρ. ἔχει γὰρ ἄμφω πρὸς ἄμφω σύμβολα· τὸ μὲν γὰρ ὕδωρ ὑγρὸν καὶ ψυχρόν, ἡ δὲ γῆ ψυχρὸν καὶ ξηρόν, ὥστε κρατηθέντος τοῦ ὑγροῦ γῆ ἔσται, καὶ πάλιν ἐπεὶ τὸ μὲν πῦρ ξηρὸν καὶ θερμόν, ἡ δὲ
331b γῆ ψυχρὸν καὶ ξηρόν, ἐὰν φθαρῇ τὸ ψυχρόν, πῦρ ἔσται ἐκ γῆς. ὥστε φανερὸν ὅτι κύκλῳ τε ἔσται ἡ γένεσις τοῖς ἁπλοῖς σώμασι, καὶ ῥᾷστος οὗτος ὁ τρόπος τῆς μεταβολῆς διὰ τὸ σύμβολα ἐνυπάρχειν τοῖς ἐφεξῆς. ἐκ πυρὸς δὲ ὕδωρ καὶ ἐξ ἀέρος γῆν καὶ πάλιν ἐξ ὕδατος καὶ γῆς ἀέρα καὶ πῦρ ἐνδέχεται μὲν γίνεσθαι, χαλεπώτερον δὲ διὰ τὸ πλειόνων εἶναι τὴν μεταβολήν. ἀνάγκη γάρ, εἰ ἔσται ἐξ ὕδατος πῦρ, φθαρῆναι καὶ τὸ ψυχρὸν καὶ τὸ ὑγρόν, καὶ πάλιν εἰ ἐκ γῆς ἀήρ, φθαρῆναι καὶ τὸ ψυχρὸν καὶ τὸ ξηρόν· ὡσαύτως δὲ καὶ εἰ ἐκ πυρὸς καὶ ἀέρος ὕδωρ καὶ γῆ, ἀνάγκη γὰρ ἀμφότερα μεταβάλλειν. αὕτη μὲν οὖν χρονιωτέρα ἡ γένεσις· ἐὰν δ' ἑκατέρου θάτερον φθαρῇ, ῥᾴων μέν, οὐκ εἰς ἄλληλα δὲ ἡ μετάβασις, ἀλλ' ἐκ πυρὸς μὲν καὶ ὕδατος ἔσται γῆ καὶ ἀήρ, ἐξ ἀέρος δὲ καὶ γῆς πῦρ καὶ ὕδωρ. ὅταν μὲν γὰρ τοῦ ὕδατος φθαρῇ τὸ ψυχρὸν τοῦ δὲ πυρὸς τὸ ξηρόν, ἀὴρ ἔσται (λείπεται γὰρ τοῦ μὲν τὸ θερμὸν τοῦ δὲ τὸ ὑγρόν), ὅταν δὲ τοῦ μὲν πυρὸς τὸ θερμὸν τοῦ δ' ὕδατος τὸ ὑγρόν, γῆ διὰ τὸ λείπεσθαι τοῦ μὲν τὸ ξηρὸν τοῦ δὲ τὸ ψυχρόν. ὡσαύτως δὲ καὶ ἐξ ἀέρος καὶ γῆς πῦρ καὶ ὕδωρ· ὅταν μὲν γὰρ τοῦ ἀέρος φθαρῇ τὸ θερμὸν τῆς δὲ γῆς τὸ ξηρόν, ὕδωρ ἔσται (λείπεται γὰρ τοῦ μὲν τὸ ὑγρὸν τῆς δὲ τὸ ψυχρόν), ὅταν

30 *ἦν ὑγρὸν καὶ θερμόν* HJ **32** *δὲ* om. F **34** *γὰρ* om. F **b1** *ἂν* FHJ **2** *τε* om. L *ἔσται* om. EJ **4** *σύμβολον* F **5** *ἐξ* prius om. F **10** *πυρὸς … γῆ*] *γῆς καὶ ὕδατος πῦρ καὶ ἀήρ* H : eadem habet J, qui tamen (prima ut videtur manu) *πυρὸς καὶ ἀέρος ὕδωρ* suprascr. *ἀνάγκη* om. E : *ἀναγκαῖον* H *γὰρ*] *τὰ* E : om. L **12** *ἂν* F *φθαρῇ θάτερον* E *ῥᾷον* LΦ[1] **13** *μετάβασις*] *μεταβολή* (sed *o* correcto) E : *τούτων μετάβασις* HJΦ[1] **15** *τοῦ* prius] *τοῦτο* vel *τοῦ τε* E **17** *γῆ* om. E **18** *ψυχρὸν τοῦ δὲ τὸ ξηρόν* L **21** *ὑγρὸν*] *ψυχρὸν* E *τῆς*] *τοῦ* EJ *ψυχρόν*] *ὑγρόν* E *ὅταν δὲ* om. E

wältigt ist (denn das eine war warm und naß, das andere kalt und naß, so daß es durch Umwandlung des Warmen Wasser sein wird). Auf die gleiche Weise aber auch aus Wasser Erde und aus Erde Feuer. Denn beides hat zu beidem Brückenprofile. Wasser nämlich ist naß und kalt, die Erde aber kalt und trokken, so daß es, wenn das Nasse überwältigt ist, Erde sein wird; und wiederum die wird, da Feuer trocken und warm ist, | Erde 331b
aber kalt und trocken, wenn das Kalte vergeht, Feuer sein – aus Erde. Daher ist offenkundig, daß das Werden für die einfachen Körper im Kreis gehen und zudem diese Art der Verwandlung besonders leicht sein wird, weil zu den jeweils Benachbarten Brückenprofile darin vorliegen. Daß aber aus Feuer Wasser und aus Luft Erde und wiederum aus Wasser und Erde Luft und Feuer werde, ist zwar möglich, aber schwieriger, weil ⟨hier⟩ für mehrere eine Umwandlung stattfindet. Denn notwendig, wenn aus Wasser Feuer sein soll, ist sowohl das Kalte als auch das Nasse vergangen, und wiederum, wenn aus Erde Luft, ist sowohl das Kalte wie auch das Trockene vergangen; ebenso, wenn aus Feuer und Luft Wasser und Erde, dann müssen sich notwendig beide umwandeln. Dieses Werden ist folglich langwieriger.

Wenn aber von jedem der beiden nur das eine vergeht, dann
ist es zwar leichter, aber der Übergang erfolgt nicht ineinander, b13
sondern aus Feuer und Wasser werden Erde und Luft, aus Luft und Erde Feuer und Wasser. Wenn nämlich vom Wasser das Kalte vergeht, vom Feuer aber das Trockene, wird Luft übrig sein (denn vom einen bleibt das Warme, vom anderen aber das Nasse), wenn hingegen vom Feuer das Warme, vom Wasser aber das Nasse vergeht: Erde, weil von dem einen das Trokkene, vom anderen das Kalte übrig bleibt. Genauso auch aus Luft und Erde Feuer und Wasser: Wenn nämlich von der Luft das Warme vergeht, von der Erde aber das Trockene, wird es Wasser sein (denn es bleibt von dem einen das Nasse, von dem

331b13 *μετάβασις* (der Übergang) mit Joachim nach **b** : μεταβολή Rashed nach **a**

δὲ τοῦ μὲν ἀέρος τὸ ὑγρὸν τῆς δὲ γῆς τὸ ψυχρόν, πῦρ διὰ τὸ λείπεσθαι τοῦ μὲν τὸ θερμὸν τῆς δὲ τὸ ξηρόν, ἅπερ ἦν πυρός. ὁμολογουμένη δὲ καὶ τῇ αἰσθήσει ἡ τοῦ πυρὸς γένεσις· μάλιστα μὲν γὰρ πῦρ ἡ φλόξ, αὕτη δ' ἐστὶ καπνὸς καιόμενος, ὁ δὲ καπνὸς ἐξ ἀέρος καὶ γῆς. ἐν δὲ τοῖς ἐφεξῆς οὐκ ἐνδέχεται φθαρέντος ἐν ἑκατέρῳ θατέρου τῶν στοιχείων γενέσθαι μετάβασιν εἰς οὐδὲν τῶν σωμάτων διὰ τὸ λείπεσθαι ἐν ἀμφοῖν ἢ ταὐτὰ ἢ τἀναντία—ἐξ οὐδετέρων δὲ ἐγχωρεῖ γίγνεσθαι σῶμα—οἷον εἰ μὲν τοῦ πυρὸς φθαρείη τὸ ξηρόν, τοῦ δ' ἀέρος τὸ ὑγρόν (λείπεται γὰρ ἐν ἀμφοῖν τὸ θερμόν), ἐὰν δ' ἐξ ἑκατέρου τὸ θερμόν, λείπεται τἀναντία, ξηρὸν καὶ ὑγρόν. ὁμοίως δὲ καὶ ἐν τοῖς ἄλλοις· ἐν ἅπασι γὰρ τοῖς ἐφεξῆς ἐνυπάρχει τὸ μὲν ταὐτὸ τὸ δ' ἐναντίον, ὥσθ' ἅμα δῆλον ὅτι τὰ μὲν ἐξ ἑνὸς εἰς ἓν μεταβαίνοντα ἑνὸς φθαρέντος γίνεται, τὰ δ' ἐκ δυοῖν εἰς ἓν πλειόνων. ὅτι
332a μὲν οὖν ἅπαντα ἐκ παντὸς γίγνεται, καὶ τίνα τρόπον εἰς ἄλληλα μετάβασις γίγνεται, εἴρηται·

οὐ μὴν ἀλλ' ἔτι καὶ ὧδε θεωρήσωμεν περὶ αὐτῶν. II 5
εἰ γάρ ἐστι τῶν φυσικῶν σωμάτων ὕλη, ὥσπερ καὶ δοκεῖ ἐνίοις, ὕδωρ καὶ ἀὴρ καὶ τὰ τοιαῦτα, ἀνάγκη ἤτοι ἓν ἢ δύο εἶναι ταῦτα ἢ πλείω. ἓν μὲν δὴ πάντα οὐχ οἷόν τε, οἷον ἀέρα πάντα ἢ ὕδωρ ἢ πῦρ ἢ γῆν, εἴπερ ἡ μεταβολὴ εἰς τἀναντία. εἰ γὰρ εἴη ἀήρ, εἰ μὲν ὑπομένει, ἀλλοίωσις ἔσται ἀλλ' οὐ γένεσις (ἅμα δ' οὐδ' οὕτω δοκεῖ, ὥστε

23 *ὑπολείπεσθαι* H *τῆς*] *τοῦ* EHJ **24** *ἡ* post *πυρὸς* ponit J^2 **25** *ἡ φλὸξ πῦρ* H **26** *καόμενος* J **28** *οὐδὲν*] *ἓν* F **29** *οὐδετέρου* F **30** *τοῦ μὲν* L **34** *ἐφεξῆς*] *ἑξῆς* FHJ *ταὐτὸν* FL **36** *δυεῖν* L **a3** *θεωρήσομεν* E **4** *ἐστί τι τῶν* Φ^1 *καὶ* om. F, et delendum notat J **5-6** *ἓν εἶναι ἢ δύο ταῦτα* F **6** *ἢ πλείω*] *πλείω ἢ* E^1 **7** *πάντα* in marg. add. F *εἴπερ* om. E **9** *οὐ*] *ην* E : *ἣν* J *ὥστε οὐδ' ὕδωρ* J

anderen das Kalte), wenn hingegen von der Luft das Nasse von der Erde aber das Kalte ⟨vergeht⟩, dann wird es Feuer sein, weil von dem einen das Warme, von dem anderen das Trokkene bleibt, was ja ⟨Merkmale⟩ des Feuers waren. Auch stimmt die Wahrnehmung mit dieser Entstehung des Feuers überein: denn am meisten Feuer ist die Flamme, sie aber ist Rauch in der Verbrennung, Rauch aber besteht aus Luft und Erde. Bei Benachbarten ist es hingegen nicht möglich, daß durch Vergehen je von einem der Elemente in beiden ein Übergang in irgendeinen Körper geschieht, da in beiden entweder dasselbe oder gegensätzliches übrig bleibt – woraus sich in keinem der Fälle ein Körper bilden läßt – z. B. wenn vom Feuer das Trokkene verginge, von der Luft aber das Nasse (denn es bleibt dann in beiden das Warme zurück), wenn aber aus jedem der beiden das Warme ⟨verginge⟩, bleibt gegensätzliches übrig: Trockenes und Nasses. Ebenso auch bei den anderen; denn in allen Benachbarten ist zum einen dasselbe und zum anderen gegensätzliches, so daß zugleich offenbar ist, daß die, die aus einem in eins übergehen, werden, indem nur eins vergeht, während die aus zweien zu einem dann, wenn mehrere. Daß | somit 332a
alle aus allem werden, und auf welche Weise der Übergang ineinander geschieht, ist gesagt.

Kapitel 5. Indessen wollen wir über sie auch noch auf die folgende Weise Betrachtungen anstellen: Gibt es nämlich eine Materie der physischen Körper, was einigen ja der Fall zu sein scheint – Wasser und Luft und dergleichen – dann müssen diese entweder eines oder zwei oder mehrere sein. Daß nun alle *eins* sind, ist nicht möglich – etwa *alle* Luft oder Wasser oder Feuer oder Erde – wenn doch der Wandel in Gegensätzliches erfolgt. Denn wären sie ⟨z. B. alle⟩ Luft, dann wird das, wenn sie bleibt, eine Veränderung sein; es ging aber um *Ent-* a9

332a9 *ἀλλ' ἦν γένεσις* (es ging aber um *Entstehung*) mit Rashed nach EMJ[1] : ἀλλ' οὐ γένεσις Joachim nach FH**L**VW Ar. Philoponos

ὕδωρ εἶναι ἅμα καὶ ἀέρα ἢ ἄλλ' ὁτιοῦν)· ἔσται δή τις ἐναντίωσις καὶ διαφορὰ ἧς ἕξει τι θάτερον μόριον, τὸ πῦρ οἷον θερμότητα. ἀλλὰ μὴν οὐκ ἔσται τό γε πῦρ ἀὴρ θερμός· ἀλλοίωσίς τε γὰρ τὸ τοιοῦτον, καὶ οὐ φαίνεται. ἅμα δὲ πάλιν εἰ ἔσται ἐκ τοῦ πυρὸς ἀήρ, τοῦ θερμοῦ εἰς τοὐναντίον μεταβάλλοντος ἔσται· ὑπάρξει ἄρα τῷ ἀέρι τοῦτο, καὶ ἔσται ὁ ἀὴρ ψυχρόν τι, ὥστε ἀδύνατον τὸ πῦρ ἀέρα θερμὸν εἶναι, ἅμα γὰρ τὸ αὐτὸ θερμὸν καὶ ψυχρὸν ἔσται. ἄλλο τι ἄρ' ἀμφότερα τὸ αὐτὸ ἔσται, καὶ ἄλλη τις ὕλη κοινή. ὁ δ' αὐτὸς λόγος περὶ ἁπάντων, ὅτι οὐκ ἔστιν ἓν τούτων ἐξ οὗ τὰ πάντα. οὐ μὴν οὐδ' ἄλλο τί γε παρὰ ταῦτα, οἷον μέσον τι ἀέρος καὶ ὕδατος ἢ ἀέρος καὶ πυρός, ἀέρος μὲν παχύτερον καὶ πυρός, τῶν δὲ λεπτότερον· ἔσται γὰρ ἀὴρ καὶ πῦρ ἐκεῖνο μετ' ἐναντιότητος. ἀλλὰ στέρησις τὸ ἕτερον τῶν ἐναντίων, ὥστ' οὐκ ἐνδέχεται μονοῦσθαι ἐκεῖνο οὐδέποτε, ὥσπερ φασί τινες τὸ ἄπειρον καὶ τὸ περιέχον· ὁμοίως ἄρα ὁτιοῦν τούτων ἢ οὐδέν. εἰ οὖν μηδὲν αἰσθητόν γε πρότερον τούτων, ταῦτα ἂν εἴη πάντα· ἀνάγκη τοίνυν ἢ ἀεὶ μένοντα καὶ ἀμετάβλητα εἰς ἄλληλα ἢ μεταβάλλοντα, καὶ ἢ ἅπαντα, ἢ τὰ μὲν τὰ δ' οὔ, ὥσπερ ἐν τῷ Τιμαίῳ Πλάτων ἔγραψεν. ὅτι μὲν τοίνυν μεταβάλλειν ἀνάγκη εἰς ἄλληλα δέδεικται πρότερον, καὶ ὅτι δ' οὐχ ὁμοίως ταχέως ἄλλο ἐξ ἄλλου [εἴρηται πρότερον], ὅτι τὰ μὲν ἔχοντα σύμβολον

10 *ἀέρα*] *ἀὴρ* EFL **11** *διαφορὰ*] *φθορὰ* J *τι* om. J *τὸ πῦρ οἷον*] *οἷον τὸ πῦρ* fort. legendum **12** *γε* om. E, ante *τὸ* ponit L **13** *δὲ καὶ πάλιν* H **14** *τοῦ* prius om. EL **15** *τοῦτο* ante *ἄρα* ponit F, ante *τῷ* ponunt HJΦ[1] **16** *θερμὸν ἀέρα* EL **18** *ἄρ'*] *ἄρα παρ'* F[1]HJLΓ **19** *ὅτι* om. E **20** *τί* om. E *γε* om. LΦ[1] *παρὰ ταῦτα*] *παρ' αὐτὰ* J **22** *καὶ*] *ἢ* EFH *δὲ ἄλλων* H[1]J *ἀὴρ γὰρ* E **23** *ἐκεῖνο* ante 22 *ἀὴρ* ponit F *ἐναντιότητος*] *ἐναντιώσεως* Φ **24** *ἐκεῖνο μονοῦσθαι* F **26** *ἢ* om. EL *οὐδέν*] *οὐδὲν ἀρχή* F (cf. Φ[c]) : *οὐδὲν μᾶλλον ἀὴρ ἢ πῦρ* L *γε* om. L **27** *ἀνάγκη*] *ἀναγκαῖον* H *ἢ* om. E **29** *πάντα* FHJ *ἐν*] *καὶ ἐν* H **30** et **35** *ἀνάγκη*] *ἀναγκαῖον* H **30** *ἀνάγκη* post *τοίνυν* ponit Φ[1], post *ἄλληλα* F **31** *δέδεικται*] *εἴρηται* Φ[1] *καὶ* om. FHJL **32** *εἴρηται πρότερον* seclusi

stehung (zugleich scheint daran auch falsch, daß so gesehen
Wasser gleichzeitig auch Luft oder ein beliebiges anderes ist);
also wird es irgendeinen Bestimmungsgegensatz und Unter-
schied geben, von dem etwas das eine Glied haben muß, z. B.
das Feuer Wärme. Doch kann ja das Feuer keineswegs warme
Luft sein; denn so etwas ist eine Veränderung, und es ist auch
empirisch nicht der Fall. Zugleich aber wird umgekehrt, wenn
aus Feuer Luft kommt, dies geschehen, indem sich das Warme
in den Gegensatz verwandelt. Folglich käme der Luft dies zu,
und so würde die Luft etwas Kaltes sein, so daß unmöglich
das Feuer warme Luft sein kann, denn sonst würde dasselbe
zugleich warm und kalt sein. Also muß etwas *anderes* in Bezie-
hung auf beide dasselbe sein, und die gemeinsame Materie ist
irgendwie eine andere. Dasselbe Argument aber gilt für alle:
daß es unmöglich eines von ihnen ist, aus dem sie alle sind.
Freilich auch nicht etwas anderes *neben* ihnen, etwa irgend-
ein Mittleres zwischen Luft und Wasser oder Luft und Feuer,
dicker als Luft oder Feuer, aber dünner als die anderen; denn a22
dann wären Luft und Feuer jenes zusammen mit einem Be-
stimmungsgegensatz. Doch ist der eine von Gegensätzen eine
Privation; daher kann jenes niemals für sich allein gestellt wer-
den, wie manche es für das Unbegrenzte und das Umfassende
behaupten. Folglich gilt das gleichermaßen für jedes beliebige *
von ihnen oder für keines. Wenn nun nichts Wahrnehmbares
früher ist als sie, dann dürften sie wohl alles sein; notwendig
ist somit, daß sie entweder immer Bleibende sind und unwan-
delbar ineinander, oder Wandelbare, und zwar entweder alle
oder die einen wohl, andere aber nicht, wie Platon es im *Tima-
ios* beschreibt. Daß sie sich nun allerdings mit Notwendigkeit *
ineinander wandeln, ist vorher gezeigt worden; und auch, daß
doch nicht jedes gleich schnell aus einem anderen ⟨kommt⟩,
wurde früher gesagt: weil nämlich das, was ein Brückenprofil a32

332a22 *ἢ πυρός* (oder Feuer) mit Rashed nach **b**: καὶ πυρός Joachim nach **b**
332a32 *εἴρηται πρότερον* (wurde früher gesagt) mit Rashed nach **a** und **b**: [εἴρηται πρότερον] Joachim

θᾶττον γίνεται ἐξ ἀλλήλων, τὰ δ' οὐκ ἔχοντα βραδύτερον. εἰ μὲν τοίνυν ἡ ἐναντιότης μία ἐστὶ καθ' ἣν μεταβάλλουσιν, ἀνάγκη δύο εἶναι· ἡ γὰρ ὕλη τὸ μέσον ἀναίσθητος οὖσα καὶ ἀχώριστος. ἐπεὶ δὲ πλείω ὁρᾶται ὄντα, δύο ἂν εἶεν αἱ ἐλάχισται. δύο δ' οὐσῶν οὐχ οἷόν τε τρία εἶναι, ἀλλὰ τέτταρα, ὥσπερ φαίνεται· τοσαῦται γὰρ αἱ συζυγίαι, ἐξ γὰρ οὐσῶν τὰς δύο ἀδύνατον γενέσθαι διὰ τὸ ἐναντίας εἶναι ἀλλήλαις. περὶ μὲν οὖν τούτων εἴρηται πρότερον· ὅτι δ', ἐπειδὴ μεταβάλλουσιν εἰς ἄλληλα, ἀδύνατον ἀρχήν τινα εἶναι αὐτῶν ἢ ἐπὶ τῷ ἄκρῳ ἢ μέσῳ, ἐκ τῶνδε δῆλον. ἐπὶ μὲν οὖν τοῖς ἄκροις οὐκ ἔσται, ὅτι πῦρ ἔσται ἢ γῆ πάντα, καὶ ὁ αὐτὸς λόγος τῷ φάναι ἐκ πυρὸς ἢ γῆς εἶναι πάντα· ὅτι δ' οὐδὲ μέσον—ὥσπερ δοκεῖ τισιν ἀὴρ μὲν καὶ εἰς πῦρ μεταβάλλειν καὶ εἰς ὕδωρ, ὕδωρ δὲ καὶ εἰς ἀέρα καὶ εἰς γῆν, τὰ δ' ἔσχατα οὐκέτι εἰς ἄλληλα— * * *. δεῖ μὲν γὰρ στῆναι καὶ μὴ εἰς ἄπειρον τοῦτο ἰέναι ἐπ' εὐθείας ἐφ' ἑκάτερα· ἄπειροι γὰρ ἐναντιότητες ἐπὶ τοῦ ἑνὸς ἔσονται. γῆ ἐφ' ᾧ Γ, ὕδωρ ἐφ' ᾧ Υ, ἀὴρ ἐφ' ᾧ Α, πῦρ ἐφ' ᾧ Π. εἰ δὴ τὸ Α μεταβάλλει εἰς τὸ Π καὶ Υ, ἐναντιότης ἔσται τῶν Α Π. ἔστω ταῦτα λευκότης καὶ μελανία. πάλιν εἰ εἰς τὸ Υ τὸ Α, ἔσται ἄλλη· οὐ γὰρ ταὐτὸ τὸ Υ καὶ Π. ἔστω δὴ ξηρότης καὶ ὑγρότης, τὸ μὲν Ξ ξηρότης, τὸ δὲ Υ ὑγρότης. οὐκοῦν εἰ μὲν μένει τὸ λευκόν, ὑπάρξει τὸ ὕδωρ ὑγρὸν καὶ λευκόν, εἰ δὲ μή, μέλαν ἔσται τὸ ὕδωρ· εἰς τἀναντία γὰρ

35 *ἀναίσθητος οὖσα*] *ἀναισθητουσα* J **b1** *αἱ* om. F[1] **2** *οὐσῶν* HΓ (cf. Φ[c], Vitelli 244. 3): *ὄντων* EFJL *τρία*] *τρεῖς* FJ[2] **3** *φαίνονται* EL **6** *ἄλληλα*] *ἄλλα* E **7** *τὸ ἄκρον ἢ μέσον* F **8** *πάντα*] *τὰ πάντα* Φ[1] **9** *τῷ*] *τὸ* FHJ *φᾶναι* J *ἢ ἐκ γῆς εἶναι* HJ : *εἶναι καὶ γῆς* F : *ἢ ἐξ ἀέρος εἶναι* Φ[c] **10** *ὥσπερ*] *οἷον* HJΦ[1] **11** *μεταβάλλει καὶ ὕδωρ* J **12** post *ἄλληλα* excidisse *δῆλον* vel *ἐκ τῶνδε δῆλον* suspicor *γὰρ* om. F **13** *μὴ*] *οὐκ* HJ **14** *γὰρ αἱ* FHJ *ἐφ' ᾧ*] *ἐφ' ᾗ* corr. supra lin. J[2] **15** *ᾧ Υ*] *οὗ υ* H *εἰ*] *ἐπεὶ* L **16** *τὸ* om. EL *καὶ ἐναντιότης* L **17** post *μελανία*

ψ π α υ Γ
| | | | |, et in marg. (prima tamen m.)

ψ π α υ Γ
| | |Λ| |
λευ ΜΕ υΓ, add. J
Φ Κ ΞΗ[p]
| |

εἰ] *ἐπεὶ* FHJ **18** *καὶ*] *τῷ* fecit E *δὴ*] *δὲ* EHJL

besitzt, schneller auseinander wird, was dagegen keines hat,
langsamer. Wenn nun also der Bestimmungsgegensatz nur ei-
ner ist, gemäß dem sie sich wandeln, so sind es notwendig *zwei*;
denn die Materie ist das Vermittelnde als unwahrnehmbar | 332b
und ungetrennt. Da aber zu beobachten ist, daß es mehrere
sind, dürften die ⟨Bestimmungsgegensätze⟩ wenigstens zwei
sein. Sind es aber zwei, so können ⟨die Elemente⟩ nicht drei
sein, sondern vier, wie auch augenscheinlich ist. So viele sind
nämlich die Paarungen, da es von den sechs zu zweien nicht
kommen kann, weil sie Gegensätze zueinander bilden. Dar-
über ist nun vorher gesprochen worden.

Daß es aber, wenn sie sich ineinander wandeln, unmög-
lich irgendeinen Ursprung für sie entweder im Extrem oder
in einem Mittleren geben kann, ist aus folgendem klar. Bei
den Extremen kann er nicht sein, weil so alle Feuer oder Erde
sein würden; und dann gälte dasselbe Argument wie bei der
Behauptung, daß alle aus Feuer oder Erde seien; auch, daß er
kein Mittleres sein kann – wie manchen die Luft sich sowohl in
Feuer zu wandeln scheint als auch in Wasser, Wasser aber so-
wohl in Luft als auch in Erde, die äußersten aber nicht mehr in- * b12
einander: denn zum Stehen kommen muß es und kann nicht ins
Unbegrenzte geradeaus auf jeder der beiden Seiten fortgehen;
denn sonst werden die Bestimmungsgegensätze bei nur *einem*
unbegrenzt viele sein. Sei Erde das, wofür *Γ*, Wasser, wofür
Y, Luft, wofür *A*, Feuer, wofür *Π* stehe. Wenn also das *A* sich
wandelt in das *Π* und das *Y*, so wird ein Bestimmungsgegensatz
von *A–Π* gegeben sein. Sei dies Weißsein und Schwärze. Wenn
dann wiederum das *A* in das *Y* ⟨übergeht⟩, so wird ein anderer
gegeben sein; denn *Y* und *Π* sind nicht dasselbe. Sei dies Trok-
kenheit und Nässe, das *ξ* aber sei Trockenheit, das *υ* Nässe. *
Wenn nun also das Weiße bleibt, so wird das Wasser naß und
weiß sein, wenn aber nicht, dann wird Wasser schwarz sein;

332b12 *οὐκέτι εἰς ἄλληλα· δεῖ μὲν γὰρ στῆναι* (nicht mehr ineinander: denn zum Stehen kommen muß es) mit Rashed nach **a** und **b** : οὐκέτι εἰς ἄλληλα *** δεῖ μὲν γὰρ στῆναι Joachim

ἡ μεταβολή· ἀνάγκη ἄρα ἢ λευκὸν ἢ μέλαν εἶναι τὸ ὕδωρ. ἔστω δὴ τὸ πρῶτον· ὁμοίως τοίνυν καὶ τῷ Π τὸ Ξ ὑπάρξει ἡ ξηρότης. ἔσται ἄρα καὶ τῷ Π τῷ πυρὶ μεταβολὴ εἰς τὸ ὕδωρ· ἐναντία γὰρ ὑπάρχει, τὸ μὲν γὰρ πῦρ τὸ πρῶτον μέλαν ἦν, ἔπειτα δὲ ξηρόν, τὸ δ' ὕδωρ ὑγρόν, ἔπειτα δὲ λευκόν. φανερὸν δὴ ὅτι πᾶσιν ἐξ ἀλλήλων ἔσται ἡ μεταβολή, καὶ ἐπί γε τούτων ὅτι καὶ ἐν τῷ Γ τῇ γῇ ὑπάρξει τὰ λοιπὰ καὶ δύο σύμβολα, τὸ μέλαν καὶ τὸ ὑγρόν· ταῦτα γὰρ οὐ συνδεδύασταί πω. ὅτι δ' εἰς ἄπειρον οὐχ οἷόν τ' ἰέναι, ὅπερ μελλήσαντες δείξειν ἐπὶ τοῦτο ἔμπροσθεν ἤλθομεν, δῆλον ἐκ τῶνδε. εἰ γὰρ πάλιν τὸ πῦρ, ἐφ' ᾧ Π, εἰς ἄλλο μεταβαλεῖ καὶ μὴ ἀνακάμψει, οἷον εἰς τὸ Ψ, ἐναντιότης τις τῷ πυρὶ καὶ τῷ Ψ ἄλλη ὑπάρξει τῶν εἰρημένων· οὐδενὶ γὰρ τὸ αὐτὸ ὑπόκειται τῶν Γ Υ Α Π τὸ Ψ. ἔστω δὴ τῷ μὲν Π τὸ Κ, τῷ δὲ Ψ τὸ Φ. τὸ δὴ Κ πᾶσιν ὑπάρξει τοῖς Γ Υ Α Π, μεταβάλλουσι γὰρ εἰς ἄλληλα—ἀλλὰ γὰρ τοῦτο μὲν ἔστω μήπω δεδειγμένον, ἀλλ' ἐκεῖνο δῆλον, ὅτι εἰ πάλιν τὸ Ψ εἰς ἄλλο, ἄλλη ἐναντιότης καὶ τῷ Ψ ὑπάρξει καὶ τῷ πυρὶ τῷ Π. ὁμοίως δ' ἀεὶ μετὰ τοῦ προστιθεμένου ἐναντιότης τις ὑπάρξει τοῖς ἔμπροσθεν, ὥστ' εἰ ἄπειρα, καὶ ἐναντιότητες ἄπειροι τῷ ἑνὶ ὑπάρξουσιν. εἰ δὲ τοῦτο, οὐκ ἔσται οὔτε ὁρίσασθαι οὐδὲν οὔτε γενέσθαι· δεήσει

22 *ἄρα μέλαν ἢ λευκὸν* EL **23** *δὴ*] *δὲ* L *τὸ λευκὸν πρῶτον* F : *τὸ ᾱ πρῶτον* J et fort. E^1 **24** *τῷ πυρὶ τῷ π* F^1 **25** *ὑπάρξει* E *μὲν* om. EFL *πῦρ τὸ πρῶτον*] *πῦρ πρῶτον* vel *π τὸ πρῶτον* F : *πῦρ τὸ μὲν πρῶτον* HJL **26** *δὲ* om. L **27** *δὲ* om. L *δὴ*] *δὲ* L **28** *ἐν* om. EL **30** *πω*] *πως* E^2HL *ἄπειρα* F **31** *μελήσαντες* EF *τοῦτο*] *τοῦ* L **33** *μεταβάλλει* EFL **34** *τις* om. F *τῷ πυρὶ π* E *ἄλλη* om. E **a 1** *δὴ* K] *δὲ δὴ* K F : *δὲ* K L **2** *μεταβάλλει* F^1 *γὰρ* incertum E **3** *γὰρ* om. H *μήπω*] *μηδέπω* FHJ **4** *ἄλλη ἔσται ἐναντιότης* F **5** *καὶ* prius om. E **8** *ὁρίσασθαι*] *ὁρΐσθαι*, suprascr. *α*, E : *ὡρίσθαι* F

denn in die Gegensätze erfolgt die Verwandlung. Notwendig muß folglich das Wasser entweder weiß oder schwarz sein. Soll b22
also das erste der Fall sein. Gleichermaßen wird ja gewiß dem *Π* das *ξ* zukommen, die Trockenheit. Folglich wird es auch für das *Π*, das Feuer, einen Wandel in das Wasser geben; denn die Gegensätze sind vorhanden; das Feuer nämlich war zunächst schwarz, sodann aber trocken, das Wasser naß, sodann aber weiß. Also ist klar, daß es für alle einen Wandel auseinander geben wird, und zumindest bei den Genannten ⟨klar⟩, daß in dem *Γ*, der Erde, das übrige vorhanden sein wird, und daß die zwei Brückenprofile das Schwarze und das Nasse sind; denn die sind noch nicht gepaart worden. Daß es aber nicht ins Unbegrenzte fortgehen kann, was wir gerade zeigen wollten, als wir auf dies noch vorher kamen, ist aus folgendem klar. Wenn nämlich wiederum das Feuer, wofür *Π* steht, sich in anderes umwandelt und nicht zurückkehrt, etwa in das *Ψ*, dann wird dem Feuer und dem *Ψ* ein anderer Bestimmungsgegensatz als die besagten zukommen; denn vorausgesetzt ist, daß das *Ψ* mit keinem der *Γ*, *Y*, *A*, *Π* | identisch ist. Es soll also dem *Π* 333a
das *ϰ*, dem *Ψ* aber das *φ* zukommen. Also muß das *ϰ* allen den *Γ*, *Y*, *A*, *Π* zukommen; denn sie wandeln sich ineinander – a2
indes soll das für jetzt noch nicht als gezeigt gelten, doch ist jenes klar, daß, wenn wiederum das *Ψ* in anderes ⟨übergeht⟩, ein anderer Bestimmungsgegensatz auch dem *Ψ* zukommen a5
wird und dem Feuer, d. h. dem *Π*. In gleicher Weise wird stets mit dem Hinzugefügten irgendein Bestimmungsgegensatz den Vorangehenden zukommen, so daß, wenn unbegrenzt viele, nur einem auch unbegrenzt viele Bestimmungsgegensätze zukommen müssen. Wenn aber dies, dann wird das betreffende weder zu definieren sein noch *werden* können; denn nötig

332b22 *ἢ λευκὸν ἢ μέλαν* (entweder weiß oder schwarz) mit Joachim nach **b** : μέλαν ἢ λευκὸν Rashed nach **a** **333a2** *μεταβάλλουσι γὰρ εἰς* (denn sie wandeln sich in) mit Joachim nach **b** : μεταβάλλουσιν εἰς Rashed nach **a** **333a5** *καὶ τῷ Ψ ὑπάρξει καὶ* (auch dem *Ψ* zukommen wird und) mit Joachim nach **b** : τῷ Ψ ὑπάρξει καὶ Rashed nach **a**

γάρ, εἰ ἔσται ἄλλο ἐξ ἄλλου, τοσαύτας διεξελθεῖν ἐναντιότητας, καὶ ἔτι πλείους, ὥστ' εἰς ἔνια μὲν οὐδέποτ' ἔσται μεταβολή, οἷον εἰ ἄπειρα τὰ μεταξύ (ἀνάγκη δ', εἴπερ ἄπειρα τὰ στοιχεῖα), ἔτι δ' οὐδ' ἐξ ἀέρος εἰς πῦρ, εἰ ἄπειροι αἱ ἐναντιότητες. γίνεται δὲ καὶ πάντα ἕν· ἀνάγκη γὰρ πάσας ὑπάρχειν τοῖς μὲν κάτω τοῦ Π τὰς τῶν ἄνωθεν, τούτοις δὲ τὰς τῶν κάτωθεν, ὥστε πάντα ἓν ἔσται.

II 6

Θαυμάσειε δ' ἂν τις τῶν λεγόντων πλείω ἑνὸς τὰ στοιχεῖα τῶν σωμάτων ὥστε μὴ μεταβάλλειν εἰς ἄλληλα, καθάπερ Ἐμπεδοκλῆς φησι, πῶς ἐνδέχεται λέγειν αὐτοῖς εἶναι συμβλητὰ τὰ στοιχεῖα—καίτοι λέγει οὕτω, "ταῦτα γὰρ ἶσά τε πάντα". εἰ μὲν οὖν κατὰ τὸ ποσόν, ἀνάγκη ταὐτό τι εἶναι ὑπάρχον ἅπασι τοῖς συμβλητοῖς ᾧ μετροῦνται, οἷον εἰ ἐξ ὕδατος κοτύλης εἶεν ἀέρος δέκα· τὸ αὐτό τι ἦν ἄρα ἄμφω, εἰ μετρεῖται τῷ αὐτῷ. εἰ δὲ μὴ οὕτω κατὰ τὸ ποσὸν συμβλητὰ ὡς ποσὸν ἐκ ποσοῦ, ἀλλ' ὅσον δύναται, οἷον εἰ κοτύλη ὕδατος ἴσον δύναται ψύχειν καὶ δέκα ἀέρος, καὶ οὕτως κατὰ τὸ ποσὸν οὐχ ᾗ ποσὸν συμβλητά, ἀλλ' ᾗ δύναταί τι. εἴη δ' ἂν καὶ μὴ τῷ τοῦ ποσοῦ μέτρῳ συμβάλλεσθαι τὰς δυνάμεις, ἀλλὰ κατ' ἀναλογίαν, οἷον ὡς τόδε θερμὸν τόδε λευκόν· τὸ δ' ὡς τόδε σημαίνει ἐν μὲν ποιῷ τὸ ὅμοιον, ἐν δὲ τῷ ποσῷ τὸ ἴσον. ἄτοπον δὴ φαίνεται, εἰ τὰ

9 *ἄλλο ἔσται* E *διελθεῖν* F **12** *δ'* om. L *οὐδ'* om. E *εἰς*] *εἰ* J *αἱ* om. L **13** *γὰρ πάσας*] *γὰρ* H : *παραπασας* J^{1} : *γὰρ ἁπάσας* FJ^{2} **14** *τούτοις*] *τοῖς* F^{1} **15** *ἓν* om. L **18** *φησι*] *λέγει* EL *ἐνδέχεται*] *ἔσται* F **19** *εἶναι* om. F **20** *τε* om. F^{1}HJL *πάντα εἶναι. εἰ* E : *εἶναι* add. etiam F in margine *τὸ* om. EF^{1} **21** *ἐν ἅπασι* F **22** *εἶεν κοτύλαι ἀέρος* F *τὸ*] *τοῦτο* E **23** supra *εἰ* prius *γρ. ᾖ* scripsit H *τὸ* om. EF *πρόσον* E^{1} **24** *ἐμβλητὰ* L *ὡς* om. E : *οὐ* J *δύνανται* E **26** *καὶ* om. EL *τὸ* om. F^{1} **27** *δύνανται* L **28** *τὰς*] *καὶ τὰς* F **29** *λευκὸν τόδε θερμόν* EL *ἐν μὲν ποιῷ* om. E, ante *σημαίνει* ponit L **30** *τῷ* om. F

wäre, wenn etwas aus anderem sein soll, ebenso viele Bestimmungsgegensätze zu durchqueren, und noch mehr, so daß in einiges niemals ein Wandel vonstatten gehen wird, etwa wenn die dazwischenliegenden unbegrenzt viele sind (doch ist das notwendig, wenn es unbegrenzt viele Elemente gibt), ferner würde nicht einmal aus Luft Feuer, wenn unbegrenzt viele Bestimmungsgegensätze bestehen. Doch wird auch alles eins; denn notwendigerweise kommen alle, die oberhalb von *Π* sind, denen unterhalb zu, diesen aber die der unterhalb, so daß alles eins sein wird.

Kapitel 6. Man könnte sich wohl wundern, wie es denen, die mehr als ein Element der Körper behaupten, ohne daß sie sich ineinander verwandeln – wie Empedokles meint –, möglich ist zu sagen, die Elemente seien vergleichbar. Und dennoch spricht
er so: »denn sie sind sowohl alle gleiche ...«. Wenn nun der *
Quantität nach, dann muß es dasselbe Etwas für alle Vergleichbaren geben, durch das sie gemessen werden, wie z. B. wenn aus einem Becher Wasser zehn Luft wären; folglich wären beide dasselbe Etwas, wenn sie durch dasselbe gemessen werden. Wenn sie hingegen nicht auf diese Weise nach der Quantität vergleichbar sind als Quantum aus Quantum, sondern als Wieviel an Vermögen, wie z. B. wenn ein Becher Was-
ser gleich viel zu kühlen vermag wie zehn Luft, sind sie auch a26
so nach einer Quantität vergleichbar – nicht insofern sie Quantität ist, sondern sofern ihr ein bestimmtes Vermögen eignet. Auch möglich wäre indessen, die Vermögen nicht durch ein quantitatives Maß, sondern nach Analogie zu vergleichen, etwa: wie dies warm ist, so ist dieses weiß. Das ›*wie* dies‹ be-
deutet aber bei einer Qualität das Ähnliche, bei der Quantität a29
dagegen das Gleiche.

333a26 *καὶ οὕτως* (auch so) mit Joachim nach **b** : οὕτως Rashed nach **a**
333a29f. *ἐν μὲν ποιῷ τὸ ὅμοιον* (bei einer Qualität das Ähnliche) mit Joachim nach **b** : [ἐν μὲν ποιῷ] τὸ ὅμοιον Rashed nach **a**

σώματα ἀμετάβλητα ὄντα μὴ ἀναλογίᾳ συμβλητά ἐστιν, ἀλλὰ μέτρῳ τῶν δυνάμεων καὶ τῷ εἶναι ἴσον θερμὸν ἢ ὁμοίως πυρὸς τοσονδὶ καὶ ἀέρος πολλαπλάσιον· τὸ γὰρ αὐτὸ πλεῖον τῷ ὁμογενὲς εἶναι τοιοῦτον ἕξει τὸν λόγον. ἀλλὰ μὴν οὐδ' αὔξησις ἂν εἴη κατ' Ἐμπεδοκλέα, ἀλλ' ἢ

333b κατὰ πρόσθεσιν· πυρὶ γὰρ αὔξει τὸ πῦρ, "αὔξει δὲ χθὼν μὲν σφέτερον δέμας, αἰθέρα δ' αἰθήρ", ταῦτα δὲ προστίθεται· δοκεῖ δ' οὐχ οὕτως αὔξεσθαι τὰ αὐξανόμενα. πολὺ δὲ χαλεπώτερον ἀποδοῦναι περὶ γενέσεως τῆς κατὰ φύσιν. τὰ γὰρ γινόμενα φύσει πάντα γίγνεται ἢ ἀεὶ ὡδὶ ἢ ὡς ἐπὶ τὸ πολύ, τὰ δὲ παρὰ τὸ ἀεὶ καὶ ὡς ἐπὶ τὸ πολὺ ἀπὸ ταὐτομάτου καὶ ἀπὸ τύχης. τί οὖν τὸ αἴτιον τοῦ ἐξ ἀνθρώπου ἄνθρωπον ἢ ἀεὶ ἢ ὡς ἐπὶ τὸ πολύ, καὶ ἐκ τοῦ πυροῦ πυρὸν ἀλλὰ μὴ ἐλαίαν; ἢ καί, ἐὰν ὡδὶ συντεθῇ, ὀστοῦν; οὐ γὰρ ὅπως ἔτυχε συνελθόντων οὐδὲν γίγνεται, καθ' ἃ ἐκεῖνός φησιν, ἀλλὰ λόγῳ τινί. τί οὖν τούτου αἴτιον; οὐ γὰρ δὴ πῦρ γε ἢ γῆ· ἀλλὰ μὴν οὐδ' ἡ φιλία καὶ τὸ νεῖκος, συγκρίσεως γὰρ μόνον, τὸ δὲ διακρίσεως αἴτιον. τοῦτο δ' ἐστὶν ἡ οὐσία ἡ ἑκάστου, ἀλλ' οὐ μόνον "μίξις τε διάλλαξίς τε μιγέντων", ὥσπερ ἐκεῖνός φησιν. τύχη "δ' ἐπὶ τοῖς ὀνομάζεται", ἀλλ' οὐ λόγος· ἔστι γὰρ μιχθῆναι ὡς ἔτυχεν. τῶν

32 *τῷ*] *τὸ* JLΦ[1] **33** *ὁμοίως* EJΦ : *ὅμοιον* FHL **34** *πλεῖον*] *πλεῖον ὂν* coni. H.W.B. Joseph *ὁμοιογενὲς* J **35** *εἴη ἄλλη κατ'* E *ἀλλ'* om. E *ἢ*] *ἡ* J : *ἢ ἡ* L **b 2** *δέμας*] *γένος* EFL **3** *αὐξόμενα* H **5** *ὡδὶ* … 6 *καὶ* om. F[1] *ὡδὶ* om. EFL *ἢ ὡς*] *ὡ* J, corr. tamen supra lin. *τὸ* om. E **6** *τὸ ὡς ἐπὶ πολὺ* E **7** *ἀπὸ* om. F *τὸ* supra lin. add. J **8** *ἢ* secundum om. L **9** *οὐ γὰρ*] *ἀλλ' οὐχ* FHJΦ[c] **10** *καθ' ἃ*] *καθὰ* EHLΦ[c] : *καθάπερ* F **11** *οὖν*] *οὖν τὸ* L *τούτου* EJ[2]Φ[c] : *τούτων* FHJ[1]LΓ **13** *γὰρ* … *διακρίσεως* om. E[1] *δ'*] *δέ γ'* J **15** *τύχη*] *φύσις* E *δ'*] *γὰρ* J[2]Γ *τοῖς* scripsi, cf. Empedokles fr. 8 (Diels, p. 175) : *τὸ ἴσον* JΓ : *τούτοις* FHL et fort. E[1] : *τούτων* fecit E[2] (suprascr. *οις*) **16** *ἔτυχεν*] *τύχη* L

Also erscheint es als ungereimt, wenn die Körper – unwandelbar wie sie sind – nicht ⟨bloß⟩ durch eine Analogie vergleichbar sind, sondern durch ein Maß ihrer Vermögen, d.h. dadurch, daß ›*gleich* warm‹ oder ›*ähnlich* ⟨warm‹⟩ eine solche Menge Feuers und ein vielfaches an Luft sind; denn dann wird es – als dasselbe *mehr* – durch eben die Gattungsgleichheit einen solchen Proportionsbegriff haben.

In der Tat dürfte nach Empedokles auch kein Wachstum a35
möglich sein, außer | im Sinne bloßer Hinzusetzung: durch 333b
Feuer nämlich wächst das Feuer, »die Erde hingegen macht
wachsen ihr eigen Geschlecht, den Äther aber der Äther« – * b2
diese aber werden hinzugesetzt. Indessen scheinen Wachsende nicht auf diese Weise zu wachsen. Noch viel schwieriger aber ist, Rechenschaft zu geben über *Werden* gemäß der Natur.
Denn was kraft Natur wird, das wird alles entweder immer auf b5
eine bestimmte Weise oder in den meisten Fällen, während das entgegen dem ›immer‹ und ›zumeist‹, von allein und aus Zufall. Was nun ist die Ursache dafür, daß aus einem Menschen ein Mensch wird – entweder immer oder zumeist – und aus Weizen Weizen, aber kein Olivenbaum? Oder auch, wenn auf bestimmte Weise zusammengesetzt, Knochen? Denn nicht, indem Dinge nach Zufallsart zusammentreten, entsteht irgend etwas, gemäß dem, was jener behauptet, sondern durch einen bestimmten Proportionsbegriff. – Was nun ist dafür ursächlich? Nicht ja Feuer oder Erde! Allerdings auch nicht die Liebe und Zwietracht; denn für Zusammenschluß allein ist erstere,
die andere dagegen für Trennung ursächlich. Es ist dies viel- *
mehr die *Substanz* eines jeden Dinges, nicht aber bloß »Mischung und Austausch der Gemischten« – wie jener behauptet.
Zufall »ist dafür der Name«, aber nicht ein Proportionsbegriff; *
denn es ist so, daß sie gemischt werden, wie es sich zufällig

333a35 *οὐδ’ ... , ἀλλ’ ἤ* (kein ..., außer) mit Joachim nach **b** : οὐδ’ ... ἄλλη ... ἢ ἡ Rashed nach **a** **333b2** *γένος* (Geschlecht) mit Rashed nach **a** : δέμας Joachim nach **b** **333b5** *ἀεὶ ὡδὶ* (immer auf eine bestimmte Weise) mit Joachim nach **b** : ἀεὶ Rashed nach **a**

δὴ φύσει ὄντων αἴτιον τὸ οὕτως ἔχειν, καὶ ἡ ἑκάστου φύσις αὕτη, περὶ ἧς οὐδὲν λέγει· οὐδὲν ἄρα περὶ φύσεως λέγει. ἀλλὰ μὴν καὶ τὸ εὖ τοῦτο καὶ τὸ ἀγαθόν· ὁ δὲ τὴν μίξιν μόνον ἐπαινεῖ. καίτοι τά γε στοιχεῖα διακρίνει οὐ τὸ νεῖκος, ἀλλ' ἡ φιλία τὰ φύσει πρότερα τοῦ θεοῦ—θεοὶ δὲ καὶ ταῦτα. ἔτι δὲ περὶ κινήσεως ἁπλῶς λέγει. οὐ γὰρ ἱκανὸν εἰπεῖν διότι ἡ φιλία καὶ τὸ νεῖκος κινεῖ, εἰ μὴ τοῦτ' ἦν φιλίᾳ εἶναι τὸ κινήσει τοιᾳδί, νείκει δὲ τὸ τοιᾳδί· ἔδει οὖν ἢ ὁρίσασθαι ἢ ὑποθέσθαι ἢ ἀποδεῖξαι, ἢ ἀκριβῶς ἢ μαλακῶς ἢ ἄλλως γέ πως. ἔτι δ' ἐπεὶ φαίνεται καὶ βίᾳ καὶ παρὰ φύσιν κινούμενα τὰ σώματα καὶ κατὰ φύσιν (οἷον τὸ πῦρ ἄνω μὲν οὐ βίᾳ, κάτω δὲ βίᾳ), τῷ δὲ βίᾳ τὸ κατὰ φύσιν ἐναντίον, ἔστι δὲ τὸ βίᾳ· ἔστιν ἄρα καὶ τὸ κατὰ φύσιν κινεῖσθαι. ταύτην οὖν ἡ φιλία κινεῖ; ἢ οὔ; τοὐναντίον γὰρ τὴν γῆν κάτω, καὶ διακρίσει ἔοικεν, καὶ μᾶλλον τὸ νεῖκος αἴτιον τῆς κατὰ φύσιν κινήσεως ἢ ἡ φιλία, ὥστε καὶ ὅλως παρὰ φύσιν ἡ φιλία ἂν εἴη μᾶλλον. ἁπλῶς δέ, εἰ μὴ ἡ φιλία ἢ τὸ νεῖκος κινεῖ, αὐτῶν τῶν σωμάτων οὐδεμία κίνησίς ἐστιν οὐδὲ μονή· ἀλλ' ἄτοπον. ἔτι δὲ καὶ φαίνεται κινού-
334a μενα—διέκρινε μὲν γὰρ τὸ νεῖκος, ἠνέχθη δ' ἄνω ὁ αἰθὴρ οὐχ ὑπὸ τοῦ νείκους, ἀλλ' ὁτὲ μέν φησιν ὥσπερ ἀπὸ τύχης („οὕτω γὰρ συνέκυρσε θέων τότε, πολλάκι δ' ἄλλως") ὁτὲ δέ φησι πεφυκέναι τὸ πῦρ ἄνω φέρεσθαι, ὁ δ' αἰθήρ, φησί, „μακρῇσι κατὰ χθόνα δύετο ῥίζαις". ἅμα δὲ καὶ τὸν κόσμον ὁμοίως ἔχειν φησὶν ἐπί τε τοῦ νείκους νῦν καὶ

17 *δὴ*] *δὲ* F **18** *οὐδὲν* ante *ἄρα* incertum E **19** *καὶ* prius om. E, spatio duarum litterarum relicto *καὶ* secundum om. E *τὸ* secundum habent FJ²Φ, om. EHJ¹L *μόνην* L **20** *καίτοι* … 22 *ταῦτα* fort. supra post 13 *αἴτιον* legenda **20** *γε*] *τε* EFL *διακρινεῖ* J **22** *δὲ καὶ περὶ* L **23** *φιλίᾳ*] *φιλίαν* EL **24** *τὸ* secundum om. EFJL *ἔδει*] *δεῖ* H : incertum E *ἢ* om. H **25** *ἀποδεῖξαι*] *ἀποδοῦναι* E **26** *ἄλλως*] *ἁμῶς* coni. Bekker *πῶς γε* F *φαίνονται* ELΦ¹ **27** *τὸ* om. EL **28** *οὐ* om. E *τὸ δὲ βίᾳ τῷ κατὰ* FH **31** *κάτω*] *ἄνω* FL, Bonitz *διακρίσει*] *βίᾳ κινεῖν* coni. Bonitz. Nihil tamen mutandum : scilicet *ἡ κατὰ φύσιν κίνησις* (cf. v. 32) *τὴν γῆν κάτω κινεῖ, καὶ διακρίσει ἔοικεν* **33** *ἡ* secundum om. EFL **34** *ἢ*] *καὶ* E *κινεῖ*] *κινοῖ* HJ : *κινοίη* **a 2** *περ ἀπὸ τύχης* supra lin. add. F **3** *θεῶν νοῦς τότε* E *πολλάκις* F **4** *φησι*] *φήσει* F **5** *δύεται ῥίζης* (ut videtur) E *ῥίζες* J **6** *τε* om. EL

trifft. Für die durch Natur existierenden Dinge ist also das *so-sich-Verhalten* ursächlich, und diese Natur von jedem ist es, über die er gar nichts sagt. Folglich erklärt er gar nichts ›Über die Natur‹. In der Tat ist dies doch auch das Wohlgeratene und Gute. Er aber spendet der Mischung alleine alles Lob. Und doch *trennt*, die Elemente zumindest, nicht Zwietracht, sondern *Liebe* – als welche, die der Natur nach früher sind als der Gott; Götter sind ja auch sie! *

Außerdem spricht er undifferenziert über Bewegung: Denn es genügt nicht zu sagen, daß Liebe und Zwietracht bewegen, wenn nicht Liebe zu sein heißt: Bewegtsein auf *solche* Weise, Zwietracht hingegen auf *solche.* Das müßte er nun entweder definieren oder voraussetzen oder aufzeigen, sei es in exakter oder ungefährer Manier oder wenigstens irgendwie. Da ferner, dem Anschein nach, die Körper sowohl mit Gewalt und gegen die Natur als auch im Sinne der Natur zu bewegen sind (etwa das Feuer nach oben zwar nicht mit Gewalt, jedoch nach unten mit Gewalt), aber dem Gewaltsamen das Naturgemäße entgegengesetzt ist, jedoch das mit Gewalt tatsächlich vorkommt, so gibt es folglich auch das naturgemäße Bewegtsein. Bewegt dies nun die Liebe? Oder nicht? Denn entgegengesetzt bewegt sie die Erde nach unten und kommt einer Trennung gleich; und sogar *eher* ist Zwietracht ursächlich für die naturgemäße Bewegung als die Liebe, so daß auch allgemein die Liebe mehr der Natur entgegen sein dürfte. Schlechthin jedoch dürfte es, wenn nicht Liebe oder Zwietracht bewegen, keinerlei Bewegung der Körper selbst geben und auch nicht Stillstand; aber das ist ungereimt. Ferner treten sie doch als bewegte in Erscheinung, | denn zwar trennte sie die Zwietracht, aber nach 334a
oben getragen wurde der Äther nicht von der Zwietracht, sondern bald sagt er, aufgrund von Zufall: »bald nämlich traf er so zusammen in seinem Lauf, oft aber auch anders«; bald aber * sagt er, daß das Feuer von Natur aus nach oben fortbewegt werde, während der Äther, seiner Behauptung nach, »mit langen Wurzeln hinab zur Erde tauchte«. Zugleich aber sagt er, * daß auch der Kosmos sich gleich verhalte sowohl zur Zeit der

πρότερον ἐπὶ τῆς φιλίας· τί οὖν ἐστι τὸ κινοῦν πρῶτον καὶ αἴτιον τῆς κινήσεως; οὐ γὰρ δὴ ἡ φιλία καὶ τὸ νεῖκος· ἀλλά τινος κινήσεως ταῦτα αἴτια, εἴ ⟨γ'⟩ ἐστὶν ἐκεῖνο ἀρχή. ἄτοπον δὲ καὶ εἰ ἡ ψυχὴ ἐκ τῶν στοιχείων ἢ ἕν τι αὐτῶν· αἱ γὰρ ἀλλοιώσεις αἱ τῆς ψυχῆς πῶς ἔσονται, οἷον τὸ μουσικὸν εἶναι καὶ πάλιν ἄμουσον, ἢ μνήμη ἢ λήθη; δῆλον γὰρ ὅτι εἰ μὲν πῦρ ἡ ψυχή, τὰ πάθη ὑπάρξει αὐτῇ ὅσα πυρὶ ᾗ πῦρ, εἰ δὲ μικτόν, τὰ σωματικά· τούτων δ' οὐδὲν σωματικόν. ἀλλὰ περὶ μὲν τούτων ἑτέρας ἔργον ἐστὶ θεωρίας, περὶ II 7
δὲ τῶν στοιχείων ἐξ ὧν τὰ σώματα συνέστηκεν, ὅσοις μὲν δοκεῖ τι εἶναι κοινὸν ἢ μεταβάλλειν εἰς ἄλληλα, ἀνάγκη εἰ θάτερον τούτων, καὶ θάτερον συμβαίνειν· ὅσοι δὲ μὴ ποιοῦσιν ἐξ ἀλλήλων γένεσιν μηδ' ὡς ἐξ ἑκάστου, πλὴν ὡς ἐκ τοίχου πλίνθους, ἄτοπον πῶς ἐξ ἐκείνων ἔσονται σάρκες καὶ ὀστᾶ καὶ τῶν ἄλλων ὁτιοῦν. ἔχει δὲ τὸ λεγόμενον ἀπορίαν καὶ τοῖς ἐξ ἀλλήλων γεννῶσιν, τίνα τρόπον γίγνεται ἐξ αὐτῶν ἕτερόν τι παρ' αὐτά. λέγω δ' οἷον ἐκ πυρὸς ἔστιν ὕδωρ καὶ ἐκ τούτου γίγνεσθαι πῦρ (ἔστι γάρ τι κοινὸν τὸ ὑποκείμενον), ἀλλὰ δὴ καὶ σὰρξ ἐξ αὐτῶν γίνεται καὶ μυελός· ταῦτα δὴ γίνεται πῶς; ἐκείνοις τε γὰρ τοῖς λέγουσιν ὡς

9 *εἴ γ' ἐστὶν* scripsi : *εἰ ἔστιν* EHJ : *ἔστιν* (*εἰ δὲ* in marg. additis) F : *εἰ δ' ἔστιν* L : si utique est Γ **12** *ἢ λ.*] *καὶ λ.* HJ : *ἢ καὶ λ.* F **14** *σωματικόν*] *σωματικῶ* L **15** *ἀλλὰ γὰρ περὶ* J *μὲν* om. FH *ἐστὶν ἔργον* HJ *περὶ* secundum] *ἐκ* J : *περὶ* fecerunt EF **17** *τι εἶναι*] *εἶναί τι* FJ : *εἶναί τι ἢ* H : *εἶναι τὸ* Φ^1 **19** *ὡς* secundum om. E **23** *παρ' αὐτά*] *παρὰ ταῦτα* FHJ *ἔστιν ἐκ πυρὸς* EL **24** *τούτου*] *τοῦ* J *πῦρ* om. E **26** *δὴ*] *δὲ* H : *δὴ* fecit F *τοῖς γὰρ* E *ὡς*] *ὥσπερ* F

Zwietracht heute wie auch früher zur Zeit der Liebe. Was also *
ist nun das primär Bewegende und die Ursache der Bewegung?
Nicht wohl die Liebe und die Zwietracht, sondern diese sind
Ursachen für eine bestimmte Bewegung, wenn jenes als Prin- a 9
zip gegeben ist.

Ungereimt aber ist es auch, wenn die Seele aus den Ele-
menten besteht oder eines von ihnen ist. Denn wie sollen die
Veränderungen der Seele stattfinden, z. B. das Gebildet- und
wiederum Ungebildet-Sein, oder Erinnerung oder Vergessen? *
Denn offenbar gilt, wenn die Seele Feuer ist, daß an ihr Be-
schaffenheiten stattfinden müssen, die dem Feuer als Feuer
zukommen, ist sie aber Gemischtes, dann körperliche; doch ist
nichts davon körperlich; aber darüber zu befinden ist Aufgabe
einer anderen Betrachtung. *

Kapitel 7. Aufgrund der Elemente hingegen, aus denen die a 15
Körper konstituiert sind, folgt für die, die die Ansicht vertre-
ten, daß es etwas Gemeinsames gibt oder sie sich ineinander
verwandeln, notwendig, wenn eins von den beiden gegeben ist,
auch das andere. Die dagegen kein Werden auseinander anset-
zen und so auch keines aus jeglichem Ding – außer in der Weise
wie aus einer Mauer die Ziegel – für die bleibt ungereimt, wie
aus jenen Fleisch und Knochen und irgend etwas anderes kom-
men sollen. Doch hat das Gesagte seine Schwierigkeit auch für
die, die sie auseinander erzeugen: Auf welche Weise daraus
etwas *anderes* als sie entsteht. Ich meine, wie etwa aus Feuer
Wasser und aus ihm Feuer wird (denn es gibt etwas gemeinsam
Zugrundeliegendes), so wird also stattdessen aus diesen so-
wohl Fleisch wie Mark – dies also, auf welche Weise entsteht
es?

334a9 *τινος κινήσεως* (für eine bestimmte Bewegung) mit Joachim nach **a** und **b** (außer J) : τίνος κινήσεως Rashed nach J **334a9** *εἴ ἐστιν ἐκεῖνο ἀρχή* (wenn jenes als Prinzip gegeben ist) mit Rashed nach **a** und **b** : εἴ ⟨γ'⟩ ἐστιν ἐκεῖνο ἀρχή Joachim **334a15** *ἐκ* (Aufgrund) mit Rashed nach E^1J Ar. F^1 : περὶ Joachim nach LMWVH Philoponos

Ἐμπεδοκλῆς τίς ἔσται τρόπος; ἀνάγκη γὰρ σύνθεσιν εἶναι καθάπερ ἐκ πλίνθων καὶ λίθων τοῖχος· καὶ τὸ μῖγμα δὲ τοῦτο ἐκ σωζομένων μὲν ἔσται τῶν στοιχείων, κατὰ μικρὰ δὲ παρ' ἄλληλα συγκειμένων· οὕτω δὴ σὰρξ καὶ τῶν ἄλλων ἕκαστον. συμβαίνει δὴ μὴ ἐξ ὁτουοῦν μέρους σαρκὸς γίγνεσθαι πῦρ καὶ ὕδωρ, ὥσπερ ἐκ κηροῦ γένοιτ' ἂν ἐκ μὲν τουδὶ τοῦ μέρους σφαῖρα, πυραμὶς δ' ἐξ ἄλλου τινός, ἀλλ' ἐνεδέχετό γε ἐξ ἑκατέρου ἑκάτερον γενέσθαι. τοῦτο μὲν δὴ τοῦτον γίνεται τὸν τρόπον, ⟨τὸ⟩ ἐκ τῆς σαρκὸς ἐξ ὁτουοῦν ἄμφω· τοῖς δ' ἐκείνως
334b λέγουσιν οὐκ ἐνδέχεται, ἀλλ' ὡς ἐκ τοίχου λίθος καὶ πλίνθος, ἑκάτερον ἐξ ἄλλου τόπου καὶ μέρους. ὁμοίως δὲ καὶ τοῖς ποιοῦσι μίαν αὐτῶν ὕλην ἔχει τινὰ ἀπορίαν, πῶς ἔσται τι ἐξ ἀμφοτέρων, οἷον ψυχροῦ καὶ θερμοῖ ἢ πυρὸς καὶ γῆς. εἰ γάρ ἐστιν ἡ σὰρξ ἐξ ἀμφοῖν καὶ μηδέτερον ἐκείνων, μηδ' αὖ σύνθεσις σωζομένων, τί λείπεται πλὴν τὴν ὕλην εἶναι τὸ ἐξ ἐκείνων; ἡ γὰρ θατέρου φθορὰ ἢ θάτερον ποιεῖ ἢ τὴν ὕλην. ἆρ' οὖν ἐπειδή ἐστι καὶ μᾶλλον καὶ ἧττον θερμὸν καὶ ψυχρόν, ὅταν μὲν ἁπλῶς ᾖ θάτερον ἐντελεχείᾳ, δυνάμει θάτερον ἔσται· ὅταν δὲ μὴ παντελῶς, ἀλλ' ὡς μὲν θερμὸν ψυχρόν, ὡς δὲ ψυχρὸν θερμὸν (διὰ τὸ μιγνύμενα φθείρειν τὰς ὑπεροχὰς ἀλλήλων), τότε οὔθ' ἡ ὕλη ἔσται οὔτε ἐκείνων

28 *πλίνθων καὶ ἐκ λίθων* H : *λίθων καὶ πλίνθων* F *δὲ*] *δὴ* FHJL **29** *τοῦτο*] *τὸ ἓν* HJ *μὲν* om. H **31** *ἕκαστον. συμβαίνει γοῦν οὕτω λέγουσι μὴ ἐκ παντὸς μέρους σαρκὸς γίνεσθαι ἀέρα ὕδωρ καὶ τὰ ἕτερα, ἀλλὰ ἐξ ἑκατέρου ἑκάτερον, τουτέστιν ἐκ πάντων παρατεθειμένων καὶ ἐνυπαρχόντων ἐνεργείᾳ ἅπαντα διακρίνεσθαι, ὅπερ οὐχ οὕτω φαίνεται. συμβαίνει* L *δὴ*] *δὲ* H **32** *ὥσπερ εἰ ἐκ* in marg. add. F **34** *γε*] *καὶ* L *γενέσθαι*] *γίγνεσθαι* F **35** *τὸ* e coni. addidi : cf. Φ[c] (Vitelli 274.5) *ἐξ ὁτουοῦν*] *ἐξωτοῦ οὖν* J **b4** *οἷον ἐκ θερμοῦ καὶ ψυχροῦ* E *ἢ*] *καὶ* E **6** *σύνθεσις*] *σύνθεσιν* E : *συνθέσει* L *τὴν* EFHJLΦ[c] : om. Bekker *τὸ* om. E **7** *γὰρ ἐκ θατέρου* HJ : *γὰρ ἑκατέρου* D[b] *ἐποίει* FHJ *ἢ* secundum om. E **8** *καὶ ψ.*] *ἢ ψ.* F **11** *διαφθείρειν* H

Für jene nämlich, die Erklärungen geben wie Empedokles – was für eine Art und Weise gibt es da? Notwendig ja Zusammensetzung wie aus Ziegeln und Steinen eine Mauer; d. h. das ›Gemisch‹ aus den Elementen wird dieses sein, daß sie einerseits erhalten bleiben, andererseits im Kleinen miteinander zusammen liegen. Auf die Weise also werden Fleisch und jedes der übrigen Dinge vorkommen. Folglich ergibt sich, daß *nicht* aus jedem beliebigen Teil des Fleisches Feuer und Wasser entstehen kann, so wie bei Wachs aus dem einen Teil eine Kugel, aus einem anderen eine Pyramide werden könnte, wäh- a33
rend doch die Möglichkeit bestand, daß aus jedem von beiden jedes von beiden hervorging. Das also ist es, wozu diese Art a35
und Weise führt, wie aus jedem beliebigen ⟨Teil⟩ des Fleisches beides entsteht. Doch denen, die es auf jene Weise | erklären, 334b
ist das nicht möglich, sondern wie aus einer Mauer Stein und Ziegel, so stammt beides aus einem anderen Ort und Teil.

Doch birgt es ebenso auch für die, die nur *eine* Materie für sie ansetzen, eine gewisse Aporie, wie etwas aus beiden sein wird, etwa aus Kaltem und Warmem oder Feuer und Erde. Wenn nämlich das Fleisch aus beiden ist und zugleich keines der beiden und wiederum auch nicht eine Zusammensetzung aus sich Erhaltenden, was bleibt dann übrig, außer daß es Materie ist, die aus jenen kommt? Denn das Vergehen des einen bringt entweder das andere oder die Materie hervor. Wird es nun, da es möglich ist, sowohl mehr wie auch weniger warm und kalt zu sein, zwar, solange es schlechthin der wirklichen Vollendung nach das eine ist, dem Vermögen nach das andere sein? wenn aber nicht im vollendeten Sinne, sondern als ein Warmes kalt, als ein Kaltes hingegen warm (dadurch daß Gemischte tilgen, was sie gegenseitig an Übersteigerungen haben), wird es *dann* also weder die Materie noch einer jener

334a33f. *ἀλλ' ἐνεδέχετό γε* (während doch die Möglichkeit bestand) mit Joachim nach **b** : ἀλλ' ἐνεδέχετο καὶ Rashed nach **a** **334a35** *τὸν τρόπον ἐκ* (diese Art und Weise, … wie aus) mit Rashed nach **a** und **b** : τὸν τρόπον, ⟨τὸ⟩ ἐκ Joachim

τῶν ἐναντίων ἑκάτερον ἐντελεχείᾳ ἁπλῶς, ἀλλὰ μεταξύ, κατὰ δὲ τὸ δυνάμει μᾶλλον εἶναι θερμὸν ἢ ψυχρόν, ἢ τοὐναντίον, κατὰ τοῦτον τὸν λόγον διπλασίως θερμὸν δυνάμει ἢ ψυχρόν, ἢ τριπλασίως, ἢ κατ' ἄλλον τρόπον τοιοῦτον; ἔσται δὴ μιχθέντων τἆλλ' ἐκ τῶν ἐναντίων ἢ τῶν στοιχείων, καὶ τὰ στοιχεῖα ἐξ ἐκείνων δυνάμει πως ὄντων, οὐχ οὕτω δὲ ὡς ἡ ὕλη, ἀλλὰ τὸν εἰρημένον τρόπον—καὶ ἔστιν οὕτω μὲν μίξις, ἐκείνως δὲ ὕλη τὸ γινόμενον. ἐπεὶ δὲ καὶ πάσχει τἀναντία κατὰ τὸν ἐν τοῖς πρώτοις διορισμόν· ἔστι γὰρ τὸ ἐνεργείᾳ θερμὸν δυνάμει ψυχρὸν καὶ τὸ ἐνεργείᾳ ψυχρὸν δυνάμει θερμόν, ὥστε ἐὰν μὴ ἰσάζῃ μεταβάλλει εἰς ἄλληλα, ὁμοίως δὲ καὶ ἐπὶ τῶν ἄλλων ἐναντίων· καὶ πρῶτον οὕτω τὰ στοιχεῖα μεταβάλλει, ἐκ δὲ τούτων σάρκες καὶ ὀστᾶ καὶ τὰ τοιαῦτα, τοῦ μὲν θερμοῦ γιγνομένου ψυχροῦ, τοῦ δὲ ψυχροῦ θερμοῦ, ὅταν πρὸς τὸ μέσον ἔλθῃ (ἐνταῦθα γὰρ οὐδέτερον), τὸ δὲ μέσον πολὺ καὶ οὐκ ἀδιαίρετον. ὁμοίως δὲ καὶ τὸ ξηρὸν καὶ ὑγρὸν καὶ τὰ τοιαῦτα κατὰ μεσότητα ποιοῦσι σάρκα καὶ ὀστοῦν καὶ τἆλλα.

Ἅπαντα *δὲ τὰ μικτὰ σώματα, ὅσα περὶ τὸν τοῦ μέσου τόπον ἐστίν, ἐξ ἁπάντων σύγκειται τῶν ἁπλῶν.* II 8 *γῆ μὲν γὰρ ἐνυπάρχει πᾶσι διὰ τὸ ἕκαστον εἶναι μάλιστα καὶ πλεῖστον ἐν τῷ οἰκείῳ τόπῳ· ὕδωρ δὲ διὰ τὸ δεῖν μὲν ὁρίζεσθαι τὸ σύνθετον, μόνον δ' εἶναι τῶν ἁπλῶν εὐόριστον τὸ* 335a *ὕδωρ, ἔτι δὲ καὶ τὴν γῆν ἄνευ τοῦ ὑγροῦ μὴ δύνασθαι συμμένειν, ἀλλὰ τοῦτ' εἶναι τὸ συνέχον—εἰ γὰρ ἐξαιρεθείη τε-*

15 *κατὰ*] *ἑκάτερον κατὰ* F : *καὶ κατὰ* L *τοῦτον τὸν*] *τὸν τούτων* HJL *διπλασίως*] *καὶ τῷ λόγῳ διπλασίως* F^{1}HJ : *καὶ διπλασίως* L **16** *τοιοῦτον τρόπον* F **17** *δὴ*] *μὴ* E, et suprascr. J^2 *τἆλλ'*] *ἀλλ'* E **19** *οὕτω*] *τοῦτο* HJ, Φ^1 (codd. RZ) Φ^c *μίξις*] *μείξεις* E **20** *δὲ ἡ ὕλη* FL *ἐπεὶ δὲ*] *ἐπεὶ δὴ* E : *ἐπειδὴ* Φ^1 **23** *ἐὰν*] *ἂν* H *εἰς* om. EL **24** post *πρῶτον* add. *γε* Φ^1 et (supra lin.) J^2 **26** *γενομένου* F **27** *ἔλθῃ*] *ἔλθωσιν* HJ **29** *τὸ* om. HJL post *τὰ* add. *ἄλλα τὰ* in marg. F : cf. etiam Φ et Γ **30** *ὀστοῦν*] *ὀστᾶ* (quod libris FH perperam attribuit) Bekker *τἆλλα τὰ τοιαῦτα* F^{1}HJ **31** *ἅπαντα*] *πάντα* JΦ^1 **32** *γῆ*] *γῆς* H **33** *γὰρ* om. F **34** *δὲ*] *δὴ* L **35** *τὸν σύνθετον* J *ἁπλῶν*] *ἄλλων* Φ

Gegensätze schlechthin der wirklichen Vollendung nach sein,
sondern ein Dazwischen zufolge dem Vermögen, mehr War-
mes zu sein als Kaltes oder umgekehrt, ⟨d. h.⟩ entsprechend
dieser Proportion: *doppelt* so viel Warmes dem Vermögen
nach wie Kaltes oder *dreimal* so viel oder auf andere Weise
derartiges? Somit werden – im Wege der Mischung – die *ande-
ren* Dinge aus den Gegensätzen oder den Elementen sein, und
die Elemente aus jenen, die in gewisser Weise dem Vermögen
nach *sie* sind, aber nicht so wie die Materie, sondern in der be-
sagten Art – und auf diese Weise ist das Werdende Mischung,
während auf jene Materie. Da es aber Leiden zwischen den
Gegensätzen auch gemäß der in den ersten Abschnitten gege-
benen Definition gibt (denn das der Wirklichkeit nach Warme *
ist dem Vermögen nach Kaltes und das der Wirklichkeit nach
Kalte dem Vermögen nach Warmes, so daß sie, wenn sie nicht
gleich stark sind, sich umwandeln ineinander; und genauso
auch bei den anderen Gegensätzen), sind zunächst einmal die
Elemente auf diese Weise im Wandel begriffen, und kommen
aus ihnen Fleisch und Knochen und dergleichen dann, wenn
sie, indem auf der einen Seite das Warme kalt, auf der anderen
aber das Kalte warm wird, zu dem Mittleren gelangen (denn
da ist es keines von beiden); das Mittlere aber ist vielfältig und
nicht ein Unteilbares. Auf ähnliche Weise aber bringen auch
das Trockene und Nasse und dergleichen gemäß einer Mitte
Fleisch, Knochen und das andere hervor.

Kapitel 8. Sämtliche gemischten Körper aber, so viele ihrer
rings um den mittleren Ort existieren, sind aus allen einfachen
zusammengesetzt: Denn Erde ist in allen vorhanden, weil sich
ein jeder besonders und am meisten am eigenen Ort aufhält,
Wasser deswegen, weil es sein muß, daß das Zusammenge-
setzte in Grenzen gefaßt ist, aber leicht zu begrenzen von den
Einfachen allein das | Wasser ist, und außerdem die Erde ohne 335a
das Nasse nicht zusammenbleiben kann, sondern dies das Zu-
sammenhaltende ist; denn wenn man aus ihr vollständig das

λέως ἐξ αὐτῆς τὸ ὑγρόν, διαπίπτοι ἄν. γῆ μὲν οὖν καὶ ὕδωρ διὰ ταύτας ἐνυπάρχει τὰς αἰτίας, ἀὴρ δὲ καὶ πῦρ, ὅτι ἐναντία ἐστὶ γῇ καὶ ὕδατι (γῆ μὲν γὰρ ἀέρι, ὕδωρ δὲ πυρὶ ἐναντίον ἐστίν, ὡς ἐνδέχεται οὐσίαν οὐσίᾳ ἐναντίαν εἶναι)· ἐπεὶ οὖν αἱ γενέσεις ἐκ τῶν ἐναντίων εἰσίν, ἐνυπάρχει δὲ θάτερα ἄκρα τῶν ἐναντίων, ἀνάγκη καὶ θάτερα ἐνυπάρχειν, ὥστ' ἐν ἅπαντι τῷ συνθέτῳ πάντα τὰ ἁπλᾶ ἐνέσται. μαρτυρεῖν δ' ἔοικε καὶ ἡ τροφὴ ἑκάστου· ἅπαντα μὲν γὰρ τρέφεται τοῖς αὐτοῖς ἐξ ὧνπέρ ἐστιν, ἅπαντα δὲ πλείοσι τρέφεται. καὶ γὰρ ἅπερ ἂν δόξειεν ἑνὶ μόνῳ τρέφεσθαι, τῷ ὕδατι τὰ φυτά, πλείοσι τρέφεται· μέμικται γὰρ τῷ ὕδατι γῇ· διὸ καὶ οἱ γεωργοὶ πειρῶνται μίξαντες ἄρδειν. ἐπεὶ δ' ἐστὶν ἡ μὲν τροφὴ τῆς ὕλης, τὸ δὲ τρεφόμενον συνειλημμένη τῇ ὕλῃ ἡ μορφὴ καὶ τὸ εἶδος, εὔλογον ἤδη τὸ μόνον τῶν ἁπλῶν σωμάτων τρέφεσθαι τὸ πῦρ ἁπάντων ἐξ ἀλλήλων γινομένων, ὥσπερ καὶ οἱ πρότεροι λέγουσιν· μόνον γάρ ἐστι καὶ μάλιστα τοῦ εἴδους τὸ πῦρ διὰ τὸ πεφυκέναι φέρεσθαι πρὸς τὸν ὅρον. ἕκαστον δὲ πέφυκεν εἰς τὴν ἑαυτοῦ φέρεσθαι χώραν· ἡ δὲ μορφὴ καὶ τὸ εἶδος ἁπάντων ἐν τοῖς ὅροις. ὅτι μὲν οὖν ἅπαντα τὰ σώματα ἐξ ἁπάντων συνέστηκε τῶν ἁπλῶν, εἴρηται.

Ἐπεὶ δ' ἐστὶν ἔνια γενητὰ καὶ φθαρτά, καὶ ἡ γένεσις II 9
τυγχάνει οὖσα ἐν τῷ περὶ τὸ μέσον τόπῳ, λεκτέον περὶ πάσης γενέσεως ὁμοίως πόσαι τε καὶ τίνες αὐτῆς ἀρχαί·

a4 *ἐνυπάρχουσι* F **5** *γὰρ* om. F **6** *ἐναντίαν*] *ἐναντίον* H **7** *θάτερα*] *θάτερον* L **8** *ἄκρα* om. H, supra lin. add. J : *ἄκρον* L *θάτερα*] *θάτερον* HL **10** *ἑκάστου* E¹H : *ἑκάστων* E²FJL **11** *ἐστιν*] *εἰσίν* FH *πλείωσι* J **12** *γάρ ἐστιν* (superposito *ὅσα*) *ἅπερ* F *μάλιστα* post *δόξειεν* add. JL (delendum tamen notat J²), post *τρέφεσθαι* add. H **14** *καὶ* post *γεωργοὶ* ponit E, omisso *οἱ* supra *ἄρδειν* add. *κόπρα* E **15** *τρεφόμενον δὲ* F *συνειλημμένη*] *ἡ συνειλημμένη* J : *συνειλημμένον* FL et (ut videtur) H : *τὸ συνειλημμένον* Φ **16** *ὕλῃ μορφῇ* J **17** *ἐξ*] *γὰρ ἐξ* H, qui 18 *γάρ* om. **18** *πρότεροι*] *πρότερον* L : *ποιηταὶ* (ut videtur) Φᶜ **20** *ἑαυτοῦ*] *αὐτοῦ* HJ **20-21** *χώραν φέρεσθαι* EL **24** *γεννητὰ* L, et ubique **26** *τε* om. FΦᶜ *αὐτῆς*] *αὐτῶν* FΦᶜ *ἀρχαί* EFHJL : *αἱ ἀρχαί* Φᶜ et Bekker

Nasse extrahieren würde, so würde sie auseinanderfliegen. Erde und Wasser also kommen aus diesen Gründen darin vor, Luft und Feuer aber, weil sie die Gegensätze zu Erde und Wasser bilden (Erde nämlich ist der Luft, Wasser dem Feuer entgegengesetzt, soweit Substanz mit Substanz gegensätzlich sein kann). Da nun die Entstehungsprozesse aus den Gegensätzen * erfolgen, aber die einen Extreme der Gegensätze darin vorhanden sind, sind mit Notwendigkeit auch die anderen darin, so daß in allem Zusammengesetzten alle einfachen ⟨Körper⟩ darin sein müssen.

Zu bezeugen scheint das auch die Nahrung von allen: denn überhaupt alles wird genährt durch dieselben Dinge, aus denen es ist, doch wird alles durch mehrere genährt. Denn sogar das, was dem Anschein nach nur durch eines genährt wird – durch Wasser die Pflanzen – wird durch mehrere genährt; denn dem Wasser ist Erde beigemischt; deshalb pflegen die Bauern ja auch Mischungen herzustellen, um zu gießen. Da es aber so ist, daß die Nahrung von der Art der Materie ist, das Genährte aber mit Materie zusammengenommene Gestalt und Form, ist durchaus einleuchtend, daß unter den einfachen Körpern allein das Feuer genährt wird, obwohl sie alle auseinander wer- * den, wie auch die Früheren sagen: Denn allein und besonders ist das Feuer von Art der Form, weil es sich von Natur aus zur Grenze hin bewegt. Jedes Ding wird doch von Natur aus zu seinem ihm eigenen Platz bewegt, die Gestalt und die Form von allem aber liegt in den Grenzen. Daß also alle Körper aus allen einfachen zusammengesetzt sind, ist gesagt.

Kapitel 9. Da aber etliches fähig ist zu entstehen und zu vergehen, und das Werden in dem Ort rings um die Mitte angesiedelt ist, müssen wir, für alles Werden in gleicher Weise, die Prinzipien davon nach Zahl und Eigenart erklären. Denn

335 a 10 ἑκάστων (von allen) mit Rashed nach **a** und **b** : ἑκάστου Joachim nach **WH**

ῥᾷον γὰρ οὕτω τὰ καθ' ἕκαστα θεωρήσομεν, ὅταν περὶ τῶν καθόλου λάβωμεν πρῶτον. εἰσὶν οὖν καὶ τὸν ἀριθμὸν ἴσαι καὶ τῷ γένει αἱ αὐταὶ αἵπερ ἐν τοῖς ἀϊδίοις τε καὶ πρώτοις· ἡ μὲν γάρ ἐστιν ὡς ὕλη, ἡ δ' ὡς μορφή. δεῖ δὲ καὶ τὴν τρίτην ἔτι προσυπάρχειν· οὐ γὰρ ἱκαναὶ πρὸς τὸ γεννῆσαι αἱ δύο, καθάπερ οὐδ' ἐν τοῖς πρώτοις. ὡς μὲν οὖν ὕλη τοῖς γενητοῖς ἐστιν αἴτιον τὸ δυνατὸν εἶναι καὶ μὴ εἶναι—τὰ μὲν γὰρ ἐξ ἀνάγκης ἔστιν, οἷον τὰ ἀΐδια, τὰ δ' ἐξ ἀνάγκης οὐκ ἔστιν (τούτων δὲ τὰ μὲν ἀδύνατον μὴ εἶναι, τὰ δὲ ἀδύνατον
335b εἶναι, διὰ τὸ μὴ ἐνδέχεσθαι παρὰ τὸ ἀναγκαῖον ἄλλως ἔχειν), ἔνια δὲ καὶ εἶναι καὶ μὴ εἶναι δυνατά—ὅπερ ἐστὶ τὸ γενητὸν καὶ φθαρτόν· ποτὲ μὲν γὰρ ἔστι τοῦτο, ποτὲ δ' οὐκ ἔστιν· ὥστ' ἀνάγκη γένεσιν εἶναι καὶ φθορὰν περὶ τὸ δυνατὸν εἶναι καὶ μὴ εἶναι. διὸ καὶ ὡς μὲν ὕλη τοῦτ' ἐστὶν αἴτιον τοῖς γενητοῖς, ὡς δὲ τὸ οὗ ἕνεκα ἡ μορφὴ καὶ τὸ εἶδος· τοῦτο δ' ἐστὶν ὁ λόγος ὁ τῆς ἑκάστου οὐσίας. δεῖ δὲ προσεῖναι καὶ τὴν τρίτην, ἣν ἅπαντες μὲν ὀνειρώττουσι, λέγει δ' οὐδείς. ἀλλ' οἱ μὲν ἱκανὴν ᾠήθησαν αἰτίαν εἶναι πρὸς τὸ γίνεσθαι τὴν τῶν εἰδῶν φύσιν (ὥσπερ ὁ ἐν τῷ Φαίδωνι Σωκράτης—καὶ γὰρ ἐκεῖνος, ἐπιτιμήσας τοῖς ἄλλοις ὡς οὐδὲν εἰρηκόσιν, ὑποτίθεται ὅτι ἐστὶ τῶν ὄντων τὰ μὲν εἴδη τὰ δὲ μεθεκτικὰ τῶν εἰδῶν, καὶ ὅτι εἶναι μὲν ἕκαστον λέγεται κατὰ τὸ εἶδος, γίνεσθαι δὲ κατὰ τὴν μετάληψιν καὶ φθείρεσθαι κατὰ τὴν ἀποβολήν, ὥστ' εἰ ταῦτα ἀληθῆ, τὰ εἴδη οἴεται ἐξ ἀνάγκης αἴτια εἶναι καὶ γενέσεως καὶ φθορᾶς), οἱ δ' αὐτὴν τὴν ὕλην, ἀπὸ ταύτης γὰρ εἶναι τὴν κίνησιν. οὐδέτεροι δὲ λέγουσι κα-

27 *ἕκαστα*] *ἕκαστον* EL *θεωρήσωμεν* J **31** *γὰρ ἂν ἱκαναὶ* EL *αἱ* om. EL **32** *οὖν* om. F *γεννητοῖς* HL **33** *αἴτιον* post *μὴ εἶναι* ponit F *δυνατὸν* om. L **34** *οὐκ ἔστιν ἐξ ἀνάγκης* F **b 4** *ἀνάγκη*] *ἀναγκαῖον* F **5** *τοῖς*] *ἐν τοῖς* H **6** *ἕνεκα*] *ἕνεκεν* E **7** *ὁ* secundum om. EL *τῆς ἑκάστου*] *ἑκάστου τῆς* HJ[1]: *τῆς ἑκάστης* J[2] *δὲ* om. E *καὶ τὴν* om. E **9** *ἀλλ' οἱ μὲν* om. E *τὴν αἰτίαν* F **10** *τῷ* om. E **14** *μετάληψιν*, litteris *ληψι* in litura scriptis, E **16** *αὐτὴν*] *αὖ* H **17** *εἶναι* om. F

so werden wir leichter das Einzelne betrachten, wenn wir das Allgemeine zuerst einmal erfaßt haben. Das sind nun sowohl der Zahl nach gleich viele als auch der Gattung nach dieselben, wie sie auch unter den ewigen und primären Dingen zu finden sind: Das eine nämlich ist ⟨Prinzip⟩ im Sinne von Materie, das andere von Gestalt. Doch muß auch das dritte zudem noch gegeben sein; denn zum Erzeugen genügen nicht die zwei, wie auch nicht bei den primären Dingen.

Ursächlich qua Materie ist für die entstehungsfähigen Dinge nun das, was sein und nicht sein kann. Denn die einen *sind* aus Notwendigkeit, wie z.B. die ewigen Dinge, anderes aus Notwendigkeit *nicht* (von denen aber können die einen unmöglich nicht, die anderen hingegen unmöglich der Fall | sein, weil 335b
nicht sein kann, daß etwas sich entgegen dem Notwendigen anders verhält); einige jedoch sind vermögend, sowohl zu sein wie nicht zu sein – was eben das Entstehungsfähige und Vergängliche ist: denn dies existiert zur einen Zeit, zur anderen nicht. So daß notwendigerweise Werden und Vergehen in den Bereich dessen fällt, was vermögend ist, zu existieren und nicht zu existieren. Deshalb ist dies auch qua Materie ursächlich für das Entstehungsfähige, hingegen qua Umwillen die Gestalt und die Form; dies aber ist der definierende Begriff von jeglicher Substanz. Doch muß auch die dritte ⟨Ursache⟩ dazukommen, welche zwar alle träumen, aber keiner klar expliziert. Vielmehr glaubten die einen, daß hinreichende Ursache für das Werden die Natur der Formen sei (wie etwa der Sokrates aus dem *Phaidon* – auch er nämlich, obgleich unter Tadeln gegen andere, *
die nichts gesagt hätten, setzt voraus, daß vom Seienden das eine Formen, das andere Teilhabefähiges an den Formen sei, und daß ›Sein‹ in Bezug auf jegliches Ding zufolge der Form ausgesagt werde, ›Werden‹ dagegen infolge der Teilergreifung und ›Vergehen‹ infolge ihres Verlusts, so daß er, wenn dieses wahr ist, glauben muß, daß die Formen die Ursachen des Werdens und Vergehens seien). Die anderen hingegen hielten die Materie dafür: Von ihr nämlich rühre die Bewegung her. Alle beide aber begreifen es nicht adäquat. Denn wenn die Formen

λῶς. εἰ μὲν γάρ ἐστιν αἴτια τὰ εἴδη, διὰ τί οὐκ ἀεὶ γεννᾷ συνεχῶς, ἀλλὰ ποτὲ μὲν ποτὲ δ' οὔ, ὄντων καὶ τῶν εἰδῶν ἀεὶ καὶ τῶν μεθεκτικῶν; ἔτι δ' ἐπ' ἐνίων θεωροῦμεν ἄλλο τὸ αἴτιον ὄν· ὑγίειαν γὰρ ὁ ἰατρὸς ἐμποιεῖ καὶ ἐπιστήμην ὁ ἐπιστήμων, οὔσης καὶ ὑγιείας αὐτῆς καὶ ἐπιστήμης καὶ τῶν μεθεκτικῶν, ὡσαύτως δὲ καὶ ἐπὶ τῶν ἄλλων τῶν κατὰ δύναμιν πραττομένων. εἰ δὲ τὴν ὕλην τις φήσειε γεννᾶν διὰ τὴν κίνησιν, φυσικώτερον μὲν ἂν λέγοι τῶν οὕτω λεγόντων (τὸ γὰρ ἀλλοιοῦν καὶ τὸ μετασχηματίζον αἰτιώτερόν τε τοῦ γεννᾶν, καὶ ἐν ἅπασιν εἰώθαμεν τοῦτο λέγειν τὸ ποιοῦν, ὁμοίως ἔν τε τοῖς φύσει καὶ ἐν τοῖς ἀπὸ τέχνης, ὃ ἂν ᾖ κινητικόν), οὐ μὴν ἀλλὰ καὶ οὗτοι οὐκ ὀρθῶς λέγουσιν. τῆς μὲν γὰρ ὕλης τὸ πάσχειν ἐστὶ καὶ τὸ κινεῖσθαι, τὸ δὲ κινεῖν καὶ τὸ ποιεῖν ἑτέρας δυνάμεως—δῆλον δὲ καὶ ἐπὶ τῶν τέχνῃ καὶ ἐπὶ τῶν φύσει γινομένων· οὐ γὰρ αὐτὸ ποιεῖ τὸ ὕδωρ ζῷον ἐξ αὑτοῦ, οὐδὲ τὸ ξύλον κλίνην, ἀλλ' ἡ τέχνη—ὥστε καὶ οὗτοι διὰ τοῦτο λέγουσιν οὐκ ὀρθῶς, καὶ ὅτι παραλείπουσι τὴν κυριωτέραν αἰτίαν· ἐξαιροῦσι γὰρ τὸ τί ἦν εἶναι καὶ τὴν μορφήν. 336a ἔτι δὲ καὶ τὰς δυνάμεις ἀποδιδόασι τοῖς σώμασι, δι' ἃς γεννῶσι, λίαν ὀργανικάς, ἀφαιροῦντες τὴν κατὰ τὸ εἶδος αἰτίαν. ἐπειδὴ γὰρ πέφυκεν, ὥς φασι, τὸ μὲν θερμὸν διακρίνειν τὸ δὲ ψυχρὸν συνιστάναι, καὶ τῶν ἄλλων ἕκαστον τὸ μὲν ποιεῖν τὸ δὲ πάσχειν, ἐκ τούτων λέγουσι καὶ διὰ τούτων ἅπαντα τἆλλα γίγνεσθαι καὶ φθείρεσθαι. φαίνεται δὲ καὶ τὸ πῦρ αὐτὸ κινούμενον καὶ πάσχον. ἔτι δὲ παραπλήσιον ποιοῦσιν ὥσπερ εἴ τις τῷ πρίονι καὶ ἑκάστῳ τῶν ὀργάνων ἀπονέμοι τὴν αἰτίαν τῶν γινομένων· ἀνάγκη

19 *καὶ τῶν εἰδῶν ἀεὶ* om. E[1] **20** *δ'* om. HJ **21** *ὄν* om. F[1]HJ *γὰρ*] om. J : *γὰρ καὶ* E **24** *φήσειε*] *φήσηε* E : *φήσει* HΦ[1]Γ : *φησὶν* J : *φήσι* L **25** *μὲν* om. F *λεγόντων*] *λεγομένων* EL **28** *φύσει*] *φυσικοῖς* L *ἐν* secundum om. F *ἀπὸ τέχνης ἀπὸ τέχνης δὲ* F[1]HJ, et (in margine) E[2] *ᾖ*] *εἴη* fecit E : post *κινητικὸν* ponit F **30** *τὸ* quartum om. EL **32** *ἐπὶ τῶν* om. F *οὐ*] *οὔτε* HJ **32-33** *ζῷον ἐξ ἑαυτοῦ* H : *ἐξ ἑαυτοῦ ζῷον* F **33** *οὐδὲ*] *οὔτε* FHJ **a 1** *δὲ* om. H *ἀποδιδόυσι*, suprascr. *α*, J *ἃς*] *ἃ* E **2** *ὀργανικάς* EHLΦ : *ὀργανικῶς* FJΓ **3** *ἐπειδὴ*] *ἐπεὶ* FHJ *φασι*] *φησιν* E **7** *καὶ* secundum om. F **9** *ἀπονέμῃ* F

ursächlich sind, weshalb erzeugen sie dann nicht immer kontinuierlich, sondern bald wohl, bald aber nicht, wo doch die Formen und das Teilhabefähige immer sind? Außerdem beobachten wir bei manchen Dingen, wie etwas anderes Ursache ist: Die Gesundheit nämlich gibt der Arzt ein und die Wissenschaft der Wissende, obgleich sowohl die Gesundheit selbst wie auch die Wissenschaft und das Teilhabefähige existieren; ebenso auch bei den sonstigen infolge eines Vermögens unternommenen Handlungen. Wenn aber jemand sagen würde, daß die Materie vermittels ihrer Bewegung erzeuge, so spräche der immerhin ›physikalischer‹ als die, die auf jene Weise reden (denn das Verändernde und Umformende ist ursächlicher für das Erzeugen, und in allen Fällen sind wir gewohnt, dasjenige als das Bewirkende zu bezeichnen – gleich ob aus Natur oder aus Kunstfertigkeit erfolgend – was das Bewegungsfähige ist). Doch sprechen auch diese noch nicht richtig; denn von der Materie rührt zwar das Erleiden und Bewegt*werden* her, das Bewegen und das Bewirken aber ist Sache eines anderen Vermögens – was klar ist sowohl bei den durch Kunstfertigkeit als auch den kraft Natur werdenden Dingen: Denn nicht das Wasser selbst schafft ein Lebewesen aus sich, und nicht das Holz eine Bettstatt, sondern die Kunstfertigkeit – so daß *
auch diese deshalb nicht richtig reden, weil sie ja ebenfalls die hauptsächlichere Ursache übergehen. Denn sie heben das wesentliche Sein und die Gestalt auf. | Zudem aber schreiben sie 336a
den Körpern Vermögen, durch die sie erzeugen, von viel zu werkzeugartiger Wirkungsweise zu, während sie doch weglassen, was qua Form Ursache ist. Denn da von Natur aus, wie sie sagen, das Warme zertrennt, das Kalte aber zusammentreten läßt, und von den anderen Dingen ein jedes teils wirkt, teils leidet, so behaupten sie, daß *aus* diesen Dingen ebenso wie *durch* sie alles andere werde und vergehe. Doch scheint auch das Feuer selbst ja ein *bewegtes* und *erleidendes* zu sein. Im übrigen machen sie es damit ganz ähnlich, wie wenn jemand der Säge und jeglichem Werkzeug die Ursächlichkeit für die entstehenden Dinge zurechnen wollte: Denn notwendig komme *

γὰρ πρίοντος διαιρεῖσθαι καὶ ξέοντος λεαίνεσθαι, καὶ ἐπὶ τῶν ἄλλων ὁμοίως· ὥστ' εἰ ὅτι μάλιστα ποιεῖ καὶ κινεῖ τὸ πῦρ, ἀλλὰ πῶς κινεῖ οὐ προσθεωροῦσιν, ὅτι χεῖρον ἢ τὰ ὄργανα.

ἡμῖν δὲ καθόλου τε πρότερον εἴρηται περὶ τῶν αἰτίων, καὶ II 10
νῦν διώρισται περί τε τῆς ὕλης καὶ τῆς μορφῆς. ἔτι δὲ ἐπεὶ ἡ κατὰ τὴν φορὰν κίνησις δέδεικται ὅτι ἀΐδιος, ἀνάγκη τούτων ὄντων καὶ γένεσιν εἶναι συνεχῶς· ἡ γὰρ φορὰ ποιήσει τὴν γένεσιν ἐνδελεχῶς διὰ τὸ προσάγειν καὶ ἀπάγειν τὸ γεννητικόν. ἅμα δὲ δῆλον ὅτι καὶ τὸ πρότερον καλῶς εἴρηται, τὸ πρώτην τῶν μεταβολῶν τὴν φορὰν ἀλλὰ μὴ τὴν γένεσιν εἰπεῖν. πολὺ γὰρ εὐλογώτερον τὸ ὂν τῷ μὴ ὄντι γενέσεως αἴτιον εἶναι ἢ τὸ μὴ ὂν τῷ ὄντι τοῦ εἶναι· τὸ μὲν οὖν φερόμενον ἔστι, τὸ δὲ γινόμενον οὐκ ἔστιν—διὸ καὶ ἡ φορὰ προτέρα τῆς γενέσεως. ἐπεὶ δ' ὑπόκειται καὶ δέδεικται συνεχὴς οὖσα τοῖς πράγμασι γένεσις καὶ φθορά, φαμὲν δ' αἰτίαν εἶναι τὴν φορὰν τοῦ γίνεσθαι, φανερὸν ὡς μιᾶς μὲν οὔσης τῆς φορᾶς οὐκ ἐνδέχεται γίνεσθαι ἄμφω διὰ τὸ ἐναντία εἶναι (τὸ γὰρ αὐτὸ καὶ ὡσαύτως ἔχον ἀεὶ τὸ αὐτὸ πέφυκε ποιεῖν, ὥστε ἤτοι γένεσις ἔσται ἀεὶ ἢ φθορά), δεῖ δὲ πλείους εἶναι τὰς κινήσεις καὶ ἐναντίας ἢ τῇ φορᾷ ἢ τῇ ἀνωμαλίᾳ—τῶν γὰρ ἐναντίων αἴτια τἀναντία. διὸ καὶ οὐχ ἡ πρώτη φορὰ αἰτία

10 *πρίοντος*] *πρίονος ὄντος* L *ξαίοντος* F **11** *κινεῖ καὶ ποιεῖ* L **12** *οὐ προσθεωροῖσιν* fecit E : *οὐ προθεωροῦσιν* H : *οὐχ ὁροῖσιν* E[1] : *οὐχ ὁρῶσιν* FLΓ **13** *τε* om. H : *τὸ* Φ[1] **15** *τὴν* om. F **17** *ἐντελεχῶς* E : actualiter Γ **18** *καὶ ἀπάγειν* om. F *γενητικόν* E *καὶ τὸ*] *καὶ τὰ* FHJL *πρότερον*] *πρῶτα* F **19** *τὴν* om. E **21** *εἶναι αἴτιον* L *ἢ* om. E *ἢ* … 23 *διὸ* in marg. add. F **24** ante *γένεσις* add. *καὶ* EL **25** *τὴν φορὰν* om. E **26** *ὡς*] *ὅτι* H *τῆς* (ut videtur) om. E[1] **29** *ἀεὶ ἔσται* EL *φορά* E[1]J **30** *φθορᾷ* E **31** *αἴτια τὰ ἐναντία* F : *ἐναντία αἴτια* E : *τἀναντία αἴτια* L

von der Säge die Zerteilung und vom Hobel die Glättung, und bei den anderen Dingen genauso. Mag daher das Feuer noch so sehr wirken und bewegen, so sehen sie doch gar nicht, *wie* es a 12
bewegt, nämlich untergeordneter als die Werkzeuge.

Im Allgemeinen aber haben wir früher über die Ursachen gesprochen, und nunmehr sind sowohl über die Materie als auch die Gestalt Bestimmungen getroffen.

Kapitel 10. Zudem aber, da gezeigt ist, daß Bewegung im Sinne von Fortbewegung ewig ist, muß gelten, wenn sich dies so verhält, daß auch *Werden* kontinuierlich ist; denn die Fortbewegung wird das Werden unablässig machen durch das Heranführen und Wegführen des Zeugungsstiftenden. Zugleich ist *
klar, daß auch das Frühere zutreffend gesagt ist, wo als primär unter den ⟨Arten⟩ von Wandel die Fortbewegung bezeichnet wurde und nicht das Werden. Denn es ist viel vernünftiger, *
daß das Seiende dem Nichtseienden Ursache des Werdens ist anstatt das Nichtseiende dem Seienden ⟨Ursache⟩ des Seins. Das Fortbewegte nun *ist*, wohingegen das Werdende nicht ist – weshalb auch die Fortbewegung früher ist als das Werden.

Nachdem aber vorausgeschickt und gezeigt ist, daß es eine Kontinuität des Werdens und Vergehens für die Dinge gibt, wir aber die Fortbewegung als Ursache des Werdens behauptet haben, ist klar, daß, wenn nur *eine* Fortbewegung stattfindet, unmöglich beides vonstatten gehen kann, weil es sich um Gegensätze handelt (denn dasselbe und sich immer auf dieselbe Weise Verhaltende bewirkt von Natur aus stets dasselbe; so daß entweder Werden oder Vergehen beständig wären); vielmehr müssen die Bewegungen mehrere und gegensätzliche sein, sei es qua Fortbewegung oder qua Ungleichmäßigkeit – denn von Gegensätzlichen ist Gegensätzliches Ursache. Deswegen ist auch nicht die primäre Fortbewegung Ursache von Wer-

336 a 12 *οὐχ ὁρῶσιν* (so sehen sie doch gar nicht) mit Rashed nach **a** : οὐ προσθεωροῦσιν Joachim nach **b**

ἐστὶ γενέσεως καὶ φθορᾶς, ἀλλ' ἡ κατὰ τὸν λοξὸν κύκλον· ἐν ταύτῃ γὰρ καὶ τὸ συνεχὲς ἔνεστι καὶ τὸ κινεῖσθαι δύο κινήσεις· ἀνάγκη γάρ, εἴ γε ἀεὶ ἔσται συνεχὴς γένεσις καὶ
336b φθορά, ἀεὶ μέν τι κινεῖσθαι, ἵνα μὴ ἐπιλείπωσιν αὗται αἱ μεταβολαί, δύο δ', ὅπως μὴ θάτερον συμβαίνῃ μόνον. τῆς μὲν οὖν συνεχείας ἡ τοῦ ὅλου φορὰ αἰτία, τοῦ δὲ προσιέναι καὶ ἀπιέναι ἡ ἔγκλισις. συμβαίνει γὰρ ὁτὲ μὲν πόρρω γίνεσθαι ὁτὲ δ' ἐγγύς, ἀνίσου δὲ τοῦ διαστήματος ὄντος ἀνώμαλος ἔσται ἡ κίνησις, ὥστ' εἰ τῷ προσιέναι καὶ ἐγγὺς εἶναι γεννᾷ, τῷ ἀπιέναι ταὐτὸν τοῦτο καὶ πόρρω γίνεσθαι φθείρει, καὶ εἰ τῷ πολλάκις προσελθεῖν γεννᾷ, καὶ τῷ πολλάκις ἀπελθεῖν φθείρει—τῶν γὰρ ἐναντίων τἀναντία αἴτια, καὶ ἐν ἴσῳ χρόνῳ καὶ ἡ φθορὰ καὶ ἡ γένεσις ἡ κατὰ φύσιν. διὸ καὶ οἱ χρόνοι καὶ οἱ βίοι ἑκάστων ἀριθμὸν ἔχουσι καὶ τούτῳ διορίζονται. πάντων γάρ ἐστι τάξις, καὶ πᾶς χρόνος καὶ βίος μετρεῖται περιόδῳ, πλὴν οὐ τῇ αὐτῇ πάντες, ἀλλ' οἱ μὲν ἐλάττονι οἱ δὲ πλείονι· τοῖς μὲν γὰρ ἐνιαυτός, τοῖς δὲ μείζων, τοῖς δὲ ἐλάττων ἡ περίοδός ἐστι, τὸ μέτρον. φαίνεται δὲ καὶ κατὰ τὴν αἴσθησιν ὁμολογούμενα τοῖς παρ' ἡμῶν λόγοις· ὁρῶμεν γὰρ ὅτι προσιόντος μὲν τοῦ ἡλίου γένεσίς ἐστιν, ἀπιόντος δὲ φθίσις, καὶ ἐν ἴσῳ χρόνῳ ἑκάτερον· ἴσος γὰρ ὁ χρόνος τῆς φθορᾶς καὶ τῆς γενέσεως τῆς κατὰ φύσιν. ἀλλὰ συμβαίνει πολλάκις ἐν ἐλάττονι φθείρεσθαι †διὰ τὴν πρὸς ἄλληλα σύγκρασιν†· ἀνωμάλου γὰρ οὔσης τῆς ὕλης

32 *τῆς γενέσεώς ἐστι καὶ τῆς φθορᾶς* F **33** *ἔνεστι*] *ἐστι* EL *κινεῖσθαι δύο* om. E[1] **34** *γε ἀεὶ*] *τε ἀεὶ* E : om. FH, et J qui tamen supra lin. (nescio an prima m.) add. **b1** *ἀεὶ*] *δεῖ* J *μέν* om. F *τι*] *τοι* L *ἐπιλιμπάνωσιν* E : *ὑπολίπωσιν* L **2** *συμβαίνει* J **4** *ἔγκλησις*, supra *η* ascripto *ι*, J **6** *προιέναι* E **7** *τῷ*] *καὶ τῷ* H : *καὶ ἐν τῷ* FL *ταὐτὸν τοῦτο*] *τὸ αὐτὸ τοῦτο* post *γίνεσθαι* ponunt H et (supra lineam add.) F : *τοῦτο αὐτὸ* post *γίνεσθαι* ponit J **8** *προσελθεῖν*] *προσιέναι* FHJ *καὶ* secundum om. F *πολλάκις ἀπελθεῖν*] *πολλάκις ἀπιέναι* F : *ἀπιέναι πολλάκις* fecit E[2] **9** *τὰ ἐναντία* J (*τὰ* supra lin. prima manu addito) **10** *καὶ* prius om. HJΦ[1] *ἡ* ante *κατὰ* om. E **11** *ἑκάστων οὖν ἀριθμὸν* F[1] **12** *βίος καὶ χρόνος* EL **13** *μετρᾶται* H *πάντες* om. E *πάντες* … 14 *πλείονι* om. L **14** *δὲ* prius om. E[1] *τοῖς μὲν*] *ἄλλοις μὲν* L **15** *τοῖς*] *ἄλλοις* F *ελαττον* J *τὸ* om. E **17** *λόγοις*] *λεγομένοις* F **18** *ἴσος*] *ἴσως* E **19** *φορᾶς* E **20** *διὰ* … 21 *σύγκρασιν* suspecta **21** *σύγκρασιν ἢ σύγκρουσιν· γέγραπται γὰρ διττῶς* Φ[c]

den und Vergehen, sondern die gemäß dem schräg stehenden Kreis. In ihr ist nämlich sowohl das Kontinuierliche als auch das Bewegtwerden in zwei Bewegungen. Denn notwendiger- *
weise, wenn doch immer kontinuierlich Werden und | Verge- 336b
hen stattfinden sollen, muß sich immer etwas bewegen, damit diese Wandlungen nicht aufhören; zwei aber sind es, damit nicht nur das eine von beiden geschieht. Von der Kontinuität nun ist Ursache die Fortbewegung des Ganzen, während für das Näherkommen und Fortgehen die Neigung. Denn so ergibt sich, daß es bald weiter weg und bald nahe seinen Verlauf nimmt, wo aber die Entfernung ungleich ist, wird die Bewe- *
gung ungleichmäßig sein, so daß, wenn es beim Herankommen und Nahesein zeugt, dasselbe beim Fortgehen und Fernerstehen Vergehen wirkt, und es, wenn es bei mehrfachem Kommen zeugt, auch bei mehrfachem Weggehen vergehen macht – denn von Gegensätzen ist Gegensätzliches Ursache.

Auch geschehen sowohl Vergehen wie Werden in gleich langer Zeit gemäß der Natur. Von daher haben sowohl die Zeiten wie auch Lebensläufe von allen Dingen eine Zahl und werden durch sie bestimmt: Denn für alle Dinge gibt es Ordnung, und jede Zeit und jeder Lebenslauf wird durch eine Periode gemessen, nur nicht alle durch dieselbe, sondern die einen durch eine kürzere, die anderen durch eine längere. Denn für die einen ist das Jahr, für andere eine größere, für wieder andere eine kürzere ⟨Weile⟩ die Periode, d.h. das Maß. Doch zeigen sich auch in der Wahrnehmung Übereinstimmungen mit unseren Darlegungen: Denn wir sehen, wenn die Sonne näher kommt, daß Werden stattfindet, hingegen, wenn sie weggeht, Schwinden und beides in gleich langer Zeit. Denn gleichlang ist die Zeit von Vergehen und Werden entsprechend der Natur. Doch
kommt es oft in kürzerer zum Vergehen aufgrund der Durch- b20
mischung im Verhältnis zueinander: Wenn nämlich die Ma-

336b20f. *διὰ τὴν πρὸς ἄλληλα σύγκρασιν* (aufgrund der Durchmischung im Verhältnis zueinander) mit Rashed nach **a** und **b** : † διὰ τὴν πρὸς ἄλληλα σύγκρασιν † Joachim

καὶ οὐ πανταχοῦ τῆς αὐτῆς ἀνάγκη καὶ τὰς γενέσεις ἀνωμάλους εἶναι καὶ τὰς μὲν θάττους τὰς δὲ βραδυτέρας· ὥστε συμβαίνει, διὰ ⟨τὸ⟩ τὴν τούτων γένεσιν ἄλλοις γίνεσθαι φθοράν. ἀεὶ δ', ὥσπερ εἴρηται, συνεχὴς ἔσται ἡ γένεσις καὶ ἡ φθορά (καὶ οὐδέποτε ὑπολείψει δι' ἣν εἴπομεν αἰτίαν), τοῦτο δ' εὐλόγως συμβέβηκεν. ἐπεὶ γὰρ ἐν ἅπασιν ἀεὶ τοῦ βελτίονος ὀρέγεσθαί φαμεν τὴν φύσιν, βέλτιον δὲ τὸ εἶναι ἢ τὸ μὴ εἶναι (τὸ δ' εἶναι ποσαχῶς λέγομεν, ἐν ἄλλοις εἴρηται), τοῦτο δ' ἐν ἅπασιν ἀδύνατον ὑπάρχειν διὰ τὸ πόρρω τῆς ἀρχῆς ἀφίστασθαι, τῷ λειπομένῳ τρόπῳ συνεπλήρωσε τὸ ὅλον ὁ θεός, ἐνδελεχῆ ποιήσας τὴν γένεσιν—οὕτω γὰρ ἂν μάλιστα συνείροιτο τὸ εἶναι διὰ τὸ ἐγγύτατα εἶναι τῆς οὐσίας τὸ γίνεσθαι ἀεὶ καὶ τὴν γένεσιν. τούτου δ' αἴτιον, ὥσπερ 337a *εἴρηται πολλάκις, ἡ κύκλῳ φορά· μόνη γὰρ συνεχής. διὸ καὶ τἆλλα ὅσα μεταβάλλει εἰς ἄλληλα κατὰ τὰ πάθη καὶ τὰς δυνάμεις, οἷον τὰ ἁπλᾶ σώματα, μιμεῖται τὴν κύκλῳ φοράν· ὅταν γὰρ ἐξ ὕδατος ἀὴρ γένηται καὶ ἐξ ἀέρος πῦρ καὶ πάλιν ἐκ τοῦ πυρὸς ὕδωρ, κύκλῳ φαμὲν περιεληλυθέναι τὴν γένεσιν διὰ τὸ πάλιν ἀνακάμπτειν· ὥστε καὶ ἡ εὐθεῖα φορὰ μιμουμένη τὴν κύκλῳ συνεχής ἐστιν. ἅμα δὲ δῆλον ἐκ τούτων ὅ τινες ἀποροῦσιν, διὰ τί ἑκάστου τῶν σωμάτων εἰς τὴν οἰκείαν φερομένου χώραν ἐν τῷ ἀπείρῳ χρόνῳ οὐ διεστᾶσι τὰ σώματα· αἴτιον γὰρ τούτου ἐστὶν ἡ εἰς ἄλληλα μετάβασις. εἰ γὰρ ἕκαστον ἔμενεν ἐν τῇ αὑτοῦ χώρᾳ καὶ μὴ μετέβαλλεν ὑπὸ τοῦ πλησίον, ἤδη ἂν διεστήκεσαν· μεταβάλλει μὲν οὖν διὰ τὴν φορὰν διπλῆν οὖσαν, διὰ δὲ τὸ μεταβάλλειν οὐκ ἐνδέχεται μένειν οὐδὲν αὐτῶν ἐν οὐδεμιᾷ χώρᾳ τεταγμένῃ.*

23 *θᾶττον* EL *βραδυτέρας εἶναι ὥστε* EL **24** *συμβαίνειν* J *τὸ* e coni. addidi **26** *οὔτε ποτὲ* L **27** *ἀεὶ* post 28 *φύσιν* ponit F **28** *φαμεν* ante 27 *τοῦ* ponit F *τὸ* secundum om. H **30** *ἀδύνατον τὸ ἐν ἅπασιν* E : *ἀδύνατον ἐν ἅπασιν* L **32** *ἐντελεχῆ* E **33** *ἐγγυτάτω* F **34** *ἀεὶ* om. H *τούτου*] *τοῦτο* F *αἴτιον* om. FH **a 1** *ἡ*] *αἰτία ἡ* H **4** *γὰρ* delendum notat J² **5** *τοῦ* om. EL **7** *εὐθεῖα τούτων φορὰ* L **10** *τὰ σύνθετα σώματα* J *εἰς*] *ἐπ'* E **11** *ἔμεινεν* FH *αὐτοῦ* EFHL **12** *μετέβαλεν* H *διειστήκεσαν* H **13** *φθορὰν* E *δὲ* supra lin. add. J **15** *διότι*] *ὅτι* H

terie ungleichmäßig ist und nicht überall dieselbe, dann sind notwendigerweise auch die Werdeprozesse ungleichmäßig und die einen schneller, die anderen langsamer; so daß das also dadurch geschieht, daß das Werden dieser Dinge für andere zum Vergehen wird. Immer jedoch müssen, wie gesagt, Werden und Vergehen kontinuierlich sein (und werden niemals aufhören aufgrund der besagten Ursache).

Das aber geschieht mit guter Vernunft so. Denn da nach unserer Behauptung in allen Dingen die Natur immer nach dem Besseren strebt, besser aber das Sein als das Nichtsein ist (auf wievielfache Weise wir das Sein verstehen, ist woanders gesagt), dieses aber unmöglich in allem gegeben sein kann, weil *
es in weiterem Abstand zum Prinzip steht, füllte der Gott in der noch übrigbleibenden Weise das Ganze auf, indem er das Werden unablässig machte. – Denn so dürfte das Sein wohl am meisten Konjunktur erfahren, weil der Substanz am nächsten das immerfort Werden und die Entstehung kommen. Aus diesem Grund aber gibt es, wie | oft gesagt, die Kreisbewegung. * 337a
Denn sie allein ist kontinuierlich.

Und deswegen ahmt auch das andere, was sich ineinander verwandelt in Beziehung auf die Beschaffenheiten und Vermögen, wie etwa die einfachen Körper, die Kreisbewegung nach. Denn wenn aus Wasser Luft geworden ist und aus Luft Feuer und wiederum aus Feuer Wasser, dann ist, so sagen wir, durch einen Kreis gegangen das Werden, weil es wieder zurückkehrt. *
So daß auch der geradlinige Fortgang in Nachahmung der Kreisbewegung kontinuierlich ist. Zugleich aber ist daraus klar, was manche aporetisch finden, warum, wenn jeglicher Körper zu dem ihm gehörigen Platz bewegt wird, in unbegrenzter Zeit die Körper doch nicht auseinander treten. Ursache dafür ist nämlich der Übergang ineinander. Denn wenn jeder an seinem eigenen Platz bliebe und sich nicht unter ⟨Einwirkung⟩ seines Nachbarn wandelte, dann wären sie schon auseinander getreten. Also wandelt er sich dadurch, daß die Fortbewegung eine doppelte ist; wegen des Wandels aber kann keiner von ihnen an irgendeinem verordneten Platz bleiben.

διότι μὲν οὖν ἔστι γένεσις καὶ φθορὰ καὶ διὰ τίν᾽ αἰτίαν, καὶ τί τὸ γενητὸν καὶ φθαρτόν, φανερὸν ἐκ τῶν εἰρημένων. ἐπεὶ δ᾽ ἀνάγκη εἶναί τι τὸ κινοῦν εἰ κίνησις ἔσται, ὥσπερ εἴρηται πρότερον ἐν ἑτέροις, καὶ εἰ ἀεί, ὅτι ἀεὶ δεῖ τι εἶναι, καὶ εἰ συνεχής, ἓν τὸ αὐτὸ καὶ ἀκίνητον καὶ ἀγένητον καὶ ἀναλλοίωτον, καὶ εἰ πλείους αἱ ἐν κύκλῳ κινήσεις, πλείους μέν, πάσας δέ πως εἶναι ταύτας ἀνάγκη ὑπὸ μίαν ἀρχήν· συνεχοῦς δ᾽ ὄντος τοῦ χρόνου ἀνάγκη τὴν κίνησιν συνεχῆ εἶναι, εἴπερ ἀδύνατον χρόνον χωρὶς κινήσεως εἶναι· συνεχοῦς ἄρα τινὸς ἀριθμὸς ὁ χρόνος, τῆς κύκλῳ ἄρα, καθάπερ ἐν τοῖς ἐν ἀρχῇ λόγοις διωρίσθη. συνεχὴς δ᾽ ἡ κίνησις πότερον τῷ τὸ κινούμενον συνεχὲς εἶναι ἢ τὸ ἐν ᾧ κινεῖται, οἷον τὸν τόπον λέγω ἢ τὸ πάθος; δῆλον δὴ ὅτι τῷ τὸ κινούμενον (πῶς γὰρ τὸ πάθος συνεχὲς ἀλλ᾽ ἢ τῷ τὸ πρᾶγμα ᾧ συμβέβηκε συνεχὲς εἶναι; εἰ δὲ καὶ τῷ ἐν ᾧ, μόνῳ τοῦτο τῷ τόπῳ ὑπάρχει, μέγεθος γάρ τι ἔχει)· τούτου δὲ τὸ κύκλῳ μόνον συνεχὲς ὥστε αὐτὸ αὑτῷ ἀεὶ συνεχές· τοῦτο ἄρα ἐστὶν ὃ ποιεῖ συνεχῆ κίνησιν, τὸ κύκλῳ σῶμα φερόμενον, ἡ δὲ κίνησις τὸν χρόνον.

16 *αἰτίαν εἴρηται καὶ* EL **17**, 21, 22, et infra 337b 13, 14, 16, 17, 19, 20, 21, 22, 24, 26, 28, 31, 32, 34, 35, 338a 2, 3, 4, 5 *ἀνάγκη, ἀνάγκης*] *ἀναγκαῖον, ἀναγκαίου* H **17** *τὸ* om. EFJΦ[1] *κινοῦν*] om. E, supra lin. add. J **18** *ἐν*] *καὶ ἐν* H *εἰ* om. E **18-19** *ἀεὶ δεῖ τι*] *δεῖ τι ἀεὶ* F : *ἀεί τι δεῖ* H **19** *συνεχές* E **20** *ἀγέννητον* FL *αἱ ἐν*] *εἶεν αἱ* HL **21** *ἀνάγκη* om. EL **23** *χωρὶς*] *ἄνευ* FHJ : *γρ. ἄνευ* E : cf. *Phys.* 218b 33, 219a 1 **24** *ὁ χρόνος ἀριθμός* F *τῆς*] *τοῖς* J **25** *λόγοις* om. F *διώρισται* H *ἡ* om. HJ **26** *ἢ*] *καὶ* F *ἢ τῷ τὸ* L **28** *τὸ* post *γὰρ* supra lin. add. J *ἀλλ᾽ ἢ* fecit E **29** *ᾧ* prius supra lin. (prima tamen, ut videtur, manu) add. E *τῷ*] *τὸ* FH **30** *ἐνυπάρχει* L **31** *τὸ αὐτὸ* F *ἀεὶ* om. EL **32** *ἄρα*] *γὰρ* F

Daß Werden und Vergehen also wirklich sind und aus welcher Ursache, und was das Entstehungsfähige und Vergängliche ist, ist offenkundig aus dem Gesagten. *
Da aber notwendig ist, daß etwas [als das Bewegende] exi- a 17
stiert, wenn Bewegung sein soll, wie früher woanders gesagt
wurde, gilt auch, daß, wenn sie immer ist, immer etwas existie- *
ren muß, und wenn kontinuierlich, daß es dasselbe und unbewegte und ungewordene und unveränderliche ist; auch, wenn die Kreisbewegungen mehrere sind, daß es zwar mehrere sind,
aber sie alle auf bestimmte Weise nur einem Prinzip unterste- a 21
hen. Weil aber die Zeit kontinuierlich ist, ist notwendig, daß es *
kontinuierliche Bewegung gibt, wenn es doch unmöglich ist,
daß die Zeit ohne Bewegung existiert: Folglich ist die Zeit a 23
Zahl von irgend etwas Kontinuierlichem; mithin von der Kreisbewegung, wie in den Erörterungen, die am Anfang stehen,
auseinandergesetzt wurde. Ist die Bewegung aber kontinuier- *
lich, weil das Bewegte kontinuierlich ist oder weil das es ist, worin es sich bewegt, ich meine z. B. den Ort oder die Beschaffenheit? Klarerweise ist es so, weil das Bewegte es ist (denn wie kann die Beschaffenheit kontinuierlich sein außer dadurch,
daß das Ding kontinuierlich ist, dem sie zukommt? Wenn aber a 29
auch durch das ›worin‹, so kommt dies nur dem Ort zu; denn es besitzt eine bestimmte Größe). Davon ist aber allein das im
Kreis ⟨Bewegte⟩ kontinuierlich, so daß dies mit sich selbst im- a 31
mer in Kontinuität ist. Dies ist folglich das, was kontinuierliche Bewegung hervorbringt: der im Kreis bewegte Körper; die Bewegung hingegen ⟨macht⟩ die Zeit ⟨kontinuierlich⟩.

337a17 *εἶναί τι* (etwas [als das Bewegende] existiert) mit Rashed nach E^{1}J^{1}V : εἶναί τι (τὸ LMH) κινοῦν Joachim nach Ar. F**W**J^2 Philoponos **337a21** *ταύτας* (sie) mit Rashed nach **a** : ταύτας ἀνάγκη Joachim nach **b** **337a23** *χρόνον ἄνευ κινήσεως* (Zeit ohne Bewegung) mit Rashed nach **b** : χρόνον χωρὶς κινήσεως Joachim nach **a** **337a29** *εἰ δὲ καὶ τῷ ἐν ᾧ* (Wenn aber auch durch das ›worin‹) mit Joachim nach **a** und **b** : εἰ δὲ καὶ τῷ ⟨τὸ⟩ ἐν ᾧ Rashed nach einigen jüngeren Hss. **337a31** *αὑτῷ ἀεὶ συνεχές* (mit sich selbst immer in Kontinuität) mit Joachim nach **b** : αὑτῷ συνεχές Rashed nach **a**

Ἐπεὶ δ' ἐν τοῖς συνεχῶς κινουμένοις κατὰ γένεσιν ἢ ἀλλοίωσιν ἢ ὅλως μεταβολὴν ὁρῶμεν τὸ ἐφεξῆς ὂν καὶ γι- 337b νόμενον τόδε μετὰ τόδε ὥστε μὴ διαλείπειν, σκεπτέον πότερον ἔστι τι ὃ ἐξ ἀνάγκης ἔσται, ἢ οὐδέν, ἀλλὰ πάντα ἐνδέχεται μὴ γενέσθαι. ὅτι μὲν γὰρ ἔνια, δῆλον, καὶ εὐθὺς τὸ ἔσται καὶ τὸ μέλλει ἕτερον διὰ τοῦτο· ὃ μὲν γὰρ ἀληθὲς εἰπεῖν ὅτι ἔσται, δεῖ τοῦτο εἶναί ποτε ἀληθὲς ὅτι ἔστιν, ὃ δὲ νῦν ἀληθὲς εἰπεῖν ὅτι μέλλει, οὐδὲν κωλύει μὴ γενέσθαι— μέλλων γὰρ ἂν βαδίζειν τις οὐκ ἂν βαδίσειεν. ὅλως δ', ἐπεὶ ἐνδέχεται ἔνια τῶν ὄντων καὶ μὴ εἶναι, δῆλον ὅτι καὶ γινόμενα οὕτως ἕξει, καὶ οὐκ ἐξ ἀνάγκης τοῦτ' ἔσται. πότερον οὖν ἅπαντα τοιαῦτα; ἢ οὔ, ἀλλ' ἔνια ἀναγκαῖον ἁπλῶς γενέσθαι, καὶ ἔστιν ὥσπερ ἐπὶ τοῦ εἶναι τὰ μὲν ἀδύνατα μὴ εἶναι, τὰ δὲ δυνατά, οὕτως καὶ περὶ τὴν γένεσιν, οἷον τροπὰς ἄρα ἀνάγκη γενέσθαι καὶ οὐχ οἷόν τε μὴ ἐνδέχεσθαι; εἰ δὴ τὸ πρότερον ἀνάγκη γενέσθαι εἰ τὸ ὕστερον ἔσται, οἷον εἰ οἰκία, θεμέλιον, εἰ δὲ τοῦτο, πηλόν· ἆρ' οὖν καὶ εἰ θεμέλιος γέγονεν, ἀνάγκη οἰκίαν γενέσθαι; ἢ οὐκέτι, εἰ μὴ κἀκεῖνο ἀνάγκη γενέσθαι ἁπλῶς; εἰ δὲ τοῦτο, ἀνάγκη καὶ θεμελίου γενομένου γενέσθαι οἰκίαν· οὕτω γὰρ ἦν τὸ πρότερον ἔχον πρὸς τὸ ὕστερον, ὥστ' εἰ ἐκεῖνο ἔσται, ἀνάγκη ἐκεῖνο πρότερον· εἰ τοίνυν ἀνάγκη γενέσθαι τὸ ὕστερον, καὶ τὸ πρότερον ἀνάγκη, καὶ εἰ τὸ πρότερον, καὶ τὸ ὕστερον τοίνυν ἀνάγκη—ἀλλ' οὐ δι' ἐκεῖνο, ἀλλ' ὅτι ὑπέκειτο ἐξ ἀνάγκης

(II 11)

b 2 *τι ὃ*] *ὅ τι* EF : *ὃ* om. J¹ *ἔσται*] *ἐστιν* J **3-4** *τὸ ὃ ἔσται* coni. Bywater **4** *μέλλει* e coni. scripsi : cf. Φᶜ (Vitelli 302. 25 et 306. 12) : *μέλλον* codd. omnes et Φ¹ **5** *ἔσται*] *ἔστιν* E **7** *γὰρ ἀναβαδίζειν* E *βαδίσειεν*] *βαδίσῃ* F *δ'*] *τε* Φ¹ **8** *ἐπεὶ*] *ἐπειδὴ* FJΦ¹ **9** *τὰ γινόμενα* HJL **10** *οὖν*] *δὲ* F *τοιαῦτα*] *ταῦτα* F **11** *γίνεσθαι* EL **12** *δυνατόν* F *τὴν* om. J **13** *ἄρα*] *ἆρα* Bonitz, fort. recte **14** *δὴ*] *δὲ* H **15** *οἰκίαν* L **16** *οἰκίαν*] *οἰκία* E : *καὶ οἰκίαν* FHJ *οὐκέτι*] *οὐκ ἐστιν* F¹ **18** *οἰκείαν* E *γὰρ ἂν ἦν* F **19** *ὥστ'*] *ὡς* H *ἐστιν* FJ **20** ante *εἰ* add. *γενέσθαι* FHJL **21** *καὶ … πρότερον* in marg. add. EFJ

Kapitel 11. Da wir, wo sich Dinge kontinuierlich im Sinne von
Werden oder Veränderung oder überhaupt von Wandel bewe-
gen, die etablierte Reihenfolge sehen und wie | dieses nach dem 337b
wird, ohne ein Zwischenstück auszulassen, ist zu erwägen, ob
es etwas gibt, was aus Notwendigkeit sein wird, oder nichts,
sondern alles auch nicht geschehen kann. Daß es einiges ⟨sol-
ches⟩ gibt, ist klar, und sofort ist das ›es wird sein‹ und das sich b4
Anschickende aus diesem Grunde verschieden. Denn ist das eine wahr zu sagen: daß es sein wird, so *muß* es einst wahr sein, daß es ist; ist es hingegen jetzt wahr zu sagen, daß es sich anschickt, so hindert nichts, daß es nicht geschehe; – jemand, der sich anschickt zu gehen, könnte ⟨auch⟩ nicht gehen. Generell aber, da manche der Dinge, die es gibt, es zulassen, auch nicht zu sein, ist klar, daß gerade auch Werdende so sich verhalten werden, und diese nicht aus Notwendigkeit der Fall sein werden. Ist nun alles so beschaffen? Oder nicht, sondern ist es bei manchem schlechthin notwendig zu entstehen? Und ist es, wie beim Sein das eine unmöglich nicht ist, das andere aber möglicherweise, so auch beim Werden, wie z. B. Sonnenwenden ja notwendig zustande kommen und es auf keine Art sein kann, daß nicht? Wenn also gilt, daß das Frühere notwendig entsteht, wenn das Spätere sein wird, wie z. B. wenn ein Haus, dann ein Fundament, wenn aber dieses, dann Mörtel – gilt dann auch, wenn ein Fundament entstanden ist, notwendig, daß ein Haus entsteht? Oder nicht mehr, wenn nicht auch dies schlechthin notwendig entsteht; wenn aber das, dann gilt notwendig auch: daß ein Haus entsteht, indem ein Fundament entstand. Denn das war das Verhältnis des Früheren zum Späteren, daß, wenn dies sein wird, notwendig jenes vorher ist. *Wenn* freilich das Spätere notwendig entsteht, dann auch das Frühere mit Notwendigkeit, und wenn das Frühere, so ist entsprechend auch das Spätere notwendig – aber nicht *durch* jenes, sondern weil es vorausgesetzt wurde als eines, das notwendig sein wird.

337b4 *τὸ μέλλον* (das sich Anschickende) mit Rashed nach **a** und **b** : τὸ μέλλει Joachim

ἐσόμενον. ἐν οἷς ἄρα τὸ ὕστερον ἀνάγκη εἶναι, ἐν τούτοις ἀντιστρέφει καὶ ἀεὶ τοῦ προτέρου γενομένου ἀνάγκη γενέσθαι τὸ ὕστερον. εἰ μὲν οὖν εἰς ἄπειρον εἶσιν ἐπὶ τὸ κάτω, οὐκ ἔσται ἀνάγκη τῶν ὕστερον τοδὶ γενέσθαι ἁπλῶς, ἀλλ' ἐξ ὑποθέσεως· ἀεὶ γὰρ ἕτερον ἔμπροσθεν ἀνάγκη ἔσται δι' ὃ ἐκεῖνο ἀνάγκη γενέσθαι, ὥστ' εἰ μή ἐστιν ἀρχὴ τοῦ ἀπείρου, οὐδὲ πρῶτον ἔσται οὐδὲν δι' ὃ ἀναγκαῖον ἔσται γενέσθαι. ἀλλὰ μὴν οὐδ' ἐν τοῖς πέρας ἔχουσι τοῦτ' ἔσται εἰπεῖν ἀληθῶς, ὅτι ἁπλῶς ἀνάγκη γενέσθαι, οἷον οἰκίαν, ὅταν θεμέλιος γένηται· ὅταν γὰρ γένηται, εἰ μὴ ἀεὶ τοῦτο ἀνάγκη γίνεσθαι, συμβήσεται ἀεὶ εἶναι τὸ ἐνδεχόμενον μὴ ἀεὶ εἶναι. ἀλλὰ δεῖ τῇ γενέσει ἀεὶ εἶναι, εἰ ἐξ ἀνάγκης ἐστὶν αὐτοῦ ἡ γένεσις. τὸ γὰρ ἐξ ἀνάγκης καὶ ἀεὶ ἅμα (ὃ γὰρ εἶναι ἀνάγκη
338a οὐχ οἷόν τε μὴ εἶναι), ὥστ' εἰ ἔστιν ἐξ ἀνάγκης, ἀΐδιόν ἐστι, καὶ εἰ ἀΐδιον, ἐξ ἀνάγκης· καὶ εἰ ἡ γένεσις τοίνυν ἐξ ἀνάγκης, ἀΐδιος ἡ γένεσις τούτου, καὶ εἰ ἀΐδιος, ἐξ ἀνάγκης. εἰ ἄρα τινὸς ἐξ ἀνάγκης ἁπλῶς ἡ γένεσις, ἀνάγκη ἀνακυκλεῖν καὶ ἀνακάμπτειν. ἀνάγκη γὰρ ἤτοι πέρας ἔχειν τὴν γένεσιν ἢ μή, καὶ εἰ μή, ἢ εἰς εὐθὺ ἢ κύκλῳ. τούτων δ', εἴπερ ἔσται ἀΐδιος, οὐκ εἰς εὐθὺ οἷόν τε διὰ τὸ μηδαμῶς εἶναι ἀρχήν (μήτ' ἂν κάτω ὡς ἐπὶ τῶν ἐσομένων λαμβανομένων, μήτ' ἄνω ὡς ἐπὶ τῶν γενομένων)· ἀνάγκη δ' εἶναι ἀρ-

25 *εἰ* … 338a 9 *γενομένων*] de hoc loco, v. Alexandri *ἀ. κ. λ.* ii. 22 (Bruns, pp. 71, 72) **25** *τω κάτω* E[1] **26** *τῶν* E[1]JL et Alex. l. c. : *τὸ* E[2]FH *τοδὶ* scripsi, cf. Φ[1] (codd. RZ) : *τόδε* codd. omnes, Φ[1] (codd. GT), et Alex. l. c. *ἀλλ' ἐξ* EJ, et Alex. l. c. : *ἀλλ' οὐδ' ἐξ* HLΦ[c] : *οὐδ'* supra lin. add. etiam F **27** *δι' ὃ*] *διὸ καὶ* FJ **29** *δι' ὃ*] *διὸ* FJ **30** *ἐστιν* F **31** *ὅταν θεμέλιος γένηται* om. E[1] **32** *ἀνάγκη ἀεὶ γίνεσθαι τοῦτο* F **33** *τὸ* LΦ[c] (Vitelli 305. 5 et 310. 30) : om. EFHJ *μὴ ἀεὶ*] *ἀεὶ μὴ* F *ἀλλὰ* … 34 *εἶναι* om. E[1] **34** *αὐτοῦ ἐστιν* EL **a 2** *καὶ εἰ ἡ γένεσις τοίνυν* om. E, spatio tamen relicto **3** *ἡ*] *καὶ ἡ* H *εἰ* om. E **4** *ἀνακυκλεῖν*] *περικυκλεῖν* HJ : *περι ἀνακυκλεῖν* F **6** *εἰ μή, ἢ*] *ἢ* fecit E (in loco plurium capace) : *ἢ* H : *εἰ μὴ* FJ **8** et **9** *ὡς* om. E et Alex. l. c. **8** *λαμβανομένων* EFHJ et Alex. l. c. : *λαμβάνομεν* L **9** *ἂν ἄνω* Alex. l. c. *γεινομένων* E : *γινομένων* H et Alex. l. c. *ἀρχή* E[1]

Bei Dingen also, wo das Spätere notwendig ist, bei denen gilt die Umkehrung, und immer entsteht notwendig, indem das Frühere entsteht, das Spätere. Wenn ⟨die Früheren⟩ nun nach unten ins Unbegrenzte gehen, dann kann nicht sein, daß dies Bestimmte von ihnen her als ein späteres schlechthin b26
notwendig entsteht, sondern nur aufgrund der Voraussetzung; denn immer wird ein anderes vorher notwendig sein, durch welches jenes notwendig entstehen muß, so daß, wenn kein Ausgangsprinzip des Unbegrenzten existiert, auch nicht zuerst etwas sein wird, dadurch als notwendig der Fall sein wird, daß es entsteht. Doch wird freilich auch nicht in Dingen, die eine Grenze haben, dies wahr zu behaupten sein: daß etwa ein Haus schlechthin notwendig werde, wenn ein Fundament entstanden ist; denn wenn es dann entstünde, so wird, wenn dies nicht immer und notwendig entsteht, sich ergeben, daß immer ist, was zulässigerweise nicht immer ist. Vielmehr muß es durch das Werden immer sein, wenn sein Werden aus Notwendigkeit sein soll. Denn das ›aus Notwendigkeit‹ und das ›immer‹ sind zugleich (denn was notwendig ist, | kann nicht 338a
nicht der Fall sein), so daß es, wenn es aus Notwendigkeit ist, ewig ist, und wenn ewig, dann aus Notwendigkeit. Und wenn das *Werden* also aus Notwendigkeit, dann ist das Werden ewig, und wenn ewig, dann aus Notwendigkeit.

Wenn folglich das *Werden* von irgend etwas schlechthin aus Notwendigkeit ist, dann muß es im Kreis laufen und zurückkehren. Denn notwendig hat das Werden entweder eine Grenze oder nicht, und wenn nicht, entweder in gerader Linie oder im Kreis. Von diesen Dingen aber *kann* es, wenn es doch ewig der Fall sein soll, nicht geradlinig sein, weil es sonst niemals ein Prinzip gäbe (weder nach unten, für die als ›künftig‹ a8
genommenen Dinge, noch nach oben, für die als ›vergangen‹).

337b26 *τοδὲ* (dies) mit Rashed nach **a** und **b** : τοδὶ Joachim nach Philoponos **338a8f.** *μήτ' ἂν κάτω ὡς … μήτ' ἄνω ὡς* (weder nach unten, für die als … noch nach oben, für die als) mit Joachim nach **b** : μήτ' ἂν κάτω … μήτ' ἂν ἄνω Rashed nach **a**

χήν . . . † μήτε πεπερασμένης οὔσης † ἀΐδιον εἶναι· διὸ ἀνάγκη κύκλῳ εἶναι. ἀντιστρέφειν ἄρα ἀνάγκη ἔσται, οἷον εἰ τοδὶ ἐξ ἀνάγκης, καὶ τὸ πρότερον ἄρα· ἀλλὰ μὴν εἰ τοῦτο, καὶ τὸ ὕστερον ἀνάγκη γενέσθαι. καὶ τοῦτο ἀεὶ δὴ συνεχῶς—οὐδὲν γὰρ τοῦτο διαφέρει λέγειν διὰ δύο ἢ πολλῶν. ἐν τῇ κύκλῳ ἄρα κινήσει καὶ γενέσει ἐστὶ τὸ ἐξ ἀνάγκης ἁπλῶς· καὶ εἴτε κύκλῳ, ἀνάγκη ἕκαστον γίνεσθαι καὶ γεγονέναι, καὶ εἰ ἀνάγκη, ἡ τούτων γένεσις κύκλῳ. ταῦτα μὲν δὴ εὐλόγως, ἐπεὶ ἀΐδιος καὶ ἄλλως ἐφάνη ἡ κύκλῳ κίνησις καὶ ἡ τοῦ οὐρανοῦ, ὅτι ταῦτα ἐξ ἀνάγκης γίνεται καὶ ἔσται, ὅσαι ταύ-
338b της κινήσεις καὶ ὅσαι διὰ ταύτην· εἰ γὰρ τὸ κύκλῳ κινούμενον ἀεί τι κινεῖ, ἀνάγκη καὶ τούτων κύκλῳ εἶναι τὴν κίνησιν—οἷον τῆς ἄνω φορᾶς οὔσης ὁ ἥλιος κύκλῳ ὡδί, ἐπεὶ δ' οὕτως, αἱ ὧραι διὰ τοῦτο κύκλῳ γίνονται καὶ ἀνακάμπτουσιν, τούτων δ' οὕτω γινομένων πάλιν τὰ ὑπὸ τούτων. τί οὖν δή ποτε τὰ μὲν οὕτω φαίνεται, οἷον ὕδατα καὶ ἀὴρ κύκλῳ γινόμενα, καὶ εἰ μὲν νέφος ἔσται, δεῖ ὗσαι, καὶ εἰ ὕσει γε, δεῖ καὶ νέφος εἶναι, ἄνθρωποι δὲ καὶ ζῷα οὐκ ἀνακάμπτουσιν εἰς αὐτοὺς ὥστε πάλιν γίνεσθαι τὸν αὐτόν (οὐ γὰρ ἀνάγκη, εἰ ὁ πατὴρ ἐγένετο, σὲ γενέσθαι· ἀλλ' εἰ σύ, ἐκεῖνον), εἰς εὐθὺ δὲ ἔοικεν εἶναι αὕτη ἡ γένεσις; ἀρχὴ δὲ

10 post *ἀρχήν* excidisse quaedam suspicor *μήτε … οὔσης* corrupta *μήτε*] *μὴ* L *πεπερασμένης οὔσης*] *πεπερασ οὔσης* E. Fort. *ἐπὶ πέρας ἐχούσης*, vel *ἐπὶ πεπερασμένης εὐθείας* (cf. Φ[c], Vitelli 312. 1), scribenda post *οὔσης* add. *καὶ* FHL **11** *ἀντιστρέφει* J *τοδὶ*] *τὸ* EJ[2] **12** *εἶναι καὶ τὸ πρότερον* FHJ *ἄρα* supra lin. (prima tamen, ut videtur, manu) add. J *τὸ* secundum om. E **13** *δὴ*] *ἤδη* FHJ *οὐδὲν*] *οὐδὲ* E **14** *γὰρ τοῦτο* om. E : *τοῦτο* om. Φ[1] (codd. RZ), Φ[c] *πολλῶν*] *πλειόνων* Φ **16** *ἕκαστον* om. F *γίνεσθαι*] *γενέσθαι* HJ **18** *ἐφάνη καὶ ἄλλως* F **19** *ταῦτα*] *ταύτας* H **b1** *τὸ*] *τι* HJ, et F qui *τὸ* ante *κύκλῳ* in marg. add. **3** *κύκλῳ ὁ ἥλιος* F, Bonitz *ὡδί* om. E *ἐπεὶ* … 4 *ἀνακάμπτουσιν* in marg. add. F **4** *οὕτως*] *οὗτος* J : *οὗτος οὕτως* Bonitz *αἱ* om. E **5** *δ'* om. E *πάλιν τὰ*] *πάνθ'* F : *πάντα* L **6** *φαίνονται* J *ὕδατα*] *ὕδωρ* LΦ[1] **7** *γίγνομενος* FJ[2] *δεῖ καὶ ὗσαι* FHJΦ[1] **8** *καὶ* prius om. HJ **9** *αὐτοὺς* codd. omnes : *ἑαυτοὺς* Φ[1] **10** *ὁ* om. E **11** *δὲ* prius] *δὴ* L et (in litura) J *δὲ* secundum] *δὴ* HJ

Vielmehr ist notwendig, daß ein Prinzip gegeben und – weil a9
nicht von begrenztem ⟨Werden⟩ – ewig gegeben sei. Deshalb muß es kraft eines Kreislaufs gegeben sein. Somit wird es notwendig sein, daß die Umkehrung gilt, wie z. B.: wenn dies aus Notwendigkeit stattfindet, folglich auch das Frühere; wenn indessen dieses, dann ist auch notwendig, daß das Spätere entsteht. Und dies immer, also kontinuierlich: Es macht ja keinen Unterschied, dies durch zwei oder viele ⟨Glieder⟩ zu begreifen. Folglich liegt in der Bewegung und dem Werden *im Kreis* das ›aus Notwendigkeit schlechthin‹; und wenn es im Kreis geht, ist es notwendig, daß jedes wird und geworden ist, und wenn diese Notwendigkeit besteht, geht ihr Werden im Kreis.

Das ist also durchaus einleuchtend – nachdem sich ohnehin die Bewegung im Kreis und d. h. die des Himmels als ewig
herausgestellt hat –, daß dasjenige aus Notwendigkeit zustande *
kommt und sein wird, was an Bewegungen zu ihr | gehörig 338b
und weiterhin durch sie ⟨verursacht⟩ ist. Denn wenn das im Kreis Bewegte etwas immer bewegt, dann ist notwendig, daß auch die Bewegung davon im Kreis geht, wie z. B.: weil die obere Bewegung gegeben ist, geht die Sonne auf diese Weise im Kreis, da sie aber so verläuft, entstehen dadurch die Jahreszeiten im Kreis und kehren wieder; weil sie aber so werden, wiederum auch das von ihnen ⟨Beeinflußte⟩.

Warum also verhalten sich die einen Dinge augenscheinlich so, wie z. B. Wasser und Luft im Kreislauf werdende sind: sowohl, wenn Wolke sein wird, muß es regnen, als auch, wenn es doch regnen wird, muß auch Wolke sein; während die Menschen und Tiere nicht wieder zu sich selbst zurückkehren, so daß erneut derselbe entstünde? Denn es ist nicht notwendig, wenn der Vater geworden ist, daß du wirst, sondern nur: wenn du, jener; so scheint dieses Werden vielmehr geradlinig zu sein.

338a9f. *εἶναι ἀρχήν· μήτε πεπερασμένης οὔσης, ἀΐδιον εἶναι* (daß ein Prinzip gegeben; und – weil nicht von begrenztem ⟨Werden⟩ – ewig gegeben sei) mit Rashed : εἶναι ἀρχήν *** † μήτε πεπερασμένης οὔσης † ἀΐδιον εἶναι Joachim

τῆς σκέψεως πάλιν αὕτη, πότερον ὁμοίως ἅπαντα ἀνακάμπτει ἢ οὔ, ἀλλὰ τὰ μὲν ἀριθμῷ τὰ δὲ εἴδει μόνον. ὅσων μὲν οὖν ἄφθαρτος ἡ οὐσία ἡ κινουμένη, φανερὸν ὅτι καὶ ἀριθμῷ ταὐτὰ ἔσται (ἡ γὰρ κίνησις ἀκολουθεῖ τῷ κινουμένῳ), ὅσων δὲ μὴ ἀλλὰ φθαρτή, ἀνάγκη τῷ εἴδει, ἀριθμῷ δὲ μὴ ἀνακάμπτειν. διὸ ὕδωρ ἐξ ἀέρος καὶ ἀὴρ ἐξ ὕδατος εἴδει ὁ αὐτός, οὐκ ἀριθμῷ· εἰ δὲ καὶ ταῦτα ἀριθμῷ, ἀλλ᾽ οὐχ ὧν ἡ οὐσία γίνεται, οὖσα τοιαύτη οἵα ἐνδέχεσθαι μὴ εἶναι.

15 *ταῦτα ἓν ἔσται* HJ : *ταυτὰ ἓν ἔσται* F **16** *ὅσων*] *ὅσον* E **18** *ταῦτα*] *ταὐτὰ* J **19** *ἡ* om. F[1] *ἐνδέχεσθαι*] *ἐνδέχεται* FJ

Prinzip der Erwägung aber ist wiederum dies, ob alles insgesamt auf die gleiche Weise zurückkehrt oder nicht, sondern zwar manches der Zahl nach, anderes hingegen nur der Form nach. Dinge nun, deren Substanz in der Bewegung unvergänglich ist, werden evidentermaßen auch der Zahl nach dieselben sein (denn die Bewegung folgt dem Bewegten nach), während die, bei denen das nicht gilt, sondern sie vergänglich ist, notwendig der Form, der Zahl nach aber nicht wiederkehren. Deswegen ist Wasser aus Luft und Luft aus Wasser der Form nach dasselbe, nicht der Zahl nach. Wenn aber auch sie der Zahl nach, dann doch nicht so bei den Dingen, deren Substanz als eine solche entsteht, die auch nicht sein kann.

ANMERKUNGEN

ERSTES BUCH

314a15 Siehe Anaxagoras DK 59 B 17: »Das Entstehen und Zugrundegehen fassen die Griechen nicht in der richtigen Weise auf. Denn überhaupt kein Ding entsteht noch geht es zugrunde, sondern von schon existierenden Realitäten aus wird es zusammengemengt und zerstreut. Richtig wäre es folglich, das Entstehen ein ›Zusammengemengt-Werden‹ und Zugrundegehen ein ›Zerstreut-Werden‹ zu nennen.« Die »existierenden Realitäten« sind nach Anaxagoras die infinitesimal miteinander vermischten Samen und Beschaffenheiten aller Dinge (das »Alles-Zugleich« [ὁμοῦ πάντα] DK 59 B 1, vgl. auch B 4), die erst durch eine Veränderung der Mischungskonzentrationen innerhalb der Universalmischung zum Vorschein kommen. Deshalb hat Aristoteles recht, dies als »Veränderung« einer zugrundeliegenden und immer vorhandenen Materie – eben der Universalmischung – aufzufassen. I 1

314b8 Aristoteles zitiert hier aus einem längeren Fragment (DK 31 B 8) aus Empedokles' Lehrgedicht ›Über die Natur‹, das insgesamt folgendermaßen lautet: »Weiteres will ich dir sagen: Eine Natur (φύσις) gibt es von keinem der sterblichen Dinge, auch nicht ein Ende durch den gräßlichen Tod, sondern es existiert allein Mischung und Austausch der Gemischten, ›Natur‹ aber ist dafür der Name bei den Menschen.« Vgl. dazu auch weiter unten 333 b 13–18.

314b22 Siehe Empedokles DK 31 B 21,3 u. 5.

315a6 Vgl. dazu Empedokles DK 31 B 17, bes. Zeile 6–13 und 30–35; ferner B 21,9–14 und B 26.

315a8 Nämlich aus dem allvereinigenden *Sphairos*: vgl. Empedokles DK 31 B 27–31.

315a11 So ähnlich beschreibt Empedokles die beiden Genannten in DK 31 B 21,3 u. 6.

315a31 Hier ist vor allem auf den *Timaios* zu verweisen (bes. 52d–57d). Die komplexen Körper, die aus den einfachen entstehen können, werden von Platon als bloße Aggregate aus einfachen I 2

Körpern betrachtet, d.h. sie bilden als Körper keine neuartige Entität oder Einheit. Deshalb hat Aristoteles in gewisser Weise recht zu sagen, daß Platon nur das Werden der Elemente untersuche, nicht das der komplexeren und lebendigen Körper.

315b3 Das Wachstum ist nach Aristoteles so etwas wie der Probierstein, ob jemand eine zureichende Theorie der natürlichen Prozesse entwickelt hat. Denn der Wachstumsvorgang ist eine komplexe Vereinigung sämtlicher natürlicher Prozeßarten, fordert also sowohl deren deutliche Unterscheidung als auch wiederum ihre Verbindbarkeit in einem weiteren Typ – eben dem Wachsen und Schwinden. Vgl. dazu insbes. das 5. Kapitel des I. Buches und siehe für weitere Erklärungen Buchheim ed. *GC* 2010, S. 100–103; 147–151 und 336ff.

315b9 S.u. 316a1f. und vgl. *Metaph.* I 4, 985b10–19.

315b15 Das Beispiel von Tragödie und Komödie, die aus denselben Buchstaben bestehen, stammt wahrscheinlich von Demokrit selbst, ist aber im Detail sowohl dem Wortlaut als auch der Deutung nach umstritten. Vgl. dazu Buchheim ed. *GC* 2010, S. 269–273.

315b30 Vgl. *Timaios* 53cff.

315b31 Siehe *Cael.* III 1, 298b33–300a19 und 7, 306a1–b2.

316a1 Für die Behauptung, daß Farbe und alle manifesten Qualitäten der Dinge nicht an sich, d.h. nicht auf Ebene der Atome selbst existieren, sondern nur der ›Konvention‹ zufolge sind, vgl. Demokrit DK68 B9. Zu den atomistischen Unterschieden der ›Wendung‹, ›Anlehnung‹ und ›Figur‹ s.u. 327a18 und die dortige Anmerkung.

316b18 Vgl. *Ph.* VI 1, 231b21–232a22; ferner *Cael.* II 4, 303a20–b3.

316b19 Es folgt ein Argument der Atomisten, mit dem diese einigen womöglich schon bekannten Schwierigkeiten, die einer Annahme von unteilbaren Körpern entgegenstehen, hatten ausweichen wollen: Die Atome könnten niemals Gegenstand empirischer Beobachtung sein, sondern unterschritten prinzipiell die Grenze der Wahrnehmbarkeit, weil alle Wahrnehmung selbst wiederum durch Atome erst bewerkstelligt werden müsse. Vgl. dazu Leukipp DK67 A29–32 und Demokrit DK68 B11 sowie A37; A59; A125 und A135. Auf diese Weise kann man die logischen Vorteile einer Annahme von absolut unteilbaren Körpern nutzen, ohne den physikalisch-empirischen Gegeneinwänden allzu viele Angriffsflächen zu bieten.

317a8 An jedem beliebigen Ort der Teilung findet man zwar einen Punkt; aber direkt anschließend an einen solchen Punkt sind nicht wiederum Punkte, sondern vielmehr kontinuierliche Teile der betreffenden Größe. Deshalb kann man aus der überall möglichen Teilung nicht folgern, daß überall nichts als Punkte sind und daher die Größe sich aus ihnen zusammensetzt.

317b14 Siehe bes. *Ph.* I 7, 190a31–b12; 8, 191a23–29; 192b1 I 3
und vgl. auch V 1, 225a12–34; Rashed ed. *GC* 2005 weist zudem auf *Cael.* III 2, 301b32–302a9 hin, was aber m.E. dem hiesigen Gedanken nicht völlig entspricht (s. Buchheim ed. *GC* 2010, S. 302).

317b19 Siehe dazu die Einleitung, S. XXII–XXV.

317b31 Diese ›Furcht‹ der Alten vor dem Werden aus nichts ging vor allem von Parmenides aus (s. DK 28 B 8,3–21); vgl. aber z.B. auch Empedokles DK 31 B 12 u.a.

318a5 Vgl. *Ph.* VIII 3–9, bes. 6, 258b10ff.

318a6 Gemeint ist die *Metaphysik*; denn sie ist nach Aristoteles die »erste Philosophie«. Dort ist besonders auf Buch XII 6–10 zu verweisen.

318a8 S.u. Buch II, Kapitel 10–11.

318b7 Vgl. Parmenides DK 28 B 8,53–61 und B 9. Es handelt sich um die Unterscheidung von »Licht« und »Nacht« bzw. »flinkem Feuer« und »lastender, undurchdringlicher Körpergestalt«. Allerdings scheint Parmenides nicht, wie Aristoteles behauptet, das eine davon dem ›Seienden‹, das andere dem ›Nichtseienden‹ zugeordnet zu haben; vielmehr sind alle beide nach Parmenides ontologisch gleichgestellte Gegensätze, die zusammen die Welt des Anscheins konstituieren.

320b16 Vgl. *Metaph.* VII 7, 1032a15–31 und 9,1034a17–b7; fer- I 5
ner *Cael.* III 6, 305a28–32; 7, 305b26–28. Was die Materialursache allein angeht, siehe auch *Ph.* I 7, 189b32–34; 190b1–17.

322a20 Das heißt, es kommt eine gewisse Quantität zu dem bereits existierenden Fleisch hinzu, die so groß ist, daß sie mit dem bereits existierenden zusammengenommen eine *wachsende* oder zunehmende Menge an Fleisch ist. Für sich genommen ist die hinzukommende fleischartige Materie also nicht die Quantität, die ›wachsend‹ genannt werden könnte – sondern viel weniger.

322a28 Hier wird offenbar die Ernährungs*tätigkeit* (das griechische Wort *τροφή* kann sowohl ›Nahrung‹ als auch die Ernährungstätigkeit meinen) in dem lebendigen Fleisch mit der Form oder nährenden Seele identifiziert. Dies entspricht ganz den Auffassungen des Aristoteles in der *Metaphysik* und in *De anima*, wo allgemein die Form des Lebendigen (= Seele) mit der *ἐνέργεια* oder *ἐντελέχεια*, d.h. der Lebenstätigkeit oder Lebensfunktion gleichgesetzt wird. Vgl. dazu bspw. *Metaph.* IX 8, 1050a34–b2; VIII 3, 1043a34–36; 1044a7–11; *de An.* II 1–2 u.a.

322a29 Ein »Vermögen« (*δύναμις*) kann die nährende Seele in den Teilen des Lebewesens dennoch heißen, weil sie erst durch das Hinzukommen der passenden Nahrung zur Tätigkeit erweckt wird. Vgl. z.B. *de An.* II 4, 416b19; ferner *GA* II 4, 740b34–741a2.

322b1 Zur sehr umstrittenen Textgestalt und Detailinterpretation der gesamten Schlußpassage dieses Kapitels s. Buchheim ed. *GC* 2010, S. 361–373.

16 **322b14** Diogenes von Apollonia lehrte, daß alles, was auseinander wird oder miteinander in Wirkungsverhältnisse eintritt, im Grunde dasselbe und eine sein müsse, das immer nur »Abwandlungen« seines Zustandes (*ἑτεροιώσεις*) durchmache. Vgl. dazu DK 64 B 5 und B 7 sowie auch B 2.

323a1 Es ist wichtig, die Wendung *θέσις δ' οἷσπερ καὶ τόπος* so zu übersetzen, daß die Implikationsrichtung der Begriffe, wie Aristoteles sie auffaßt, gewahrt bleibt. Nicht: alles, was Lage hat, hat auch einen Ort (wie meistens übersetzt wird), sondern: Lage kommt jedenfalls denen zu, denen auch Ort. Ort ist also der engere Begriff, Lage der weitere (ähnlich 323a6). Denn alles, was Ort hat, hat auch Lage, nicht aber umgekehrt. Deshalb kann Aristoteles weiter unten dafür argumentieren, daß ein Berührungsverhältnis auch dann vorliegen kann, wenn sich beide Dinge nicht wie zwei Körper räumlich ausschließen und so in der Berührung aneinander angrenzen, sondern auch dann, wenn sie in Bezug auf ihre Lage ganz oder teilweise koinzidieren. Dies ist z.B. dann der Fall, wenn eine Seele ihren Körper koinzident berührt und nur deshalb als Bewegungsursache genau dieses und keines anderen Körpers in Frage kommt. Siehe dazu im Detail Buchheim ed. *GC* 2010, S. 135–141 und 379–394.

323a9 Nach *Cael.* III 2, 301b23–29 und IV 4, 311a22–24 ist zwar die Erde immer schwer, d. h. tendiert nach unten, und Feuer immer leicht und damit flüchtig nach oben; jedoch sind Wasser und Luft in dieser Hinsicht ambivalent: Lust gegenüber dem Wasser ist leicht und steigt nach oben, aber gegenüber dem Feuer tendiert sie nach unten. Und Wasser ist im Vergleich mit Erde leicht, gegenüber der Luft aber schwer, hat also ebenfalls beides.

323b12 Nach Demokrit erzeugt immer erst Gleiches vereinigt mit I 7
Gleichem eine durchschlagende Wirkung in der Natur. Vgl. dazu Demokrit DK68 B164 und weiterhin A38; A99a; A128; A135,49 und A135. Die Gleichheit ist deshalb laut Demokrit auch Prinzip der Erkenntnis: DK68 A135.

324b33 Zur Porentheorie des Empedokles vgl. DK31 A86–92; I 8
für seinen Mischungsbegriff s. z. B. DK31 B91.

325b25 Vgl. *Timaios* 53c ff.

325b33 Siehe etwa *Timaios* 59a und 80c.

325b34 Siehe *Cael.* III 1, 298b33–300a19 und 7, 306a1–b2; vgl. darüber hinaus auch weiter oben 315b32.

326a10 Demokrit scheint nach Auskunft einiger Zeugnisse das Gewicht für eine graduierbare Eigenschaft einzelner Atome gehalten zu haben. Vgl. DK68 A58; A60; A61; und A135,6f. Allerdings gibt es auch Zeugnisse, die das bestreiten und diesen Gedanken erst Epikur zuschreiben. Womöglich meinte Demokrit nicht so sehr das Gewicht als vielmehr so etwas wie die Wucht oder den Impuls einzelner Atome; in dieser Richtung vgl. DK68 A47 und A58.

327a18 »Wendung« (*τροπή*) und »Anlehnung« (*διαθιγή*) sind I 9
die originalen Ausdrücke Demokrits, die Aristoteles in *Metaph.* I 4, 985b10–19 durch die viel eher statisch und starr klingenden Termini »Lage« (*θέσις*) und »Anordnung« (*τάξις*) erläutert und damit gleichsetzt. Sie geben zwei der insgesamt drei sog. atomistischen ›Unterschiede‹ ab, durch welche die Atomisten alle Vielfalt der Dinge und Phänomene erklären wollten. Als dritter komme nur noch der Unterschied der Figur (*σχῆμα*) hinzu oder in Demokrits sehr viel dynamischerem Originalausdruck: »Gestaltwurf« (*ῥυσμός*) oder eben ›Rhythmus‹, Effet etc. Siehe dazu weiter oben 315b33–316a2 und vgl. Buchheim 1994, S. 184–187.

I 10 **327b20** Die Bemerkung zielt auf Anaxagoras, der lehrte, daß der Ursprung aller Dinge das »alles zugleich« (DK 59 B 4 [Bd. II, S. 34,18f.]) in infinitesimaler Vermischung sei. Siehe dazu weiter oben Anm. zu 314a15.

328a15 Lynkeus hieß der sagenhafte Späher und Begleiter des Jason auf dem Argonautenzug, der zum Ziel hatte, das goldene Vlies zu gewinnen (s. Apollonios von Rhodos, *Argonautica* I, 151–155). Sein scharfer, alles durchdringender Blick war in Griechenland sprichwörtlich.

ZWEITES BUCH

II 1 **328b35** Hier ließe sich etwa an Diogenes von Apollonia denken, der die Luft (DK 64 B 5), und an Heraklit, der Feuer (vgl. DK 22 B 90) zur Grundlage oder zum Ursprung der Dinge erklärte. »Etwas zwischen diesen« – diese Bemerkung könnte auf Anaximanders ›Unbegrenztes‹ (*ἄπειρον*) zielen (s. hier 329a10–13 und II 5, 322a20–25) oder auch auf Anaximenes, der diesbezüglich auch von ›Pneuma‹ spricht (DK 13 B 2).

329a3 Für Empedokles, der alle vier Elemente oder, wie er selbst sagt, »Wurzeln« gelten läßt, ist auf DK 31 B 6 zu verweisen. Feuer und Erde hat, wie Aristoteles mehrfach beteuert (vgl. 330b14 und 318b12f.), Parmenides für die Welt des Anscheins zu Prinzipien erhoben. Parmenides selbst spricht von »Licht« und »Nacht« oder »flinkem Feuer« und »dichter und lastender Körpergestalt« (vgl. DK 28 B 8,53–61). Die Dreiheit von Feuer, Erde und Luft schreibt Philoponos in seinem Kommentar zur Stelle dem Dichterphilosophen Ion von Chios zu.

329a13 Dies ist gemünzt auf Anaximander: vgl. DK 12 A 9; A 10; A 11 und A 14.

329a15 Vgl. Platon, *Timaios* 49a; 50d und 52a–c; dort wird der allaufnehmende »Raum« (*χώρα*) als »Amme« des Werdens und daher als eines der Prinzipien für die Konstitution des wahrnehmbaren Alls eingeführt, das von Aristoteles mit seinem Materiebegriff in Verbindung gebracht wird. Es ist im Übrigen nicht ganz richtig, daß Platon, wie Aristoteles gleich behauptet, keinen weiteren Gebrauch von diesem Prinzip mehr macht; vgl. vielmehr *Timaios* 53c und 57b–c.

329a 22 Siehe *Timaios* 53c–57c.

329a 27 Vgl. etwa *Ph.* I 7, 190a 13–191 a 2; außerdem *Cael.* III 6–8 und *Mete.* I 2–3, 339a 11–b2.

329b 2 Empedokles hielt die Elemente für unwandelbare Gottheiten; vgl. z. B. DK 31 B 6; B 17,13 u. 30–35; B 21,13; B 26,11 f. Eine Folge davon ist nach Aristoteles, daß auch die Eigenschaften, die verschiedenen Elementen zukommen oder durch sie repräsentiert werden, nicht ineinander übergehen können, selbst wenn sie gegensätzlich sind (s. o. 314b 15–26).

330b 11 So wird es z. B. von Anaximenes berichtet: DK 13 B 1. II 3

330b 14 Vgl. weiter oben 318b 12 f. und 329a 3 mit Anmerkungen.

330b 17 Worauf sich Aristoteles hier bezieht, ist umstritten. Vgl. für die verschiedenen Vorschläge in der Literatur Buchheim ed. *GC* 2010, S. 470.

330b 21 Das Feuer ist nach Empedokles nicht nur eine der Konstituenten, sondern die insgesamt treibende Kraft bei Zusammenfügung und dem Emporkommen der sterblichen Gestalten (vgl. DK 31 B 62 und B 73).

332a 25 Die Kritik richtet sich gegen Anaximander, der nach den II 5
Zeugnissen »das Unbegrenzte« (*τὸ ἄπειρον*) für einen getrennt existierenden Ausgangspunkt der Bildung des Kosmos hielt: siehe Anaximander DK 12 A 9; A 10; A 14; A 15 sowie B 1. Vgl. zu diesem Begriff ausführlich Buchheim 1994, S. 16–22 und 62–71.

332a 30 Aus Erde kann nach Platons Ansicht nichts anderes als nur wieder Erde werden; sie ist unwandelbar in die übrigen Elemente, weil sie mit diesen inkompatible Elementardreiecke besitzt (vgl. *Timaios* 56d; 54b–d).

332b 12 Man könnte hier an Heraklit und gewisse Anhänger von ihm denken; denn im Laufe eines andauernden kosmischen Feuerbrandes, der die Weltmassen scheidet, wird Meer in entzündliche Luft einerseits und in Erde andererseits zerlegt, während das Meerwasser immer wieder durch Niederschläge aus der Luft aufgefüllt wird (vgl. DK 22 B 30–31).

322b 19 Zur leichteren Unterscheidung habe ich die Buchstaben, die für Eigenschaften stehen, kleingeschrieben, obwohl sie im Griechischen ebenso wie die für die Elemente als Majuskeln erscheinen.

II 6 **333a20** Empedokles DK 31 B 17,27.

333b2 Siehe Empedokles DK 31 B 37.

333b13 Liebe (*φιλία* oder bei Empedokles *φιλότης*) und Zwietracht (*νεῖκος*) sind nach Empedokles eine Art von universalen Bewegungsprinzipien. Allerdings scheint tatsächlich nach Empedokles' Meinung die erstere nur auf Verbindung zu gehen, letztere nur Trennung zu begünstigen: vgl. Empedokles DK 31 B 35; B 26; B 17, 19–26.

333b16 Aristoteles zitiert hier einzelne Wendungen aus Empedokles DK 31 B 8; für den Text des ganzen Fragments s.o. Anm. zu 314b8.

333b21 Zu dieser und der nachfolgenden Kritik des Aristoteles an Empedokles' Bewegungslehre s. Buchheim ed. *GC* 2010, S. 505–511.

334a3 Zitat von Empedokles DK 31 B 53. Für die gleich darauf angeführte gegenteilige Aussage des Empedokles vgl. DK 31 B 51; B 62,2 u. 6.

334a5 Zitat von Empedokles DK 31 B 54.

334a7 Parallelen zu den hiesigen kritischen Überlegungen finden sich in *Cael.* III 2 und I 8, 277b9–26; für die Diskussion in der Forschung dazu s. Buchheim ed. *GC* 2010, S. 509f.

334a12 Ein Wechsel in den Seelenzuständen muß nach Aristoteles völlig anders verstanden werden als körperliche Veränderungen (vgl. z.B. *de An.* I 3, 406a20–b25; I 4, 408a29–b18; II 4, 415b23–416a18 mit erneuter Bezugnahme auf Empedokles). Denn wenn dieser Wechsel direkt als eine Bewegung der Seele gedacht würde, dann müßte dies, wie in den körperlichen Fällen, als Verlassen des vorhergehenden Seinszustandes aufgefaßt werden, d.h. die Seele müßte entweder aus ihrer eigenen *ousia* heraustreten (*de An.* I 3, 406b12–14) oder aber eine gemeinsam zugrundeliegende Materie für beide Zustände abgeben, zwischen denen der Wechsel erfolgt. Beides ist nach Aristoteles' Meinung ungereimt.

334a15 Der Verweis zielt mit ziemlicher Sicherheit auf *De anima*; vgl. dort insbes. I 1, 403a3–b9; I 4–5; II 2, 414a19–28 u.a. Aristoteles selbst scheint *GC* und *De anima* als zwei komplementäre Abhandlungen über die wahrnehmbare Substanz aufgefaßt zu haben: Die erste handelt über sie qua Materie; die zweite über dieselbe qua Form oder *ἐνέργεια*. Es ist nicht ausgeschlossen, daß

Aristoteles *Metaph.* XIII 1, 1076a 8–10 auf diese beiden Schriften in ihrer Komplementarität anspielt.

334b 21 Siehe weiter oben vor allem I 7, 324a 5–14. II 7

335a 6 Es ist ein Kennzeichen der Substanz nach *Cat.* 5, 3b 24–27, II 8
daß sie als zugrundeliegendes Einzelding nicht per se in Gegensatz mit anderen Substanzen steht. Vielmehr kann eine Substanz nur kraft ihrer konstitutiven Eigenschaften mit einer anderen, eben gegensätzlich bestimmten Substanz wiederum in einem gewissen Gegensatz stehen.

335a 17 Vgl. dazu *Mete.* II 2, 355a 3–11; *de An.* II 4, 416a 10–12 u. 25–29. Daß ein unbelebter oder sogar ein einfacher Körper sich nähre, gilt nach Aristoteles allerdings nicht im strikten Sinne des Worts. Vielmehr ist das Feuer jederzeit nur eine dienende Ursache beim Nahrungsprozeß, aber nicht das Prinzip der Ernährung; sondern dies kommt nur einer Seele zu. Allein lebendige Körper ernähren sich deshalb im strengen Sinne des Worts (vgl. dazu weiter oben I 5, 322a 9–13; a26–31).

335b 11 Der Bezug geht auf *Phaidon* 96a–104b, wo Platon Sokrates II 9
ausführen läßt, daß die Dinge nicht nur dank der Ideen so *sind*, wie sie sind, sondern auch durch sie als einziger begreiflicher Ursache so *werden* bzw. vergehen.

335b 33 Dieses Beispiel stammt von dem Sophisten Antiphon (DK 87 B 15), der nach Aristoteles *Ph.* II 1, 193a 12–17 damit belegen wollte, daß eher der Stoff – also das Holz, aus dem die Bettstatt gebaut ist – als die ihm aufgeprägte Form den Rang eines Prinzips oder der ›Natur‹ der Dinge verdient.

336a 9 Vgl. dazu *PA* II 7, 652b 7–16 und *de An.* II 4, 416a 9–15. Allgemein gilt: Wer bestimmte werkzeugartige (›organische‹) Bewegungsvorgänge in Betracht zieht, darf nicht versäumen anzugeben, was diese komplexen Bewegungen insgesamt steuert.

336a 18 Damit ist die Sonne gemeint und deren immer höherer II 10
Aufstieg und dann Wiederabstieg im Verhältnis zur Senkrechten über dem Erdboden im Lauf eines Jahres. Der beschriebene Effekt, der die unterschiedlichen Jahreszeiten bedingt, und mit ihm die sog. Sonnenwenden, wird erzeugt durch die ›Schrägstellung‹ der Erde gegenüber der scheinbaren Sonnenbahn sowohl im geozentrischen Weltbild des Aristoteles als auch nach dem wahren heliozentrischen Gefüge der Himmelskörper im Sonnensystem.

336a20 Vgl. *Ph.* VIII 7.
336a34 Vgl. dazu ausführlich Buchheim ed. *GC* 2010, S. 535–538.
336b5 Zwar ist die Sonne, die sich nach Aristoteles auf lauter Kugelschalen um die Erde dreht, immer gleich weit von der Erde entfernt, aber die Neigung ihrer Jahresbahn macht, daß sie relativ zu den beiden Erdhälften im Sommer höher steigt und damit dieser Hälfte näher steht, im Winter aber niedriger steht und damit weiter wegbleibt von einem Betrachter auf der jeweiligen Erdhalbkugel.
336b28 Vgl. *Ph.* VIII 6, 259a 10–12; *Cael.* II 5, 288a 2f.; *Somn.Vig.* 2, 455b 17f.; *PA* I 5, 645a 16–26; *GA* I 4, 717a 15f.; II 6, 744b 16ff.
336b29 Vgl. *Metaph.* z.B. IV 2, 1003a33–b16; V 7, 1017a7–b8; VII 4, 1030a29–b7 u.a.
337a1 Siehe etwa *Metaph.* V 6, 1010b8–17; X 1, 1052a 19–28 sowie *Ph.* VIII 8, 264b9–265a 12; 9, 265a33–b2.
337a6 Eine ähnliche Gedankenfigur, die allerdings für Platon andere Pointen besitzt, findet sich im *Timaios* 49b–c. Vgl. dazu auch weiter oben II 4, 331b2–4.
337a17 Dieser Satz liest sich geradezu wie eine die Abhandlung beschließende Zusammenfassung dessen, was in ihr geleistet wurde. Wenn das zuträfe (vgl. zur Diskussion Buchheim ed. *GC* 2010, S. 549f.), dann wären der Rest von Kapitel 10 sowie Kapitel 11 spätere Zusätze, die vermutlich einen Übergang zur erst sehr spät abgefaßten *Meteorologie* bilden sollten.
337a18 Vgl. *Ph.* VIII 4–6, 255b31–260a19; *Metaph.* IX 8, 1049b 26f.; XII 4, 1070b22–27; 6, 1071b12–16; 7, 1072a21–26.
337a22 Siehe hierzu vor allem *Metaph.* XII 8 und vgl. Buchheim ed. *GC* 2010, S. 553f.
337a25 Die Bemerkung zielt auf *Ph.* IV 14, bes. 223a 29ff.
II 11 **338a19** S.o. II 10 und vgl. *Ph.* VIII 7–9 sowie *Cael.* II 1–6.